LES FEMMES DÉ-PLACENT LES MONTAGNES

25 Règles pour la réussite de carrière entrepreneuriale des femmes

DR SOLANGES VIVENS

Tab Matyè

SOLANGE

Nom :

1. Reconnue comme la femme la plus cool au monde. Une personne aux capacités extraordinaires.
2. Un être supérieur conçu comme le produit de l'évolution humaine.

Synonymes :

Impressionnante, magnifique, merveilleuse, incroyable, tout à fait étonnante, spectaculaire, grande, intelligente, frappante, charmante, exquise, luxueuse, incroyable, plutôt mignonne, intellectuelle, sincère, adorable, délicieuse, séduisante et dingue.

Note de l'auteur

Mon histoire commence en Haïti. Un pneu crevé… Sur une route sombre et isolée… Une rencontre fortuite entre un homme de la classe ouvrière et une femme riche, menant à une relation qui affectera grandement ma famille qui vivait avec l'espoir de se construire une vie meilleure. À mon arrivée aux États-Unis en pleine adolescence, je me fraye un chemin pour atteindre le sommet : d'abord ouvrière d'usine au salaire modeste, je deviens un véritable titan dans les domaines de l'entrepreneuriat et de la santé ; me voilà tour à tour gestionnaire de maison de retraite et spécialiste des soins infirmiers et des soins à domicile. Grâce à ma détermination et à mon courage face à la pauvreté, aux barrières linguistiques, au racisme, aux obstacles posés par l'immigration, et au sexisme, j'arriverai à construire une famille heureuse et à bâtir un vrai empire commercial en dépit du climat politique tendu de Washington, D.C.

Certaines des leçons apprises en cours de route viennent de personnes sages et de mentors, tandis que d'autres résultent de l'adversité à laquelle j'ai dû faire face, qui m'a poussée à trouver des stratégies pour triompher. J'ai développé des principes directeurs et des compétences qui m'ont permis de réussir et, même dans les moments les plus difficiles, de m'abstenir de sombrer dans le désespoir. Je suis heureuse de partager avec vous ces « Règles pour bien vivre » au début de chacun des chapitres de ce livre. À la fin de chaque chapitre, je vous laisserai avec une réflexion et quelques exercices—tous inspirés par la tortue, symbole ancien de sagesse et de force féminine.

J'espère que la sagesse de la tortue vous inspirera et vous aidera à vous concentrer plus profondément sur votre progrès personnel et à gagner plus de confiance en votre propre potentiel, ce, pour votre réussite et votre bonheur.

À votre santé,
Solanges Vivens

RÈGLES POUR BIEN VIVRE

Prenez le temps de méditer sur ces trois premières règles avant de vous plonger dans mon histoire ; un moment de réflexion vous aidera à mieux comprendre comment les appliquer à votre propre vie. Gardez-les en tête en parcourant le chemin de mon succès, qui pour moi a commencé dans une ville haïtienne, au sein d'une grande famille où l'amour régnait en seigneur mais où l'argent faisait défaut, et voyez comment un acte de gentillesse a radicalement changé ma destinée.

Règle n° 1 : Croyez en la chance

Avant même ma naissance, la chance a joué un rôle central dans la direction que prendrait ma vie. Une rencontre fortuite sur une route sombre entre mon père et une femme riche changea complètement mon destin. Cette femme, Lucienne, suivit son instinct et chercha à revoir mon père afin de le récompenser pour sa gentillesse –un acte qui changea le cours de ma vie. Comme vous le verrez plus loin dans le livre, dans de nombreuses circonstances, non seulement dans la vie professionnelle, mais également dans les relations personnelles, et surtout lorsque la situation n'est plus sous notre contrôle, il faut savoir lâcher prise et laisser Dieu (ou ses anges) guider notre chemin.

Règle n ° 2 : Soyez bonne

La bonté de mon père envers Lucienne a eu des effets exponentiels. Pour commencer, elle a cherché à revoir mon père et lui a retourné sa gentillesse en l'aidant à trouver un meilleur emploi. Lucienne a également trouvé le bonheur : elle est devenue la marraine d'une petite fille, comblant ainsi l'un de ses désirs les plus chers, et son amour pour moi a répandu l'abondance au sein de ma famille. Donnez et vous recevrez…Tout au long de ma vie, j'ai été bénie : j'ai été bonne et, en retour, les autres ont été bons envers moi. Je vous raconterai les circonstances qui ont mené à ma rencontre avec mon mari : ce soir-là, un collègue avait besoin d'un coup de main. Ce même acte de gentillesse m'a également aidé à gagner un peu plus d'indépendance (voir le chapitre 6, « Aigre-doux », pour une anecdote au sujet de mon permis de conduire). Nous devons être bonnes, non pas parce que nous attendons quelque chose en retour mais parce que cela nous fait tout simplement nous sentir bien.

Règle n ° 3 : Soyez persévérante et tenace malgré les défis

Lucienne a persisté : elle voulait à tout prix retrouver mon père. Quelqu'un d'autre aurait été rebutée par notre quartier. Pas Lucienne ! Tout au long de ma vie, j'ai cherché à acquérir cette ténacité. Parfois, il s'agissait d'aller à l'école malgré une maladie grave (voir le chapitre 2, « Chanceuse ») ; parfois, il était question de me frayer un chemin pour ma carrière malgré les obstacles dressés pour les immigrants noirs d'origine haïtienne (voir le chapitre 8, « L'expédition de pêche »).

Ma propre migration vers les États-Unis et mon assimilation dans la société américaine ont exigé une certaine détermination : j'ai dû apprendre une nouvelle langue et travailler dans une usine nauséabonde (voir chapitre 4, « Je prends part à la main d'œuvre »). Je savais que j'allais dans la bonne direction et je n'ai jamais changé de cap, même lorsque les choses se sont compliquées. Je me suis toujours inspirée de cette détermination et du respect des objectifs fixés chez les personnes que j'admire le plus, tel que mon mari qui s'est montré réellement assidu lorsqu'il me faisait la cour (voir le chapitre 6, « Aigre-doux »).

Je vous conseille de rester concentrée, de vous entourer de champions tenaces, et de ne jamais abandonner.

CHAPITRE 1

Rencontres inattendues

Port-au-Prince, 1945. Il était minuit passé, et Lucienne se trouvait seule sur une route sombre et isolée. Les grillons stridulaient bruyamment dans l'air humide, et la jeune femme frissonna, en proie à la peur et au froid. Elle pouvait également entendre les hiboux, et leur faible hululement semblait compatir à son malheur : comment changer ce pneu crevé ? Elle n'en avait pas la moindre idée ! En dépit de sa frayeur, Lucienne gardait un esprit alerte. Elle n'allait pas se laisser intimider par les claquements et les chuchotements de la nuit. Elle enfila un manteau de bravoure et de détermination, et se décida à changer elle-même le pneu. Elle savait que c'était une tâche facile pour ceux qui savaient comment faire. Peut-être qu'elle arriverait à l'accomplir, même si elle ne s'était jamais retrouvée auparavant dans une situation qui exigeait ce genre de compétence pratique. Le personnel de son père, le Sénateur, s'occupait généralement de ces tâches.

Les secondes se transformèrent en minutes et les minutes en heure, sans succès. Fatiguée et frustrée, Lucienne se reprocha sa décision d'être restée chez ses amis un peu plus tard que d'habitude. Peut-être était-ce à cause de l'heure tardive ou de l'emplacement isolé de son véhicule, mais pas une des voitures passant sur la route ne s'était arrêtée pour lui venir en aide. Elle s'apprêtait à se pencher à nouveau sur le pneu de la Citroën quand elle vit les phares d'un camion qui se déplaçait rapidement. Il tourna au carrefour, s'approchant d'elle à toute vitesse.

Il va me frapper, pensa-t-elle dans un sursaut.

Elle pressa son corps contre la voiture.

Le camion à benne la rata de justesse.

***

Dans son rétroviseur, Ambroise remarqua un mouvement soudain à côté de la Citroën garée sur le bord de la route. Il s'arrêta brusquement. Puis, il fit demi-tour à la prochaine intersection et rebroussa chemin. Lorsqu'il descendit du camion, il vit la peur dans les yeux de la jeune femme. Il comprit qu'elle se sentait vulnérable. Après tout, il était noir et elle était mulâtre. Il était pauvre et elle était vêtue de vêtements chics. Il conduisait un camion poubelle, et elle était la fille d'un sénateur—un détail qu'il apprendrait plus tard. Il ne s'attendait pas à trouver une femme de sa trempe sur le bord de la route. Cela aurait été terrible s'il l'avait frappée avec son camion en tournant le coin.

« N'ayez pas peur, dit-il. Avez-vous besoin d'aide ? »

La femme répondit d'une voix douce et tremblante : « Oui, j'ai besoin d'un coup de main ! »

Elle portait une magnifique robe damassée, à fleurs, coupée sur mesure. Ambroise admira la bordure délicate du cardigan de couleur claire qui arrivait aux coudes de la jeune femme, et les chaussures les plus jolies qu'il ait jamais vues. Elle avait l'air complètement déplacée sur cette route, toute seule.

Ambroise comprenait sa frustration, et il calma rapidement ses craintes.

« Asseyez-vous dans la voiture, dit-il. Vous serez hors de danger. »

En quelques minutes, l'homme remplaça le pneu crevé, qu'il mit dans le coffre de la Citroën. Du pouce, il fit signe à Lucienne que tout était en ordre. Avant qu'il ne se retourne pour partir, elle baissa la fenêtre à moitié, encore un peu effrayée. D'une voix tremblante, elle dit :

« Monsieur, je dois vous payer.

– Madame, rentrez chez vous, lui dit le chauffeur du camion avec un doux sourire.

– Vous m'avez sauvée, déclara Lucienne. Plusieurs personnes, avant vous, sont passées sans s'arrêter… »

Elle s'apprêtait à fondre en larmes.

« Je voudrais vous aider à mon tour ! dit-elle dans un souffle.

– Rentrez chez vous et reposez-vous, dit-il. Vous avez l'air fatigué. Profitez des quelques heures avant le lever du jour. »

Elle insistait pour lui rendre sa gentillesse, mais, une fois de plus, il refusa.

« Pouvez-vous au moins me donner votre nom et me dire où vous habitez ? demanda-t-elle alors qu'il s'éloignait.

– Ambroise... Ambroise Vivens, répondit-il en la regardant par-dessus son épaule.

– Mais où habitez-vous ? »

Il était déjà dans son camion, pressé de finir sa livraison. Il était en retard.

« Avenue Magloire Ambroise, lança-t-il avant de s'en aller. »

Ambroise Vivens. Avenue Magloire Ambroise. Sur le chemin du retour, elle se répéta le nom et l'adresse de son sauveur, encore et encore, pour ne pas les oublier. Le fait que son prénom fasse également partie du nom de l'avenue sur laquelle il vivait rendait les choses un peu plus faciles. Une fois rentrée chez elle, saine et sauve, elle s'empressa de récupérer le calepin qu'elle gardait sur un bureau dans sa chambre. Elle y griffonna le nom et l'adresse de l'homme qui était venu à son secours.

Sans Ambroise, qui sait ce qui lui serait arrivé ?

***

Lucienne se réveilla à l'aube et rejoignit sa famille pour le petit déjeuner. Il était d'usage pour le Sénateur, sa femme et ses enfants de prendre le repas du matin ensemble et de parler de la journée à venir. Une fois installée à table, Lucienne leur raconta les évènements de la nuit précédente ; elle décrivit sa peur et les nombreuses voitures qui l'avaient dépassée sans même ralentir pour l'aider.

« Ils pensaient probablement que tu étais un *lougawou*, dit sa mère : une créature de la nuit ayant pris une forme humaine pour les conduire à leur perte. Tu avais peur d'Ambroise ? Eh bien, il avait probablement peur de toi aussi ! »

À la seule mention du nom d'Ambroise, les yeux de Lucienne se remplirent de larmes et elle serra le petit collier de perles autour de son cou. Elle expliqua à quel point elle lui était reconnaissante d'être venu à son aide. Son père, le Sénateur, était si touché qu'il convint qu'ils devaient retrouver cet homme et le remercier convenablement pour sa gentillesse et sa chevalerie. Après tout, sa fille aurait pu être kidnappée…ou pire. Elle aurait pu être tuée sur cette route. La famille fit une prière silencieuse, remerciant Dieu pour son intercession.

***

Lucienne était déterminée à retrouver Ambroise, son sauveur. Inlassablement, elle parcourut l'avenue Magloire Ambroise, où de nombreuses maisons n'avaient pas de numéros. Elle se renseigna auprès des hommes qui jouaient aux cartes ou aux dominos, ainsi qu'auprès des femmes qui vendaient leurs marchandises sur le bord de la route. Elle s'adressa même aux enfants qui jouaient dans leur cour. Mais personne ne put lui indiquer la bonne direction et lui dire où trouver Ambroise. Elle décida de continuer sa recherche à pied, parcourant les couloirs étroits entre les maisons. Elle n'avait jamais, de sa vie, visité un quartier où les maisons étaient si étroitement regroupées, séparées seulement par de très petites rigoles où coulait, des deux côtés, une eau sale et puante en provenance des taudis. Elle était en proie à l'étonnement et assez choquée, elle essayait de comprendre la sérénité qu'elle lisait sur les visages des habitants qui semblaient satisfaits de la vie, malgré les circonstances désastreuses de leur quotidien.

Lucienne essaya de se rendre invisible, mais elle se démarquait. Les gens lui lançaient des regards curieux, se demandant sans doute ce que faisait cette jeune femme « blanche » dans ce quartier noir.

Enfin, elle repéra Ambroise.

Il était assis à une table, jouant aux dames sur un damier en bois, face à un adversaire à l'air féroce. Plusieurs spectateurs les entouraient, enthousiasmés par la partie.

Damye (comme on l'appelle en Haïti) est un jeu de concentration, donc les hommes haïtiens n'aiment pas être dérangés quand ils y jouent. Lucienne le savait, donc elle se retint d'appeler Ambroise pour attirer son attention. Elle essaya de se tenir immobile, mais maintenant qu'elle l'avait retrouvé, elle avait hâte de lui parler. Elle se rapprocha de plus en plus, jusqu'à ce qu'il lève la tête avec un grand rire, célébrant un coup brillant. Elle croisa son regard et il se figea.

L'attention se tourna vers Lucienne, et elle savait que tout le monde se demandait ce qu'elle faisait en ces lieux. Que voulait-elle d'Ambroise ?

Ambroise était un homme marié. Il avait quatre enfants et en attendait un cinquième. Il ne se souciait pas trop de sa propre réputation, car il était un coureur de jupons reconnu, un « coq » incorrigible. Non. Il se sentit, une fois de plus, obligé de la protéger. Il pensa à la sécurité de Lucienne, une étrangère en ces lieux. *Est-ce que je devrais même faire attention à elle ?* se demanda-t-il. *Est-ce que je termine le jeu, ou est-ce que je me lève et rentre chez moi ?* Ambroise continua à jouer, faisant semblant de ne pas l'avoir remarquée. Mais peu de temps après, un jeune garçon s'approcha de sa chaise et lui chuchota à l'oreille : « Mademoiselle Lucienne aimerait vous parler. »

Finalement, Ambroise posa les pièces à contrecœur, car il menait cette partie du jeu qu'il aimait tant. C'était son passe-temps préféré et une bonne méthode de relaxation quand il ne travaillait pas.

Il exclama assez fort pour que tout le monde l'entende : « Hé, vous êtes la dame que j'ai aidée avec le pneu crevé hier soir. »

Il se leva et se dirigea vers elle. Il demanda, perplexe : « Que faites-vous ici ? Comment puis-je vous aider ? »

Elle sourit. « Merci de m'avoir sauvé la vie. »

La foule s'agrandit rapidement, tout le monde à portée de voix. Ambroise, un héros ? Ambroise, le sauveur d'une femme blanche ?

« J'ai besoin de vous parler, continua Lucienne sans hésitation. Pouvons-nous le faire en privé ?

– Je vais vous emmener chez ma femme, déclara Ambroise. »

Il s'excusa et s'éloigna avec Lucienne, se dirigeant vers sa maison, qui était à plusieurs ruelles de là. Des femmes cuisinaient sur des feux de charbon de bois, installées sur les porches des maisons aux toits galvanisés ; elles utilisaient des cuillères en bois pour remuer le contenu de leurs pots en argile de fer, et les senteurs de leurs repas faisaient penser au paradis. Les petits enfants couraient nus et s'esclaffaient en jouant dans la terre. Les chiens dormaient dans les rigoles, essayant de rester au frais sur cette île tropicale où la température pouvait s'élever bien au-dessus de 100° F.

Six petites marches menaient à la minuscule maison d'Ambroise, et le palier étroit jouxtait le salon.

Ambroise présenta Lucienne à sa femme Francesca : « C'est la dame dont je t'ai parlé hier soir. Celle qui avait le pneu crevé. »

Les jambes et les chevilles de Francesca étaient enflées, son ventre tendu par sa fille à naître, et par les épis de maïs qu'elle venait de manger comme collation. La nuit, dirait-t-elle plus tard, elle dormait calée sur une pile d'oreillers. Lucienne pensait qu'il était malheureux qu'Ambroise travaille de nuit, comme chauffeur de camion poubelle, alors qu'il avait une femme avec une grossesse très avancée et quatre enfants à la maison.

« Je n'arrive pas à croire qu'elle t'ait trouvé, déclara Francesca. Bonjour, Lucienne. C'est un plaisir de vous rencontrer. » Et comme le demande la coutume en Haïti, Francesca l'accueillit chez elle en ajoutant : « Puis-je vous offrir du café ? »

Lucienne tomba bien vite amoureuse du couple, de leur garçon et de leurs trois petites filles—des gens humbles qui survivaient à peine aux difficultés d'une famille du peuple. Sa visite dura plus d'une heure, au cours de laquelle ils se mirent à se tutoyer, la conversation touchant à différents sujets. Lucienne leur parla de son père, le Sénateur, de son frère, et même de son désir de se marier un jour et de mettre au monde ses propres enfants. Elle aimait voir les enfants Vivens jouer et interagir avec leurs parents ; cela lui rappelait de joyeux souvenirs de sa jeunesse.

Comme il se faisait tard, Lucienne leur demanda la permission de revenir une autre fois.

***

Au dîner avec sa famille ce soir-là, Lucienne ne put s'empêcher de parler d'Ambroise et de sa femme. Elle les aimait bien et, avec quatre enfants et un autre en route, il ne lui semblait pas facile pour eux de joindre les deux bouts. Elle voulait changer cela. Le Sénateur fronça les sourcils, car il ne voulait pas que sa fille unique soit vue dans ce quartier ; elle ne devait pas rendre de fréquente visites à l'avenue Magloire Ambroise.

Cependant, défiant l'avis de son père, Lucienne continua à rendre visite à Francesca, devenue une véritable amie. Lors de ses visites, elle apportait de la nourriture pour la famille et, parfois, elle leur donnait également de l'argent. Les après-midis de fin de semaine, tandis qu'Ambroise jouait aux dames avec ses amis, Lucienne se rendait directement chez les Vivens d'un pas déterminé, puisqu'elle connaissait désormais son chemin à travers les corridors qui lui étaient autrefois inconnus.

Un jour, Lucienne exprima sa tristesse : jamais on ne lui avait demandé d'être marraine d'un enfant à naître. Haïti était (officiellement, du moins) un pays catholique, et baptiser un enfant était considéré comme l'un des plus grands honneurs. Le parrain et la marraine présentaient le bébé à l'autel en promettant de le protéger et de l'élever si jamais quelque chose arrivait aux parents biologiques. Cette nuit-là, Francesca discuta avec Ambroise l'idée de demander à Lucienne d'être la marraine de leur enfant à naître. Ils craignaient tous les deux un rejet : ils étaient si pauvres que Lucienne pouvait refuser l'offre, alors même qu'elle avait exprimé le désir d'être marraine. Ils décidèrent de ne pas lui demander avant la naissance du bébé.

Entre temps, Lucienne réussit à convaincre son père de rencontrer la famille. Le Sénateur donna son accord, mais à une seule condition : la famille viendrait à lui. Ainsi, Lucienne s'arrangea pour qu'Ambroise et Francesca rendent visite au sénateur un dimanche matin, dans leur propriété située dans un quartier chic de Port-au-Prince, un quartier appelé Lalue.

Leur propriété était grandiose. La maison, à plusieurs étages, était entourée d'un porche avec plusieurs espaces spécialement aménagés pour s'assoir et causer. Les murs étaient peints en rose, bleu et blanc, les couleurs typiques des maisons haïtiennes, mais alors que les couleurs étaient indicatives d'une île tropicale, l'architecture était clairement européenne. L'ensemble du mobilier provenait d'une province française, et le style de la maison montrait l'influence des colonisateurs des années 1700 qui avaient voulu recréer les palais de leur pays natal. De beaux tableaux étaient accrochés aux murs, parmi lesquels le plus important : un portrait du Sénateur, un chapeau et une canne à la main. C'était le plus grand tableau que Francesca et Ambroise avaient jamais vu. En fait, Francesca et Ambroise étaient émerveillés par tout ce qui se trouvait dans le beau château. Ils n'avaient jamais imaginé un tel privilège : entrer dans une telle propriété en tant qu'invités du Sénateur ! *C'est la volonté de Dieu*, pensa Ambroise, *que deux familles si complètement différentes l'une de l'autre puissent se réunir par un simple acte de gentillesse et tisser une amitié pour la vie.*

« Mon père nous rejoindra bientôt, annonça Lucienne. »

Lucienne, Francesca et Ambroise prirent un café sur le porche extérieur, et entamèrent une conversation informelle sur le mariage et les enfants. Ils parlèrent également du travail de nuit d'Ambroise, et Lucienne déclara :

« Le Sénateur a besoin d'un chauffeur. J'ai pu le convaincre de te parler, Ambroise, avant qu'il n'embauche qui que ce soit. Es-tu intéressé à travailler de jour et non de nuit ?

– Tu veux dire qu'Ambroise serait le chauffeur du Sénateur ? demanda Francesca, émerveillée à la perspective d'un nouveau poste pour son mari. »

Lucienne se réjouit de l'empressement de Francesca. Elle avait imaginé ce que cela signifierait pour ces jeunes parents d'avoir un emploi si convoité sur l'île. Si tout se passait bien, Ambroise ne travaillerait plus de nuit comme chauffeur de camion poubelle. Il passerait ses soirées à la maison, avec sa famille. Il pourrait aider ses jeunes enfants à faire leurs devoirs, et s'endormir dans les bras de sa femme. Lucienne était heureuse d'aider ce jeune couple aimable ; en outre, elle espérait devenir la marraine du nouveau bébé, un honneur qu'elle désirait de tout cœur.

« Oui, répondit Lucienne avec un grand sourire. C'est ce que je veux dire. »

Francesca laissa échapper un soupir et, tenant son très gros ventre, ne laissa pas à Ambroise la chance de répondre en premier. « Oh, oui ! »

Ambroise se dirigea vers la balustrade. Il devait contrôler ses nerfs et, pour ce faire, il avait besoin d'un peu d'espace. De là où il se tenait, il pouvait voir la cour arrière du Sénateur. Non loin des dépendances, les quartiers des domestiques –

une case pour les femmes de chambre, et une autre pour les hommes – étaient peints en brun sable et recouverts d'un toit en tôle. Dans une cuisine externe, les cuisiniers préparaient de succulents repas. Le jardin était impeccable et le parfum des fleurs remplissait l'air.

Il n'arrivait toujours pas comprendre comment un simple geste de bonté (un geste qu'il aurait fait pour n'importe qui) avait abouti à cette opportunité. Au bout de quelques minutes, Ambroise reprit la conversation avec les deux dames, qui étaient passées à un autre sujet, qui n'avait plus rien à voir avec l'offre d'emploi.

Ambroise était un homme de peu de mots qui était encore submergé par un sentiment de choc et de gratitude. Il dit simplement :

« J'accepte l'offre.

– Oh, oui ? dit Francesca, rayonnant de joie. Tu acceptes l'offre du Sénateur ?

– Oui, répondit-il, à la fois nerveux et excité. »

Il se tourna pour faire face à Lucienne et lui dit : « Merci. »

Le Sénateur apparut soudainement, franchissant la porte du salon. Pour le saluer, Francesca et Ambroise se levèrent et lui tendirent la main. Francesca regarda intensément son mari tandis qu'il répondait aux questions du Sénateur.

L'entretien se passa bien et Ambroise fut embauché comme chauffeur.

***

Le retour à la maison dans le *taptap* (un bus de transport public) était animé. Francesca parla de tous les saints qu'elle avait priés à l'église et de toutes les bougies qu'elle avait allumées depuis le jour qu'elle avait pris connaissance de sa grossesse. Ambroise parla de tout ce qu'il allait pouvoir faire pour sa famille maintenant qu'il occupait un poste prestigieux et mieux payé. Sa seule crainte : le travail exigeait qu'il porte des chaussures noires, des chaussettes noires, un pantalon noir, et une chemise blanche. Comme chauffeur de camion poubelle, il n'avait jamais eu à suivre un code vestimentaire ; il ne possédait qu'un seul costume du dimanche et il n'avait pas le moindre sou pour s'acheter quoi que ce soit de nouveau. Heureusement, Ambroise put obtenir de l'argent de son père et emprunter quelques gourdes de ses amis afin d'assembler sa tenue vestimentaire. Il se contenterait d'un seul complet jusqu'à ce qu'il soit payé.

C'est vrai : nous, les Haïtiens, nous avons beau être pauvres, nous gardons notre fierté insulaire.

Ambroise avait l'air impeccable le premier jour, et tous les jours qui suivirent. Chaque soir, Francesca lavait et amidonnait la seule chemise blanche de son mari ; tous les jours, elle se réveillait à l'aube pour repasser son uniforme. Elle le fit pendant tout le mois, jusqu'à ce qu'ils économisent assez d'argent pour acheter d'autres chemises blanches et une nouvelle paire de pantalons.

De temps en temps, Ambroise voyait Lucienne lorsqu'il venait chercher ou déposer le Sénateur à la maison et, à chaque rencontre, Lucienne lui demandait comment allait Francesca. Un jour, Ambroise annonça avec fierté la naissance d'une petite fille. Lucienne le félicita et, n'ayant pas accès à sa voiture, exhorta Ambroise de l'emmener chez la mère du bébé. Sur le chemin conduisant chez les Vivens, Lucienne insista pour faire quelques arrêts, afin qu'elle puisse acheter de nombreux cadeaux pour sa visite.

Quelle surprise pour Francesca, quand Ambroise entra avec Lucienne, portant des sacs pleins de surprises, non seulement pour Francesca, mais aussi pour la petite fille.

Finalement, après le café et la conversation, Francesca demanda : « Veux-tu voir le bébé ? »

Lucienne acquiesça et la suivit dans la chambre où le bébé était calme, mais bien réveillé. Avec la permission de Francesca, elle se pencha et souleva le bébé avec précaution, tenant la petite fille contre son cœur, comme si elle était sienne. Elle regarda le joli visage du bébé et embrassa son front et ses joues, tout en caressant les mains du bébé avec son pouce.

Témoin de toute cette affection, Francesca demanda :

« Aimerais-tu être sa marraine ?

– Oui, j'adorerais, dit Lucienne joyeusement, et sans hésitation. Merci. »

Lucienne n'était pas mariée et n'avait pas d'enfants. En tant que marraine, et avec l'approbation des parents, elle eut le privilège de nommer l'enfant.

Ils choisirent de nommer la petite fille Solange.

Sol, en français, est l'abréviation du mot soleil—chaud, aimant, accueillant. Solange...ange du soleil.

APPLIQUEZ LES RÈGLES !

Règle n° 1 : Croyez en la chance

Réflexion : Bougez avec la marée

Une tortue de mer fait des voyages incroyables. Elle peut parcourir jusqu'à 10.000 miles avec rien de plus qu'une glande dans sa tête pour la guider vers sa destination finale. Divers obstacles se dressent sur son chemin, pouvant contrarier son voyage, tels que de nombreux prédateurs, des vagues orageuses, les intempéries de la marée... Instinctivement, la tortue a confiance : elle sait qu'elle finira son voyage, et qu'elle aboutira exactement là où elle le doit, même si ce n'est pas la destination qu'elle s'était fixée au départ. C'est une belle leçon à tirer de la tortue : permettez à la marée de vous mener dans la bonne direction, même si cette direction ne fait pas de sens pour le moment.

- Pensez à ce qui se passait dans le monde et au sein de votre famille lorsque vous êtes née. Quel a été l'effet de ces forces indépendantes de votre volonté sur la personne que vous êtes aujourd'hui ? Comment certaines forces incontrôlables peuvent-elles faire de vous une meilleure personne à l'avenir ?
- La chance a-t-elle changé votre destin ? Avez-vous déjà manqué une occasion de chance en raison d'un doute ? Comment pouvez-vous inviter la chance dans votre vie à l'avenir ?

Règle n° 2 : Soyez bonne

Réflexion : Nous nageons tous dans le même océan

Les jeunes tortues qui viennent de naître font face à une tâche ardue dès qu'elles entrent dans le monde. À la minute où elles sortent de leur coquille, elles sont à l'aguet des prédateurs terrestres qui essaient de les attraper et de les engloutir... et c'est juste sur la terre ferme ! Une fois qu'elles sont en pleine mer, les prédateurs sont tout autour d'elles. Il est plus facile de survivre dans des circonstances terribles lorsque les autres agissent avec bonté, que ce soit les tortues adultes qui font de leur mieux pour guider les nouveau-nés qui semblent égarés, ou les poissons « de nettoyage » qui débarrassent les tortues des algues sur leurs coquilles. Nous nageons tous dans le même océan. Il est important d'être bons, les uns envers les autres.

- Connaissez-vous quelqu'un dont la gentillesse a fait une différence, que ce soit dans votre vie ou dans celle de quelqu'un d'autre ? Quel changement cette gentillesse a-t-elle apporté ?
- N'ayez pas peur d'aider un inconnu au hasard, qu'il s'agisse de donner des instructions à quelqu'un qui est perdu ou de rendre un portefeuille abandonné à son propriétaire. Les petits actes de gentillesse sont des bénédictions. La prochaine fois que vous faites quelque chose de gentil, faites attention à ce que ressent votre corps. Vous vous sentez bien, n'est-ce pas ?

Règle n° 3 : Soyez persévérante et tenace malgré les défis

Réflexion : Si vous tombez dans une fosse, fouillez un passage pour vous en sortir

Une tortue commence son voyage vers la mer dès le moment de sa naissance. Elle s'approche du rivage fermement, ne prêtant aucune attention aux obstacles qui se dressent entre elle et le rivage. Les tortues se déplacent vers le rivage avec concentration. Elles n'abandonnent jamais. Si elles tombent dans une fosse, elles se creusent un passage pour en sortir. Si un nouveau-né est retiré d'une plage et placé dans une boîte, il ne reste pas simplement assis là ; il grimpe pour sortir et poursuivre son voyage.

- Avez-vous déjà été dans la situation suivante ? Vous aviez quelque chose à accomplir, mais un obstacle se dressait et semblait insurmontable. Pourtant, lorsque vous vous êtes concentrée sur la tâche, vous avez découvert que tout ce qu'il fallait, c'était de persévérer. Créez-vous un mantra que vous pouvez répéter quand tout vous semble impossible. Chaque fois que vous vous sentez sur le point d'abandonner, inspirez et expirez profondément et récitez votre mantra à haute voix.

- Quels sont les obstacles auxquels vous faites actuellement face dans la vie ? Faites-en une liste. En lisant ce livre, créez une deuxième liste : marquez les stratégies qui ont marché pour moi lorsque j'ai moi-même fait face à différents obstacles. L'une de ces stratégies peut-elle vous aider à atteindre vos objectifs ?

RÈGLES POUR BIEN VIVRE

Haïti fait partie de moi. Au chapitre 2, je vous donne un petit aperçu de l'histoire de ma famille et de mon pays, car, dans une certaine mesure, nous sommes tous touchés par notre histoire. Les règles suivantes sont à la base de ma vision de la vie. Il est important de savoir d'où vous venez, afin que vous ne permettiez pas aux perceptions que les autres ont de vous (ou de vos racines) de limiter votre situation.

Règle n° 4 : Rendez hommage à vos racines

Comme vous le verrez, je viens d'une île qui a une histoire complexe. Haïti est dans mon sang ; elle demeure un élément central de mon identité. Ma compréhension d'Haïti est beaucoup plus riche que la perception qu'en a le reste du monde, qui semble souvent se limiter à la situation économique du pays, aux catastrophes naturelles qui l'ont frappée, et aux incessants conflits politiques. Haïti, ce n'est pas tout bonnement les mauvaises nouvelles que partagent les feuilletons du soir ; il existe une autre Haïti, bâtie par un peuple déterminé à se débarrasser des chaînes de la colonisation et de l'esclavage. Mon Haïti a une langue riche, née de nos racines africaines, et cet héritage a façonné mes décisions. Ma culture me maintient enracinée dans les leçons très importantes de l'histoire, et le partage de cette culture me permet de rester connectée à ce qui est important.

Dans ma famille, nous prenons soin les uns des autres. Ma sœur m'a aidé à immigrer aux États-Unis (voir le chapitre 3, « Partir ») et, dès que j'ai pu, je me suis empressée d'aider les autres membres de ma famille à atteindre leurs propres objectifs (voir le chapitre 5, « École des sciences infirmières »). Dans mon enfance, il n'y avait pas de maisons de retraite en Haïti, car les familles prenaient soin des leurs aînés. Au cours de ma carrière, j'ai compris l'importance de prendre soin des aînés et j'ai fait de mon mieux pour traiter mes résidents comme s'ils faisaient partie de ma propre famille. Je me souviens avoir vu ma mère s'occuper de ma grand-mère qui vieillissait, et quand ma mère elle-même est devenue âgée, je me suis assurée qu'elle ne manquait de rien. Dans certaines cultures, prendre soin de la famille, et encore moins des étrangers, n'est pas la norme ; mais le lien entre parent et enfant est étroit dans mon pays.

Règle n° 5 : Faites preuve d'initiative et dépassez les attentes ou les limites

J'ai appris très tôt à être débrouillarde et à gagner beaucoup avec très peu. Lorsqu'aucune couche-culotte n'était disponible pour changer ma petite sœur, je me suis servie d'un linge propre et d'épingles (voir chapitre 2, « Chanceuse »). J'ai aussi appris à prendre des initiatives : si ma grand-mère était occupée et que les bébés réclamaient de l'attention, je mettais la main à la pâte. Tout au long de ma vie, les personnes que j'ai admirées ont été des fonceurs, comme mon père qui a vécu d'abord une vie modeste ; et j'ai toujours essayé de suivre leur exemple.

Comme la tortue, n'ayez pas peur de sortir votre tête. Faites les choses quand vous voyez qu'elles sont nécessaires et dépassez toutes les attentes ou limites que les autres vous imposent. À l'école, j'ai constaté que les enfants qui étaient installés dans la dernière rangée devenaient des cancres ; personne ne s'attendait à les voir réussir, et du fait ils ne s'efforçaient pas de réaliser grand-chose (voir le chapitre 2, « Chanceuse »). J'ai toujours essayé de m'assoir au premier rang, même lorsque j'avais le sentiment de ne pas y être à ma place.

Il y aura toujours des gens qui ne vous aiment pas ou qui ne reconnaissent tout simplement pas vos capacités. On m'a refusé une place dans un restaurant uniquement à cause de la couleur de ma peau (voir le chapitre 3, « Partir »), j'ai été sous-estimée à cause de mon accent (voir le chapitre 5, « École des sciences infirmières »), mais j'ai tout simplement refusé d'accepter que les limites placées par les autres avaient du mérite. Vous devez apprendre à croire en vous, car les autres n'auront pas toujours confiance en vous. C'est une expérience solitaire… car vous êtes la seule personne à savoir de quoi vous êtes capable, même si, éventuellement, les autres comprendront votre force.

Continuez à rêver grand. Imaginez ce qui est possible. Croyez en vous !

CHAPITRE 2

Chanceuse

Située dans la mer des Caraïbes, Haïti (Ayiti) partage sa frontière avec la République Dominicaine ; ensemble, les deux pays forment l'île tropicale d'Hispaniola, qui aurait été « découverte » par Christophe Colomb et les Espagnols en 1492. Hispaniola a ensuite été gouvernée par la Grande-Bretagne, la France et l'Espagne (encore une fois) en raison de ses montagnes luxuriantes et de l'abondance de cacao, coton, canne à sucre, café et autres ressources naturelles (certaines rares) produites à bas prix grâce au travail gratuit fourni par des esclaves africains amenés sur l'île. Au milieu du 17e siècle, Haïti est devenue entièrement colonisée par les Français et, en 1780, Haïti était l'une des colonies les plus riches du monde occidental.

Mais une guerre se préparait. Les esclaves se rebelleraient bientôt contre les colons français qui les maltraitaient. Cela a été le principal catalyseur de la révolution haïtienne. D'autres facteurs ont conduit à la lutte pour la liberté, notamment l'affrontement entre les rites catholiques pratiqués par les Français et le Vaudou pratiqué par les esclaves africains. Un manque de communication a également mené au ressentiment : les Français parlaient français tandis que les Africains utilisaient le créole, qui n'était pas un dialecte compris par les Français. Pendant la guerre, chaque groupe a utilisé sa propre langue pour planifier des stratégies et communiquer en secret.

La structure de classe qui s'est développée à l'époque coloniale a persisté en Haïti après son indépendance en 1804. En 1945, les membres d'une minorité mulâtre à la peau claire (des Haïtiens catholiques, francophones, comme la famille de Lucienne) étaient en désaccord avec la majorité à la peau foncée, des locuteurs créoles pratiquant le vaudou, comme la famille de Francesca. Au croisement se trouvait la famille d'Ambroise, dont les ancêtres sont nés d'un

Français et d'une créole africaine. Ambroise était techniquement un mulâtre, comme Lucienne, mais la peau foncée de sa famille avait joué contre toute possibilité de privilège de classe.

En 1815, immédiatement après la Révolution française, l'un de trois frères nés à Bordeaux, en France, est arrivé en Haïti pour aider à la reconstruction du pays. Il était ingénieur et Haïti avait désespérément besoin de son expertise pour construire des routes et des ponts. Ce « blanc français » a donné vie à plusieurs enfants du fait de son union avec une créole noire, et ces enfants étaient les ancêtres d'Ambroise.

La lignée de Francesca remonte à un village d'une province rurale d'Haïti appelée Léogâne. Francesca avait deux sœurs, et elles avaient chacune reçu leur diplôme d'études primaires. Son père était mort très jeune et les filles avaient été élevées par leur mère, une blanchisseuse professionnelle qui, pour quelques gourdes, lavait à la main les vêtements de ses clients et les pressait avec un fer à repasser chaud. À cette époque, selon le marché, un dollar américain équivalait à dix gourdes haïtiennes.

Francesca et Ambroise s'étaient rencontrés lors des festivités organisées à l'occasion d'une première communion, deuxième sacrement de la religion catholique. Comme il était de coutume, un groupe de jeunes adultes s'était réunis dans une maison pour bénir l'enfant avec des chants religieux et participer à la réception. Ambroise avait repéré une jeune femme à la peau brune, belle et élancée, avec de longs cheveux soyeux, un joli sourire et une voix chantante. Ambroise était subjugué et très attiré par elle. Il la suivit hardiment chez elle, où il demanda la permission à sa mère de courtiser sa fille. Avant longtemps, il était l'homme de la maison. La mère de Francesca avait le fils qu'elle avait toujours souhaité avoir, et ses sœurs avaient gagné un frère. Ils emménagèrent avec Ambroise dans une maison plus grande et, ensemble, Ambroise et Francesca fondèrent une famille. Tous leurs enfants furent accouchés par une sage-femme à leur domicile – une sage-femme qu'Ambroise avait été chercher à vélo, son seul (mais fidèle) moyen de transport à l'époque.

Ambroise avait seize ans de plus que Francesca et était déjà père de deux filles. En tant que Don Juan de son quartier, il avait réussi à mettre enceintes en même temps deux sœurs qui vivaient dans la même maison. Ses deux filles étaient nées à des mois d'intervalle. Elles grandirent avec leurs mères dans le même foyer et devinrent finalement très proches des enfants d'Ambroise et de Francesca.

Haïti, longtemps libérée de l'oppression française, étaient maintenant occupée par les États-Unis d'Amérique, avec Antoine Louis Léocardie Elie Lescot comme président entre 1941 et 1946. Sous Lescot, un membre de l'élite haïtienne à la peau claire, l'île était en constante agitation ; l'économie d'Haïti était branlante et le pays était presque en faillite. Lescot gouvernait par l'intimidation et par la force, utilisant le climat politique de la Seconde Guerre mondiale pour maintenir son pouvoir et ses liens avec les États-Unis, qui avaient une influence majeure sur les affaires de l'île. Il créa sa propre armée, les « chefs de section », composée principalement par diplôme octroyé à un groupe de chefs de la police rurale.

Au début de 1946, une manifestation estudiantine féroce éclata près du Palais National. De grandes foules se rassemblèrent dans les rues de Port-au-Prince et saccagèrent les sièges des autorités gouvernementales. Une guerre civile éclata et dura plusieurs jours entre le gouvernement dominé par les mulâtres et les gardes militaires noirs protestant contre les mauvais traitements infligés par les mulâtres. Le gaz lacrymogène s'infiltra à l'intérieur des maisons des citoyens civils, et ces innocents s'enfermèrent à huis clos, craignant pour leur vie et priant pour la protection des saints contre la violence dans les rues.

Au cours d'une de ces journées de frayeur, mais par ailleurs magnifiquement ensoleillées en plein mois de mai, Francesca perdit ses eaux. Ambroise risqua sa vie, affrontant la foule en ébullition sur son vélo, à la recherche de la sage-femme. Dehors, le gaz lacrymogène imprégnait l'air et fumigeait les rues bondées ; à l'intérieur, Francesca avait ses premières tranchées.

Ce bébé n'allait pas attendre que les rues soient sûres.

La nuit précédente, Ambroise avait observé une lune pleine de promesses, et une étoile brillait de façon inhabituelle dans le ciel nocturne – tous deux des signes de bon augure. Il était sûr que cette enfant serait différente : elle apporterait chaleur et bonheur aux autres. Elle lui apporterait de la chance.

En fin de compte, la jeune maman donna naissance à une petite fille en bonne santé, de huit livres, qui plus tard, au baptême, reçut le nom de Solange.

Je devins l'ange du soleil.

Non seulement j'ai apporté de la joie à la famille, mais aussi du réconfort pendant une période de troubles civils et de grande peur qui maintenaient la population de cette île dans un stress constant.

Lucienne avait maintenant la filleule qu'elle désirait ; elle était fière d'être la marraine d'une petite fille qu'elle pouvait voir, sentir et toucher. Ses visites à la maison des Vivens se poursuivirent, tout comme son soutien financier pour pallier mes besoins. Mes parents, Ambroise et Francesca, nourrirent leur relation avec Lucienne. Leur amitié était bonne, non seulement pour le bébé, mais pour toute la famille, car Lucienne leur rendait visite avec des sachets de pain, du fromage, du lait, du café, du sucre et tout ce dont elle croyait que la famille avait besoin. Elle rassemblait les vêtements dont lui faisaient don ses amis et sa famille, et ma mère, qui était couturière, utilisait le tissu de ces vêtements pour confectionner de jolies robes pour ses quatre filles.

Le Sénateur, le père de Lucienne, finit par accepter le fait que moi, Solange, j'appartenais en quelque sorte à sa fille, et il accueillit ce mignon petit bébé en chocolat comme membre de sa famille.

À l'âge de cinq ans, je commençai la maternelle (le « jardin d'enfants ») dans une petite école à quelques minutes à pied de la maison de mes parents. Je devins rapidement la chérie de Madame Emmanuel, la propriétaire de l'école maternelle. Tout comme Lucienne, Madame (comme on l'appelait) tomba amoureuse de moi et m'offrit de jolis vêtements, ainsi que des rubans et des barrettes pour mes cheveux. Elle me choisit pour toutes les pièces de théâtre de l'école. J'étais aimée mais, étonnamment, je n'étais pas gâtée. Mes parents croyaient que j'étais un véritable ange : leur enfant chanceuse, leur don de Dieu. Mon père m'appelait souvent son porte-bonheur, car leur vie socio-économique avait changé pour le mieux avec ma naissance.

J'avais un sourire contagieux, étais toujours d'une humeur enjouée, et je devins une grande bavarde dès que je sus énoncer mes premiers mots. C'était ma façon de contrôler, de diriger et de prendre en charge mon monde, même enfant.

J'étais la demoiselle d'honneur préférée pour les mariages.

Mes parents, qui vivaient en union libre depuis de nombreuses années, se marièrent au cours d'une cérémonie élaborée. La famille et les amis arrivèrent de tous les coins de l'île pour célébrer les noces. Cependant, Lucienne et le Sénateur n'assistèrent pas au mariage, car le protocole demandait que des individus de leurs statut s'abstiennent de fréquenter certains quartiers de la ville. La discrimination fondée sur la classe sociale était de pratique en Haïti. Il y avait les riches, la classe moyenne, les pauvres, puis les très pauvres. C'est à cause de cette classification que le Sénateur et Lucienne n'avaient pu manifester leur soutien en public ; leur présence au mariage aurait exacerbé la tension de classes existante.

Bien que Lucienne n'eût pas pu assister au mariage, elle avait profité de cette occasion pour habiller sa filleule, l'une des bouquetières, en petite mariée. Ma robe, blanche et longue, recouvrait mes jolies chaussettes en dentelle, que l'on ne voyait que lorsque je soulevais la robe en marchant, de peur de tomber. Un joli chapeau de paille blanc reposait sur les longues boucles noires qui m'arrivaient aux épaules. Des gants en dentelle et des boucles d'oreilles en or accessoirisaient ma tenue.

L'idée que sa petite fille soit la vedette au mariage faisait sourire ma mère. Elle était fière et heureuse de voir sa relation avec Ambroise bénie par le curé de la paroisse et leur union acceptée par l'Église. Son cœur était rempli d'amour pour sa plus jeune fille. Elle rayonnait de bonheur de voir à quel point j'étais mignonne ce jour-là. Mon père et ma mère croyaient que j'avais des pouvoirs spéciaux—que j'étais née avec de la chance.

Ana, ma grand-mère maternelle, le croyait elle aussi. Elle prenait plaisir à partager des histoires à mon sujet.

« Cette petite fille, disait-elle, elle ira loin. Oh, Seigneur ! Elle ira loin dans la vie ! »

Elle racontait la fois où mon père m'avait emmenée à vélo à un match de football au stade national. J'avais six ans à l'époque et le football était (et demeure encore) le sport numéro un en Haïti. L'attraction de la mi-temps était un grand tirage au sort utilisant le numéro du billet d'entrée pour la loterie. À sa grande surprise, mon père entendit le haut-parleur du stade annoncer son numéro. Il ne pouvait pas en croire ses oreilles ! Il avait le billet gagnant ! Depuis sa tendre jeunesse, il avait assisté régulièrement à des matchs dans ce stade, et jamais il n'avait remporté de prix. Il dit à tout le monde (et il le croyait fermement) qu'il avait gagné parce qu'il m'avait emmenée, moi, Solange, au match.

« C'était sa victoire, pas la mienne, déclara Ambroise. Elle a été la plus chanceuse. »

Le lendemain, il fut encore plus surpris lorsque le prix fut livré à la maison : un phonographe manuel pour des disques de la taille d'une grande pizza. Tout le monde dans la maison était impressionné par cette machine. À l'époque, avoir un phonographe chez vous, en particulier dans le quartier où nous vivions, signifiait que quelqu'un était « arrivé » financièrement. Ambroise, qui avait déjà un « complexe de Napoléon » (il était haut de cinq pieds), se promenait désormais dans le quartier comme un « chef de section », un chef de communauté.

Pour ceux qui l'entouraient, c'était un homme intelligent. L'aîné de six enfants (trois frères et trois sœurs), Ambroise avait fréquenté le lycée et était considéré à l'époque, surtout dans le milieu dans lequel il vivait, comme un homme instruit. Et, pour vrai, c'était un homme intelligent. Malgré de nombreuses épreuves dans la vie, Ambroise avait réussi à subvenir aux besoins de son foyer et de ses nombreux membres. Nous vivions tous dans la même maison : Ambroise et Francesca, mon frère, mes trois sœurs et moi, ma grand-mère et les deux sœurs de ma mère. Mon père avait dû trouver par lui-même un moyen d'améliorer le style de vie de notre famille.

Lorsque ma grand-mère, Ana, vendit un terrain qu'elle possédait à Léogâne, la ville où elle était née, elle accorda les fonds à Francesca. Ambroise, qui avait également hérité de l'argent après la mort de son père, combina les fonds pour construire une maison plus grande pour sa famille dans un quartier plus aisé de Port-au-Prince. Il emménagea dans la nouvelle maison avec ma mère et nous, ses enfants, laissant l'ancienne maison pour sa belle-mère et ses deux autres filles.

***

Dès le début de leur concubinage, mes parents donnèrent naissance à un enfant tous les deux ans. À cette époque, il n'y avait pas de planning familial. Faire l'amour était une excellente forme de relaxation et de divertissement qui amenait à la grossesse. C'était un jeu de chance : une femme avait une chance sur deux de tomber enceinte après des rapports sexuels.

Le premier-né de mes parents était un garçon (Gérald), suivi tous les deux ans par une fille. Tout le monde était tellement habitué à ce que Francesca soit enceinte tous les deux ans, que mes parents se sentirent déconcertés par un soudain écart de trois, quatre, puis cinq ans. Ce grand écart était une rareté pour eux.

C'est au cours de cette cinquième année que finalement Francesca tomba à nouveau enceinte.

La famille et les amis s'interrogeaient sur Dame Nature : leur avait-elle joué un tour, ou bien cette mystérieuse enfant, Solange, avait-elle manipulé et contrôlé son environnement *in utero* ?

Mes parents pensaient que moi, leur porte-bonheur, leur bénédiction, je serais la petite dernière. Imaginez donc la surprise de tout le monde quand, cinq ans après ma naissance, Francesca était de nouveau enceinte. Elle n'avait pas encore fini de profiter des atouts d'Ambroise, et, ainsi, continua à faire sa part pour peupler le monde, donnant naissance non seulement à leur sixième enfant (Mirlène) mais aussi à leur septième (Antonine), huitième (Jean Claude) et neuvième (Ambroise Jr.).

Au total, ils eurent trois fils et six filles, en plus d'un fils naturel de mon père qui rejoignit notre foyer. Pourtant, leur situation socio-économique continua de s'améliorer et Francesca put engager une femme de ménage pour l'aider à gérer la maison, la grande cour et les nombreux enfants. Elle embaucha également deux *restavèk*, des adolescents qui fréquentaient l'école du soir et travaillaient comme domestiques pendant la journée en échange d'une chambre et d'une pension. Ayant rencontré son mari lorsqu'elle était jeune adulte, Francesca n'avait jamais eu d'emploi en dehors de la maison. Elle était dévouée dans son rôle d'épouse et de mère. Elle était la dirigeante parfaite pour gérer sa maison.

On eut à dire que je suis un véritable enfant « du milieu », la cinquième des neuf enfants de Francesca et Ambroise, avec quatre frères et sœurs plus âgés, et quatre frères et sœurs plus jeunes – le pilier de cette famille. Il y avait une rivalité constante entre moi et Édith, la sœur qui m'a immédiatement précédée, et j'avais une affection extrême, et même une sorte d'amour maternelle, pour Mirlène, la sœur qui m'a suivie.

Dans les années quarante, il n'y avait pas de couches « Pampers ». Les bébés portaient des couches en tissu épais, retenues par de très grandes épingles de sûreté en argent. Je regardais souvent ma mère changer les couches de Mirlène, alors, un jour, seule avec ma petite sœur, je décidai de prendre les choses en main et de changer la couche moi-même. Ma grand-mère, qui nous gardait à la maison, était à l'extérieur pour laver les vêtements et j'étais prête à mettre en pratique ce que j'avais vu ma mère faire à chaque fois que le bébé pleurait.

Je grimpai sur une chaise, puis de la chaise je montai sur la table pour m'emparer d'une des couches joliment pliées sur l'étagère. Je redescendis ensuite pour m'occuper de ma petite sœur qui pleurait. À cette époque, les bébés n'étaient pas placés dans un berceau pour dormir, mais plutôt sur un tapis à même le sol, une natte spéciale faite de feuilles de bananier. Un coussin de tissu épais était en place pour le confort du bébé qui était recouvert d'un drap. Ce « lit » était à ma portée.

Quand j'apportai la couche mouillée à l'extérieur pour que ma grand-mère puisse la laver, la vieille femme se tenait derrière le bassin galvanisé rempli d'eau savonneuse. Elle se précipita à l'intérieur, s'attendant à trouver un bébé qui hurlait de douleur, peut-être même en sang, à cause des épingles. À son grand étonnement, le bébé était calme et la couche placée efficacement.

Je devins ce jour-là la baby-sitter extraordinaire, et ma grand-mère ne cessa de raconter cette histoire à qui voulait l'entendre.

« Croyez-moi, disait-elle, cette enfant ira loin. Elle est tellement déterminée qu'elle n'arrivera sans doute jamais à garder un homme. Elle ne se mariera sans doute jamais. Mais, oh, mon Dieu, elle ira loin ! »

Enfant, j'étais à la fois curieuse et déterminée, et je le suis devenue encore plus en grandissant. Ces deux traits de personnalité se sont montrés très utiles pour moi en tant que leader aux cours des dernières années. Passionnée des études approfondies et de la connaissance, j'aimais l'école et je croyais que l'éducation était la clé du succès.

Le système scolaire en Haïti calculait la moyenne d'une douzaine de cours pour déterminer la position d'un élève dans la classe. Les élèves s'asseyaient dans la salle en fonction de leurs moyennes. L'élève avec la moyenne la plus élevée était considéré comme « premier » (ou première) et était au premier banc, à la première rangée, à côté du « deuxième », du « troisième » et du « quatrième », et ainsi de suite, jusqu'aux élèves à la moyenne la plus basse, qui s'asseyaient au dernier banc. Chaque banc accueillait quatre ou cinq élèves, les enfants les plus intelligents devant et les autres derrière eux. La disposition des sièges permettait aux enfants les plus brillants de continuer à obtenir des notes élevées, tandis que les « fainéants » étaient laissés pour compte. Dès mon plus jeune âge, j'ai appris que, dans la vie, nous contrôlons ce que nous pouvons et travaillons autour de ce qui nous est donné. Mon objectif était de m'asseoir sur les deux premiers bancs – toujours. J'ai étudié avec certains de mes camarades de classe et j'ai également étudié seule, pour m'assurer de maîtriser la matière.

J'étais très compétitive et exigeait le respect de mes pairs. J'étais bien aimée d'eux et de mes professeurs. Je ne manquais jamais l'école, de peur que mes camarades de classe n'apprennent quelque chose de plus que moi. J'ai concouru non seulement contre mes camarades de classe mais contre moi-même. Même à l'époque, être première était ma priorité. Intrépide, je n'avais jamais peur de réagir, quelle que soit la situation. Mais, comme une tortue, je faisais de mon mieux pour ne prendre que des risques calculés.

Je ne disais jamais à ma mère quand je ne me sentais pas bien, de peur qu'elle ne me fasse rester à la maison ce jour-là. Ce n'était que lorsque je m'endormais au milieu de la journée, ou que je n'étais pas la première à me préparer pour l'école qu'elle réalisait parfois que j'étais malade.

Mon école primaire, l'école Sainte-Bernadette, était située en face de l'océan où les pêcheurs vendaient leurs prises fraîches du jour. Tous les vendredis, je traversais la rue en faisant très attention de ne pas me faire heurter par une voiture ou un *taptap* (une petite camionnette de transport public) dans les rues animées de Carrefour. J'achetais du poisson frais pour ma grand-mère maternelle Ana, que j'appelais affectueusement ma « Grande Ana », puis je me dirigeais vers sa maison pour livrer ce qu'elle m'avait donné à acheter. Nous mangions le poisson ensemble après qu'elle l'eut fait cuire, et nous buvions du café noir jusqu'à ce que mon père passe me chercher en rentrant du travail.

Dans les Caraïbes, à l'époque, il n'y avait pas de maisons de retraite. Les enfants devaient s'occuper de leurs aînés ; c'est pourquoi ma grand-mère a vécu avec l'une de ses filles et est restée un membre actif de la famille jusqu'à sa mort à l'âge de quatre-vingt-douze ans. J'ai de bons souvenirs du temps que j'ai passé avec ma Grande Ana. Elle a beaucoup contribué à m'aider à devenir la personne que je suis.

J'aimais aussi passer du temps avec ma marraine. Quand je suis devenue assez grande pour aller seule en ville, je me rendais presque tous les dimanches chez elle, à la maison du Sénateur, où elle et son frère, qui était maintenant marié, vivaient avec sa famille. J'ai eu une relation pleine d'amour avec Lucienne. J'aimais porter les beaux vêtements dont elle me faisait cadeau, manger de la bonne nourriture, et lire des livres d'histoires passionnantes.

Le frère de Lucienne eut un enfant peu après ma naissance. Elle aussi était la filleule de Lucienne ; nous étions toutes les deux affectueusement appelées « les filles de Lucienne ».

Ma marraine me reconduisait chez moi à la fin de ma visite et, en chemin, elle s'arrêtait dans un magasin pour m'acheter de la gomme et des bonbons, du fromage et des gâteaux, et un assortiment d'autres friandises que j'apportais à la maison. Parfois, elle me donnait même de l'argent. Mes frères et sœurs, et même ma mère, attendaient patiemment mon retour, sachant très bien que je ne rentrerais pas les mains vides. Dans les premiers temps, ce rituel était parfois une nécessité, surtout avant que mon père ne lance sa propre entreprise. Dès mon plus jeune âge, je pris au sérieux le rôle de soutenir ma famille.

Ainsi que je l'ai dit, mon père était un homme de très petite taille, oui, mais il était très pratique. Finalement, on le considérait comme un petit roi dans le quartier. Mes parents parvinrent à réussir dans la vie, car ils s'arrangeaient toujours pour trouver le positif dans les situations les plus difficiles affectant leur foyer. Ils réussirent à insuffler à tous leurs enfants un optimisme sans faille, quelles que soient les circonstances, car chaque jour, disaient-ils, est une nouvelle opportunité qui apporte ses propres défis et ses propres victoires.

Mon père était un homme qui voyait son verre à moitié plein, jamais à moitié vide. Il avait commencé à gravir les échelons du succès à ma naissance, disait-il à ses amis. Avec son esprit tourné vers la mobilité ascendante, il avait développé une entreprise de *taptap*. Il avait d'abord acheté un taptap qu'il louait à d'autres chauffeurs alors qu'il était lui-même employé à plein temps comme chauffeur du Sénateur. Lorsque le Sénateur perdit son siège au Sénat après les élections, mon père devint un homme d'affaires à plein temps : il acheta un deuxième *taptap* et commença à voiturer lui-même des passagers dans la rue, les déposant dans une zone désignée. Il put bientôt engager plusieurs chauffeurs. Il s'acheta une voiture d'occasion, une Picard, et abandonna sa bicyclette. Sa famille, qui d'abord faisait partie de la classe populaire, devint une famille de classe moyenne, et mon père devint un gros poisson dans le petit étang de son quartier.

Ma mère était une couturière qui était fière d'habiller ses filles. Elle nous apprit à toujours garder la tête haute et à être fiers de qui nous sommes.

« Les gens ne parlent que des personnes importantes, nous disait-elle. S'ils parlent de vous, c'est parce que vous êtes importantes. »

Parce que mon père avait réussi à changer sa méthode de locomotion (lui, qui d'abord marchait à pied, avait acheté un vélo, et ensuite une voiture) et parce qu'il avait quelques sous en poche, il était devenu un homme convoité par les femmes, même si elles savaient qu'il était marié et père de plusieurs enfants. Il devint un Don Juan haïtien qui continua à peupler l'île avec des enfants, non seulement au sein de son foyer, mais en dehors des liens du mariage aussi.

Un jour, Ambroise et Francesca étaient installés sur leur perron lorsqu'une femme vint informer Ambroise que « son fils » avait été abandonné sans surveillance par sa mère pendant de nombreuses heures ; les pleurs du bébé, dit-elle, avait alerté les voisins.

À cette époque, Francesca était en grossesse avancée de son troisième enfant.

« De quel fils parlez-vous donc ? avait-elle demandé, en état de choc. »

Francesca était au courant de la promiscuité de son concubin, mais avoir un enfant en dehors des limites de cette relation établie…ça, c'était une autre affaire !

Ambroise ne répondit pas à sa question. Il savait de quel enfant il s'agissait. Il se leva et se mit en route. Francesca suivit son mari jusqu'à l'autre maison.

Lorsqu'ils entrèrent dans la pièce, ils trouvèrent un bébé absolument magnifique qui pleurait sur une natte au sol. Il n'avait pas plus de deux mois. Francesca suivit son instinct maternel et souleva doucement le bébé. Elle le serra contre sa poitrine, comprenant le besoin de proximité et d'affection que ressentait l'enfant. Elle ramena le petit garçon chez elle, en attendant que les voisins retrouvent la mère, changea la couche du bébé et le nourrit. Et ce n'est qu'à ce moment qu'Ambroise répondit à toutes ses questions.

La mère ne revint jamais réclamer le garçon. Francesca était une sainte. Non seulement elle pardonna à son mari son mauvais comportement, elle sauva également son fils, Reginald, l'élevant comme s'il était sien.

Comme si mon père n'avait pas fait assez de dégâts au sein de son mariage, il mit également enceinte l'une des femmes de ménage de Francesca qui vivait dans leur maison. C'était vraiment une pierre qui roulait : à chaque fois qu'il couchait avec une femme, il la mettait enceinte. Au total, mon père avait treize enfants connus. Vues les rumeurs qui couraient sur l'île au sujet de son infidélité, cependant, en vérité même lui n'avait aucune idée du nombre d'enfants qu'il avait vraiment engendrés.

En raison de son comportement et de la façon dont il utilisait son argent et ses relations avec les femmes, il devint très protecteur envers ses filles. Ma mère, qui avait seize ans de moins que lui, aurait pu être considérée comme sa septième fille dans leur ménage. Il était ferme, autoritaire et contrôlait tous les faits et gestes de ses filles. Nous avons tous grandi effrayées par lui, mais lui vouant un respect sans pareil. En général, il était un père bon et prudent, le soutien de la famille, malgré sa tendance à se montrer surprotecteur. En route pour l'école (et aux rares occasions où nous étions autorisées à assister à une pièce de théâtre ou à voir un film), nous étions forcées de nous déplacer en groupe, malgré le fait que nous étions d'âges différents et que chacune avait son propre cercle d'amis. Les jeunes gens du quartier nous appelaient sarcastiquement « les cadets » et, chaque fois que nous quittions la maison, il n'était pas inhabituel d'entendre au coin de la rue une bande de garçons claironner bruyamment et moqueusement, « les cadets sont sortis ! »

Nous n'étions jamais autorisées à dormir chez une amie ou à participer à une classe-promenade que l'école organisait pour aller à la plage. Parfois, mon père acceptait de nous laisser prendre part à un évènement, puis il changeait d'avis le lendemain, après que nous ayons déjà fait tous les plans. C'était une déception après une autre. Mais, en fin de compte, « les cadets » restèrent très proches les unes des autres, même dans notre vieillesse.

APPLIQUEZ LES RÈGLES !

Règle n° 4 : Rendez hommage à vos racines

Réflexion : Vos racines poussent en profondeur

Les tortues se souviennent de l'endroit où elles ont éclos. Les scientifiques pensent que, à l'intérieur des tortues de mer femelles, il y a une boussole magnétique interne qui les dirige vers l'emplacement de leur lieu de naissance. Lorsqu'il est temps de pondre leurs œufs, la plupart d'entre elles nagent des milliers de kilomètres jusqu'à la plage exacte où elles ont éclos pour construire leurs nids et pondre la prochaine génération d'œufs.

- Faites une liste de certains attributs, positifs et négatifs, de la culture, de la famille ou de la communauté au sein de laquelle vous avez grandi. Comment ces attributs vous ont-ils façonnée ? Comment vous ont-ils imposé certaines limites ? Choisissez ceux que vous voulez garder à l'esprit au long de votre cheminement vers le succès, et n'hésitez pas à écarter ceux qui vous limitent.
- Qu'aimeriez-vous transmettre à la prochaine génération qui vous suivra ? Que vous prévoyiez ou non d'avoir vos propres enfants, quel genre d'héritage aimeriez-vous laisser pour l'avenir ?

Règle n° 5 : Faites preuve d'initiative et dépassez les attentes et les limites

Réflexion : Les survivants continuent d'avancer !

Les fossiles datant de 210 millions d'années indiquent que les tortues de mer ont réussi à survivre aux dinosaures. Leurs migrations se poursuivent malgré les prédateurs, la destruction humaine de leurs sites de nidification, la pollution, la famine et d'autres facteurs tels que le changement climatique. Les tortues se concentrent sur une trajectoire et continuent à traverser le pire que le monde ait à offrir, et ça marche pour elles depuis des millions d'années. Elles ont été dans des endroits difficiles et ont fait face au danger d'extinction, mais les tortues sont fortes; elles s'en sortent et survivent.

- Pensez à un moment où vous avez fait quelque chose de positif et d'inattendu de votre propre initiative. Quelle réaction avez-vous observée de la part des autres ? Comment cette expérience a-t-elle changé votre vision de votre potentiel ?

- Quelles limites rencontrez-vous dans votre cheminement vers la réussite ? Combien parmi elles sont basées sur des idées préconçues sur les autres ou sur des normes culturelles ? Faites une liste des choses qui, selon vous, pourraient vous retenir. Ensuite, parcourez la liste et rayez celles qui sont dues aux perceptions des autres sur ce que vous pouvez accomplir. Ce sont en grande partie des illusions.

RÈGLES POUR BIEN VIVRE

Dans ce chapitre, je partage avec vous certains changements majeurs qui ont pris place dans ma vie lorsque, adolescente, je suis arrivée d'Haïti aux États-Unis. J'ai connu pas mal de déboires en peu de temps, mais les leçons que j'ai apprises furent parmi les plus importantes de mon parcours. Le maintien de votre sang-froid et de votre concentration vous permettra de rester sur la bonne voie. Soyez prête à faire des sacrifices en cours de route.

Règle n° 6 : Prenez les reines de vos sentiments

Il est normal de pleurer. Il est parfois nécessaire de laisser échapper des émotions afin de pouvoir vous concentrer sur la tâche à accomplir. Les pleurs vous permettent de purger les sentiments accablants et le manque de confiance en soi, afin que vous puissiez aller de l'avant. Lorsque je suis arrivée aux États-Unis pour la première fois, je ne comprenais pas la langue ; je pleurais souvent de frustration (voir le chapitre 3, « Partir »). Après une crise de larmes, c'était comme si j'avais fait table rase ; je pouvais me concentrer sur l'apprentissage de l'anglais, ou sur tout autre obstacle auquel je faisais face à l'époque. Plus tard, quand j'appris que je devrais accepter un emploi comme nounou pour obtenir mon visa, j'ai pleuré de déception, mais, une fois mes larmes séchées, j'ai trouvé la force d'accepter un travail qui me semblait inférieur à moi (voir chapitre 4, « Je prends part à la main-d'œuvre »). Pleurer est un moyen naturel de vider votre réservoir émotionnel ; vous pouvez ensuite le remplir avec des ondes positives.

Mais attention aux situations qui vous épuisent et qui vous font réagir d'une manière qui n'est ni constructive ni saine. Si vous constatez que vous avez du mal à réguler vos émotions par vous-même, il est important de demander l'aide d'un professionnel, mais certaines stratégies simples peuvent également vous aider à garder votre sang-froid au milieu de la tempête. Il fut un temps où une condition médicale me poussait à m'en prendre à mon mari (voir le chapitre 11, « Comment avons-nous fait ? »). Il est resté calme dans sa réponse et m'a aidé à voir que mes crises de colère étaient plus sévères que je ne le pensais à l'époque. Si vous vous retrouvez à pleurer à plusieurs reprises à cause des mêmes problèmes, ou à réagir par colère, il est temps de comprendre ce qui ne fonctionne pas pour vous ; arrêtez de pleurer et de vous vous lamenter et retrouvez votre calme.

Ma sœur Édith et moi avons passé des années à nous chamailler. Nous pleurions souvent. Finalement, je me rendis compte que les combats ne nous faisaient aucun bien à l'une ou à l'autre (voir le chapitre 2, « Chanceuse »). Ne permettez pas à d'autres personnes de vous voler votre joie. Je ne laisse jamais les autres affecter la façon dont je me sens ou que j'agis. Lorsque vous ne contrôlez pas vos émotions, vous donnez aux autres plus de pouvoir sur vous ; refusez-leur ce pouvoir. Vous verrez plus loin dans mon histoire comment, en maintes fois, j'ai ressenti de la colère mais j'ai choisi de projeter un air de confiance calme. Il y a une certaine satisfaction à voir les réactions des autres quand on ne répond pas à leurs provocations. Vos réactions ne doivent pas être dictées par les stimulations des autres. Apprendre à rester stable face à l'adversité peut faire la différence entre le succès et l'échec.

Règle n° 7 : Restez concentrée

J'ai appris très tôt qu'il est important de rester concentré. Au chapitre 3, vous lirez au sujet de ma vie d'écolière en Haïti. Quand j'étais terriblement malade, je continuais de me concentrer sur mes études, car je savais que l'éducation était la clé du succès.

Ne laissez pas les défis vous distraire. Plus tard dans le livre, vous lirez mes difficultés avec l'immigration, comme par exemple la pile de formulaires juridiques que j'ai dû remplir, même si je ne parlais pas couramment la langue. Je suis restée concentrée, même après une agression sexuelle dévastatrice. L'incident violent a été traumatisant, mais je n'ai pas eu d'autre choix que de mettre l'expérience de côté pour atteindre mon objectif d'amener ma sœur aux États-Unis. Ce n'était pas une situation facile à vivre, mais je m'en suis sortie.

Il y a beaucoup de distractions dans la vie (et certaines sont terribles !) et c'est à vous de prendre la décision consciente de ne pas perdre de vue vos objectifs. Il y aura beaucoup de monde pour vous soutenir dans votre voyage, mais gardez les yeux sur la cible à tout prix.

Règle n° 8 : Soyez prête à faire des sacrifices

Je n'aurais peut-être pas été aussi loin dans la vie sans les sacrifices que d'autres ont faits pour moi. Mes parents, par exemple, savaient que m'envoyer aux États-Unis était dans mon intérêt en raison de la situation politique en Haïti. J'étais jeune et ils voulaient me garder près d'eux pour s'assurer que j'étais bien prise en charge et que j'avais tout ce dont j'avais besoin. Mais ils savaient que la situation en Haïti était si dangereuse que ma vie était en péril ; je serais plus en sécurité si je partais. Grâce à ce sacrifice, j'ai pu bâtir une carrière réussie et, à mon tour, aider ma famille à améliorer sa qualité de vie.

Les bons parents feront tout pour leurs enfants. Quand j'étais malade, mon père a trouvé un remède pour ma maladie, car il voulait désespérément que je ne souffre pas. Cela va au-delà de la parentalité : chaque fois que quelque chose est en jeu, nous trouvons la force de sacrifier ce dont nous avons besoin pour traverser l'obstacle. Vous lirez plus tard des passages qui décrivent certains sacrifices que j'ai dû faire pour ma carrière, notamment la limitation du temps de qualité avec ma famille et le choix d'une spécialisation dans un domaine autre que celui initialement prévu. Il n'est jamais facile de faire des sacrifices, mais les avantages l'emportent sur les inconvénients.

CHAPITRE 3

Partir

Je ne pourrai jamais exprimer clairement combien il fut difficile pour ma famille d'élever neuf enfants sur l'île d'Haïti, en particulier quand leurs cinq premiers enfants sont entrés dans l'adolescence. L'écart de cinq ans entre ma naissance et celle des quatre autres enfants qui ont suivi, a créé d'énormes problèmes pour Francesca et Ambroise, qui ont dû faire face simultanément aux comportements des adolescents et aux crises de colère des nourrissons.

Il existait souvent une certaine rivalité entre les adolescents de la famille. Nous étions en compétition pour l'attention de nos parents, et nous rêvions chacun d'indépendance. Les batailles physiques, surtout entre ma sœur Édith et moi, devinrent encore plus violentes. Édith croyait que notre mère et notre père m'aimaient plus qu'elle, et sa jalousie se manifestait de différentes manières. Elle déclenchait des querelles, mais elle s'attendait à ce que nos parents règlent les différends en sa faveur. Elle souffrait d'eczéma, d'asthme et d'autres maladies, comme l'anxiété, provoquées par ses propres insécurités. Lorsque nous sommes devenues adultes, j'ai réalisé la position malheureuse de ma sœur Édith et j'ai fait tout ce qui était en mon pouvoir pour améliorer la relation. Malheureusement, peu importe ce que je fais, cela ne suffira jamais à apaiser les sentiments qu'elle nourrit depuis des décennies. Je me fais un devoir de m'entendre avec tout le monde dans la famille, y compris ma sœur Édith, et je m'efforce de ne permettre à personne ni à rien de gâcher la joie que je ressens en compagnie de mes proches, en particulier mes sœurs.

À l'adolescence, je suis tombée malade avec des épisodes récurrents de très fortes fièvres, des maux de gorge et un malaise général qui a évolué vers une raideur des articulations. Parfois, je devenais si raide que je ne pouvais pas m'asseoir ; alors, je m'allongeais sur le siège arrière de la voiture, en route vers la clinique publique, où je recevais des injections pour la douleur et une crème pour soulager la raideur. Les visites à la clinique m'apportaient un soulagement temporaire, mais les fièvres et la raideur revenaient une fois que se dissipait l'effet du médicament. Mes pieds et mes mains étaient enflés. J'étais malade par intermittence, de treize à quinze ans. J'avais l'air anormalement mince et faible. La maladie ralentit également ma croissance, en pleine adolescence. À ma grande horreur, je dus souvent manquer l'école. Inutile de dire que la maigre vie sociale que m'autorisait mon père était rendue encore plus maigre par la maladie.

Pendant trois ans, mes parents eurent affaire à une enfant malade, mais aucun des médecins ne put trouver de diagnostic ; perdus, ces professionnels de la santé s'inquiétaient pour ma santé et mon bien-être, essayant de trouver un moyen de soulager cette adolescente dont le développement physique était retardé par la maladie. Mon père croyait que les voisins pratiquaient le Vaudou dans le but de voler la chance de sa fille, sachant très bien comment il avait clamé partout que j'étais son porte-bonheur.

Désespéré, mon père prépara un pot de semoule de maïs qu'il mélangea avec une très grande quantité de sel de mer ; il remplit une chaussette de ce mélange et l'enroula autour de mes chevilles pour diminuer l'œdème qui s'y était développé. Mon père n'avait reçu aucune formation médicale formelle, mais il n'en était pas moins un excellent médecin de brousse. Ce n'est que lorsque je suis devenue étudiante en sciences infirmières que j'ai réalisé, lors d'un cours d'anatomie et de physiologie, à quel point mon père était intelligent. Pendant un devoir en classe, je suis tombé sur le mot « osmose » et j'ai appris que l'eau va là où est le sel. J'ai arrêté de lire, et je me suis répété encore et encore : « L'eau va là où est le sel. »

J'étais fascinée. *Oh, mon Dieu ! Papa ...C'est ce que tu faisais, en mettant la semoule de maïs fortement salée sur mes pieds quand j'étais malade. Tu retirais l'eau de mes chevilles.* Comment diable avait-il su que la semoule de maïs salée diminuerait l'œdème ? Je connaissais la réponse à cette question : bien que certains Haïtiens n'aient pas le niveau d'éducation requis pour connaître le mot « osmose », ils ont un thé, une huile ou un traitement à base de plantes pour chaque maladie. Mon père ne faisait pas exception et il aurait tout fait pour sauver son enfant.

Le parrain de Francesca, le Docteur, était médecin généraliste sur l'île. Lui aussi prenait soin de moi et était déconcerté par cette mystérieuse maladie. Je me demande aujourd'hui si même le Docteur savait quelque chose sur l'osmose. Puisque la technologie téléphonique n'avait pas encore fait son chemin en Haïti, les nouvelles voyageaient généralement à pied. Un jour, le parrain de ma mère, le Docteur, envoya quelqu'un chez nous, demandant à Francesca de m'amener chez lui pour un examen. Ma mère et mon père m'emmenèrent au rendez-vous. À leur grande surprise, ils furent présentés à un homme blanc, un ami médecin du Docteur, qui, en provenance de France, effectuait une courte visite sur l'île. Il procéda à mon examen et, pour la première fois, le problème fut identifié ; un diagnostic fut finalement posé, suivi d'un plan de traitement. En raison de la gravité du diagnostic, de la courte durée du séjour de ce médecin sur l'île et de son désir de pratiquer lui-même la chirurgie, il n'y avait pas le temps de tergiverser. À neuf heures le lendemain matin, j'étais préparée pour la chirurgie et une amygdalectomie fut pratiquée.

Je suivis un régime liquide pendant vingt-quatre heures, puis un régime alimentaire mou jusqu'à ce que je devienne capable de tolérer un régime régulier. Comme si la douleur de la chirurgie ne suffisait pas à l'agonie, le médecin français ordonna vingt injections de pénicilline, une injection par jour pendant vingt jours. Une infirmière vint à la maison quotidiennement pour administrer l'injection et, bien qu'elle choisisse une différente surface chaque après-midi, je me cachais dès que j'entendais la voix de l'infirmière qui saluait mes parents. Finalement, je terminai la série d'injections ; je commençai à prendre du poids et les symptômes disparurent.

Parce que la maladie se déclara au début de mon adolescence, je m'épanouis sur le tard. J'eus mes règles pour la première fois à l'âge de dix-sept ans et mes seins ne se développèrent qu'au début de l'âge adulte. Ce n'est que pendant mes études en sciences infirmières que je réalisai que j'avais souffert de polyarthrite rhumatoïde juvénile, ce qui expliquait le malaise général et les douleurs articulaires. Je compris finalement pourquoi j'avais eu besoin d'une amygdalectomie. Mes amygdales abritaient une bactérie appelée streptocoque bêta hémolytique qui infectait mon sang, ce qui expliquait mes fièvres chroniques.

La clinique m'avait fait des injections de pénicilline ; cependant, le dosage et la fréquence avaient été insuffisants pour tuer les bactéries qui recolonisaient mon corps dès que je finissais avec une série d'antibiotiques. Le médicament avait soulagé les symptômes mais n'avaient pas complètement éliminé le problème. J'avais souffert d'infections récurrentes, présentant les mêmes symptômes à plusieurs reprises. Ma maladie était demeurée un mystère, non seulement pour mes parents d'éducation modeste, mais aussi pour les médecins haïtiens qui m'avaient examinée. Heureusement, en fin de compte, je m'étais remise complètement, et j'avais continué à briller dans mes études.

***

Après ses études en Haïti, ma sœur aînée Ritza avait postulé un programme en sciences infirmières à l'hôpital Misericordia au Canada. Lorsqu'elle fut acceptée, une porte sur le reste du monde s'ouvrit soudainement pour toute ma famille. Mon père vendit tout ce qu'il pouvait, y compris les pneus de sa voiture, pour couvrir les frais de voyage de sa fille aînée et de Francesca au Canada. En l'espace de quatre ans, Ritza devint une infirmière diplômée travaillant à l'étranger, et se mit à envoyer de l'argent à nos parents pour les aider à élever une famille nombreuse.

Une fois que Ritza eut terminé ses études au Canada, elle immigra aux États-Unis pour travailler à l'hôpital Misericordia dans le Bronx, New York. Parce que nos liens fraternels était particulièrement fort, Ritza et moi restâmes en contact par correspondance au cours des quatre années de ses études à l'étranger, et elle me demanda ensuite de la rejoindre aux États-Unis. Une fois de plus, les étoiles semblaient s'aligner pour l'enfant chanceuse d'Ambroise, son ange du soleil. Cependant, était-ce vraiment la chance qui avait poussé ma sœur à sauter trois frères et sœurs plus âgés et à *me* demander de la rejoindre en Amérique, ou était-ce ma charmante personnalité ? Naître chanceux signifie-t-il naître avec des traits de caractère adorables ? Cela expliquerait l'amour de Lucienne, de Madame Emmanuel et de ma Grande Ana envers moi, et maintenant ma sœur aînée me choisissait parmi les autres. Mais qu'en était-il de Lucienne et de la chance que j'avais apportée à mes parents ? Qu'est-ce qui expliquait la bonne fortune de l'enfant mystérieuse que j'étais ? Y avait-il vraiment un ange spécial dans ma vie, ou un soleil spécial qui brillait sur moi ? Devais-je vraiment croire que l'étoile qui était si brillante et si visible dans le ciel la nuit précédant ma naissance avait quelque chose à voir avec le cours de ma vie ?

À mon insu, c'était mes parents qui avaient exhorté ma sœur aînée à me faire sortir d'Haïti le plus tôt possible. Ma sécurité était devenue une obsession qu'il se partageaient tous les deux. En fait, je quittai Haïti quelques semaines après l'obtention de mon diplôme d'études secondaires. Au cours de ma dernière année d'adolescence, au milieu des années soixante, j'arrivai aux États-Unis d'Amérique avec un visa de visiteur pour assister à l'Exposition universelle.

Pourquoi mes parents étaient-ils si impatients de pousser leur petit ange du soleil hors d'Haïti ? Étais-je devenue une fille diabolique en fin d'adolescence ? Mes parents avaient-ils des problèmes avec mon comportement une fois que je n'étais plus accablée par la maladie ? Non, je n'avais pas changé ; notre île des Caraïbes avait changé.

Il y avait de nouveau des troubles politiques en Haïti. Le président haïtien, François « Papa Doc » Duvalier avait créé sa propre armée, semblable aux « chefs de section » qui existaient sous le président Élie Lescot. Sous le régime de Duvalier, les « Tontons Macoutes », une force paramilitaire haïtienne, avaient pris le contrôle de Port-au-Prince. Ils étaient, pour la plupart, des hommes sans instruction, armés de fusils, qui utilisaient leur pouvoir et leur intimidation pour séduire et même violer des filles ; ils étaient très attirés par les belles jeunes filles aux cheveux longs, au joli visage et au beau corps. Parce que je correspondais à ces caractéristiques, je devins une proie parfaite pour les « Tontons Macoutes ». Mes parents craignaient que je sois tuée, en particulier à cause de ma forte personnalité : j'étais une enfant qui avait parfois beaucoup d'audace et de défiance, qui n'aimait pas le gouvernement actuel et n'hésitait pas à exprimer ses sentiments controversés, alors même que la dictature en place exigeait silence et obéissance.

L'exil s'avérait le seul choix capable de me sauver la vie. Dès que mon père put m'obtenir un visa, ma sœur m'envoya un billet d'avion, et je quittai l'île de mon enfance, en route pour vivre à New York. Je n'avais pas vu ma sœur depuis longtemps ; elle était maintenant mariée et mère de deux enfants. Cette fois, mon père n'eut pas à faire de gros sacrifices pour payer les frais de déplacement. Ils furent tous couverts par ma sœur, l'infirmière diplômée, qui faisait la fierté de sa famille en Haïti.

À bord de l'avion, je me retrouvai seule, une adolescente en route vers une destination inconnue. Autant je voulais quitter Haïti pour rejoindre ma sœur, mon beau-frère et deux jeunes nièces, autant j'étais triste de quitter mes parents, mes frères et sœurs, et tous mes amis. Alors que je marchais sur le tarmac, je m'arrêtais après chaque pas, me retournant pour faire signe à ceux qui m'avaient accompagnée à l'aéroport. Des larmes coulaient sur mon visage et je savais que le cœur de mes parents aussi se brisait alors qu'ils me regardaient m'éloigner d'eux. Ils se retrouvaient entre le marteau et l'enclume : ils voulaient me sauver la vie (la raison principale pour laquelle il m'envoyait à l'étranger) mais ils craignaient aussi que ma maladie ne revienne, à cause du froid de New York. Me condamnaient-ils à mort après tout ?

J'entrai aux États-Unis avec un visa de visiteur, car c'était le moyen le plus rapide de quitter Haïti. Le vol entre Port-au-Prince et l'aéroport John F. Kennedy ne dura pas plus de quatre heures, mais pour moi, cela parut une éternité. Je gardai les mains sur les accoudoirs, ma ceinture de sécurité bouclée pendant toute la durée du voyage, de peur de tomber si elle se détachait. Heureusement, l'avion atterrit en toute sécurité et je me retrouvai dans une longue file, attendant de faire face à un agent d'immigration qui vérifierait mon passeport. Je n'avais aucune idée où aller, donc je suivis la foule qui quittait la zone d'immigration. Les couloirs étaient longs et mon bagage à main pesait lourd ; pourtant, je réussis à aller au pas avec les autres passagers, craignant de me perdre dans ce grand lieu inconnu.

Dans la grande zone ouverte pleine de valises, je reconnus facilement mon bagage, car ma sœur m'avait conseillé d'attacher un ruban au manche pour me faciliter la tâche. Après avoir attrapé ma valise, je suivis la foule jusqu'à la douane. Je ne prévoyais pas cette étape du processus. Une à une, les valises étaient ouvertes et les articles enlevés par le douanier : l'entrée de mangues et bananes, de canne à sucre, et de toutes sortes de feuilles pour le thé de brousse était interdite aux États-Unis, et ces produits jetés par le douanier. Anxieusement, j'attendis mon tour. L'agent me demanda mon formulaire de douane, mais il me laissa passer sans fouiller ma valise. Même si je n'apportais aucun des articles exclus, je considérai que ma chance avait frappé à nouveau. Ou bien, était-ce mon air naïf et innocent qui avait porté l'officier à me faire confiance ?

Soudain, une porte vitrée s'ouvrit devant moi, comme par magie, sans que personne ne la touche. Une masse de gens attendait de l'autre côté de la porte, embrassant leurs proches à mesure que les voyageurs défilaient. Ce n'était qu'à ce moment-là que la foule anxieuse savait que l'avion d'un parent était arrivé, car il n'y avait pas de téléphone portable à l'époque et toute communication était lente. Je repérai rapidement ma sœur Ritza et mon beau-frère Pierre qui étaient sortis de la foule dès qu'ils m'avaient remarquée. Il y eut beaucoup d'embrassades jusqu'à ce que mon beau-frère attrape mes sacs et m'emmène vers la voiture.

Je leur dis avoir faim, car je n'avais rien mangé dans l'avion. Ainsi, une fois mes bagages sécurisés dans le coffre de la voiture de mon beau-frère, nous retournâmes à l'aéroport pour trouver un restaurant. Alors que Pierre parlait en anglais au maître d'hôtel, je me dis : *Me voici, à un âge vulnérable, fraîchement arrivée d'Haïti, dans un nouveau pays, avec une nouvelle famille, censée parler une langue différente.* Comment pourrais-je survivre sans amis ? Comment allais-je m'adapter à cette nouvelle vie ? Ma tête tournait avec des questions, et j'étais en proie à beaucoup d'anxiété. Je connaissais mon beau-frère quand il vivait en Haïti, mais je n'avais jamais vécu avec lui. Je me demandai : *Va-t-il m'accepter ? Vais-je devenir pour lui un troisième enfant ? Devrai-je me battre pour mon indépendance en tant que jeune adulte ?*

Le restaurant était occupé par des voyageurs qui prenaient une collation avant d'embarquer dans l'avion ; d'autres, comme moi, avaient eu un long voyage et étaient enfin arrivés. Les serveuses transportaient de grands plateaux de nourriture sur les tables, tous couverts de plats chauds. Je me dis que j'aurais l'embarras du choix, car tout avait l'air délicieux. L'odeur des mets me mit l'eau à la bouche. J'attendais avec impatience de goûter à mon premier repas américain. Mais, soudain, le maître d'hôtel dit quelque chose d'un ton désapprobateur ; il secoua la tête et fit un geste dédaigneux à l'égard de Pierre. D'abord surpris, Pierre lui répondit ensuite d'un ton mécontent. Il secoua la tête en direction du maître d'hôtel et se tourna vers nous.

« Allez, dit-il. Nous devons trouver un autre endroit pour manger.

– Mais pourquoi ? demandai-je.

– Il dit qu'ils ont un code vestimentaire très strict. Nous ne pouvons pas porter de jeans dans ce restaurant. Je ne pense pas que ce soit le véritable problème. Je pense que c'est parce que nous sommes noirs. »

Quand je détaillai les clients du regard, beaucoup d'entre eux portaient des jeans, comme nous. Ils n'étaient pas mieux habillés que nous. Je le sus tout de suite : Pierre avait raison. On nous avait refusé le service à cause de la couleur de notre peau. En regardant les gens assis à table, en train de manger et de rire avec leurs familles et les amis, quelque chose devint clair : tous les visages dans ce restaurant étaient blancs. Il n'y avait pas une seule famille mulâtresse ou noire dans la salle à manger.

Nous dûmes trouver un autre restaurant à l'aéroport après cet incident, mais il était difficile d'avaler mon repas. Ma première expérience en Amérique exacerbait mon inquiétude, et je n'étais pas sûre de pouvoir m'intégrer dans mon nouvel environnement. Ce n'était pas seulement la langue qui allait être difficile dans ce nouveau pays. La langue, je le savais, je finirais par l'apprendre si je l'étudiais proprement et pratiquais la prononciation des mots et les intonations de l'anglais. Mais je ne pouvais pas changer la couleur de ma peau. Quel accueil aux États-Unis ! Quoi d'autre m'attendait ? Il y avait-il un avenir ici pour moi ?

Pour la première fois de ma vie, dans l'appartement de ma sœur, j'avais ma propre chambre. C'était un petit espace, de la taille d'un grand placard, mais cet espace était mien. Même si je craignais l'inconnu, j'avais aussi des pensées positives : je n'aurais plus à adhérer aux règles sévères et autocratiques de mon père. Je n'avais pas de devoirs de maison (du moins, pas encore), juste deux bébés avec qui jouer, et cela me rendait heureuse. Mon beau-frère offrit de me payer pour le baby-sitting, et ma sœur m'acheta une panoplie de nouvelles chaussures et de nouveaux vêtements, car elle était très heureuse d'avoir ma compagnie, et reconnaissante de l'aide que j'allais lui apporter avec ses deux filles Lynda et Ingrid. Cette dernière devint ma filleule.

La vie était belle, mais, comme d'habitude, avant longtemps j'en voulais encore davantage.

J'avais pris des cours optionnels d'anglais au lycée ; je pensais pouvoir parler la langue assez bien. Je me rendis compte bien vite, cependant, que je n'avais en fait aucune compréhension de l'anglais, et que le vocabulaire que j'avais appris en Haïti était complètement différent de celui que les Américains utilisaient dans les rues de New York. Un mot simple comme *perhaps*, que j'avais appris à l'école, était remplacé à New York par *maybe yes* ou *maybe no*. Cette nouvelle façon de parler augmenta ma frustration et ajouta un certain niveau d'isolement à ma période d'adaptation. Toute ma vie, j'avais été une grande bavarde ; ne pas pouvoir m'exprimer et comprendre ce qui se disait à la télévision devint une expérience très douloureuse et frustrante.

Même si je me sentais généralement heureuse avec ma sœur et mes deux nièces, j'avais aussi un terrible mal du pays et j'avais des épisodes majeurs de crises de larmes lorsque j'étais seule dans ma chambre. Bien des fois, ma sœur m'entendit pleurer la nuit, mais elle choisit de ne pas en discuter, espérant que je m'en remettrais. Au fond, cependant, elle pouvait sentir qu'un jour viendrait où je demanderais à retourner en Haïti. Quand je le fis, elle était armée d'une réponse : parce que je n'étais pas retournée en Haïti avant l'expiration de mon visa de visiteur, j'étais maintenant considérée comme une étrangère en situation irrégulière. Si je rentrais chez moi, expliqua-t-elle, je ne serais plus jamais autorisée à retourner aux États-Unis.

« Tu ne veux pas être coincée en Haïti, n'est-ce pas ? »

À contrecœur, je fis non de la tête. Elle me promit de faire appel à un avocat qui l'aiderait à parrainer ma demande de visa de résidence permanente, afin que je puisse vivre légalement dans le pays.

Quelques mois après mon arrivée, j'eus vingt ans, et ma sœur organisa une grande fête. Cependant, comme je n'avais pas d'amis dans le pays, tous les invités étaient des amis de ma sœur et de mon beau-frère.

Je gardais mes nièces, un travail pour lequel mon beau-frère me payait $20 par semaine. Maintenant que j'avais vingt ans, je voulais trouver un vrai emploi – sortir de la maison et aller travailler. Mon désir de trouver un emploi n'était pas une question d'argent ; je voulais prendre de l'essor, et je me sentais de plus en plus malheureuse et agitée. Bien que je ne parlasse pas la langue et que mon statut illégal dans le pays rendit mon épanouissement encore plus difficile, je n'étais pas prête à abandonner.

Ma sœur réussit à me trouver un poste intérimaire, mais nous savions très bien toutes les deux que ce travail ne m'apaiserait pas longtemps. Entre temps, les trois adultes se partageaient la responsabilité de la garde des enfants à la maison, et cet arrangement prenait en compte nos horaires respectifs : ma sœur Ritza travaillait très tôt le matin comme infirmière ; je travaillais les après-midis ; et mon beau-frère Pierre travaillait de nuit.

APPLIQUEZ LES RÈGLES !

Règle n° 6 : Prenez les reines de vos sentiments

Réflexion : Rentrez dans votre carapace !

Les tortues ont un système de défense intégré qui a évolué il y a plus de 200 millions d'années lorsque leurs coquilles se sont développées à partir de leurs côtes, de leurs épaules et de leur colonne vertébrale. Lorsqu'elles sont menacées ou submergées, la plupart des tortues rentrent leurs pattes et leur tête dans leur carapace et attendent que le danger passe.

- Lorsque vous vous sentez provoquée ou ressentez le besoin de pleurer à cause de quelque chose que quelqu'un vous a dit, respirez profondément et nommez en silence l'émotion que vous ressentez (par exemple, « je suis en colère » ou « je suis blessée »). Avant de répondre, prenez le temps dont vous avez besoin pour prendre les reines de vos émotions. Comptez jusqu'à dix, puis souriez. Ne dites rien si vous n'avez pas quelque chose de positif à dire à ce moment-là et, dans certains cas, la meilleure réponse est de ne pas répondre du tout.

- Essayez de tenir un journal pour vous aider à suivre vos états émotionnels et les problèmes majeurs que vous rencontrez. Après une semaine ou deux, revoyez vos écrits et identifiez vos tendances. Y a-t-il des personnes qui semblent vous provoquer constamment ? Si vous constatez que quelqu'un vous prive de votre force émotionnelle, commencez par déterminer s'il en vaut la peine. Si cette personne ne vous apporte pas de la joie de vivre, il est peut-être temps de la laisser partir. Mais, si elle est importante à vos yeux, vous devrez peut-être parler des problèmes que vous rencontrez au niveau de la communication. Il y a une stratégie qui a toujours bien fonctionné dans ma famille : trouver un lieu public (comme un restaurant) pour les discussions sérieuses. Vous risquez moins de perdre votre sang-froid si d'autres personnes sont présentes.

Règle n°7 : Restez concentrée

Réflexion : Faites demi-tour et reprenez le chemin !

Si une tortue est détournée de la direction dans laquelle elle se dirige, elle rentre dans sa coquille, fait demi-tour et se remet tout de suite sur la bonne voie. Les tortues ne courent pas dans la direction souhaitée. Leur démarche peut être lente parfois, mais des progrès réguliers sont en cours.

- Faites une liste des objectifs que vous souhaitez atteindre. Commencez par une liste de 10. Ensuite, revenez sur la liste et classez ces objectifs par ordre de priorité. Trouvez les trois objectifs les plus immédiats que vous devez accomplir en premier et travaillez-y jusqu'à ce que vous les atteigniez. Ensuite, travaillez sur les trois prochains objectifs. Parfois, il est préférable de travailler d'abord sur les objectifs les plus faciles. Cela vous donne un sentiment d'accomplissement lorsque vous vous attaquez aux objectifs les plus difficiles de votre liste. Lorsque vous atteignez un objectif, récompensez-vous d'une manière modeste.
- Créez un tableau de vision pour vous aider à visualiser vos intentions. Trouvez des images qui se rapportent à vos objectifs et créez un collage sur un tableau d'affichage pour vous rappeler ce sur quoi vous travaillez. Accrochez le tableau à un endroit où vous le verrez chaque matin, comme au-dessus de votre cafetière ou sur un mur de votre chambre. Si vous vous sentez distrait, passez du temps à regarder le tableau pour vous rappeler sur quoi vous voulez concentrer votre énergie.

Règle n° 8 : Soyez prête à faire des sacrifices

Les Indiens iroquois racontent l'histoire d'une tortue qui a sacrifié son propre confort pour construire le monde. Dans le mythe de la création iroquoise, la Femme du Ciel est tombée sur Terre et a découvert qu'il n'y avait en fait aucune terre : le monde était un vaste océan tout autour d'elle. Sans terre, elle mourrait. Il n'y aurait pas de récoltes pour soutenir son peuple. Avec l'aide d'autres animaux tels que la grenouille, la Femme du Ciel a ramassé la boue au fond de l'océan et l'a répandue sur le dos d'une tortue. Sur son dos, elle a planté des arbres et des plantes pour se nourrir, et la Terre a prospéré. Et, depuis lors, la tortue porte le poids du monde sur son dos afin que d'autres puissent survivre, et la Terre est connue des Iroquois sous le nom de l'île de la tortue.

Une fois que vous avez fait votre liste d'objectifs à partir de la règle n° 7, examinez vos trois premiers éléments prioritaires. Y a-t-il des obstacles à la réalisation de ces objectifs ? Si tel est le cas, y a-t-il quelque chose que vous devez abandonner pour y parvenir ? Parfois, de petits sacrifices font une grande différence. Par exemple, si vous souhaitez acheter une voiture, cuisiner vos repas à la maison (au lieu de manger au restaurant) vous aidera à économiser de l'argent.

- Faites attention à ceux qui vous entourent. Si vous voyez que quelqu'un a besoin d'aide, offrez votre aide. Parfois, la voisine âgée qui a besoin d'aide pour décharger ses courses se révélera être une source de sagesse, et sacrifier quelques minutes de votre temps vous rendra tous les deux plus heureux.

***

RÈGLES POUR BIEN VIVRE

Dans ce chapitre, je découvre que la vie aux États-Unis sera difficile pour moi, du moins jusqu'à ce que je m'adapte à une nouvelle langue et à une nouvelle culture. Parfois, je voudrai abandonner et rentrer chez mes parents en Haïti. La situation n'est pas facile, mais je tiens bon, car je sais que le travail acharné et l'éducation sont des bases importantes pour la réussite. J'apprends également à ravaler ma fierté.

Règle n° 9 : Valorisez le travail assidu et l'éducation

Je viens d'une famille de travailleurs assidus : le travail dur, je l'ai dans les os. Comme vous l'avez lu plus tôt dans le chapitre 2, j'ai fait de l'éducation une priorité même lorsque j'étais terriblement malade ; dans les pires circonstances, j'ai travaillé pour être la meilleure en tout. Au chapitre 3, j'ai décrit comment ma sœur et son mari ont travaillé dur pour bâtir une bonne vie pour leur famille et, une fois que j'ai emménagé avec eux, je les ai aidés à prendre soin de leurs enfants. Au chapitre 4, je relaterai que j'ai même accepté des emplois que je détestais, dans des ateliers clandestins, pour un salaire médiocre. Ce n'était pas ce que je voulais faire à l'époque, mais j'ai quand même réussi à apprendre beaucoup en attendant d'atteindre mon objectif : obtenir une éducation formelle. Je savais que si je tenais le coup, j'irais à l'université et les choses seraient plus faciles une fois que j'aurais mon diplôme.

Nous n'arrêtons jamais d'apprendre de notre vivant. Même après avoir obtenu mes diplômes et bâti une carrière réussie, je me suis toujours assurée de m'informer sur les dernières tendances et les changements dans mon domaine. Il est important de nourrir votre esprit de nouvelles connaissances, et il y a toujours quelque chose de nouveau à apprendre.

Règle n° 10 : Ravalez votre fierté

Il est important d'être un joueur d'équipe. Au chapitre 4, vous le verrez : même si je n'aimais pas mon travail d'usine, je gardais mes doléances pour moi. Mes journées sont devenues plus faciles une fois que je me suis ouverte et que je me suis fait des amis.

Vous verrez aussi à quel point je détestais l'idée de devenir nounou. Je ne voulais pas abandonner mon travail à l'hôpital, quitter la maison de ma sœur, et aller vivre avec une autre famille étrangère pour m'occuper des enfants de quelqu'un d'autre. Mais je n'ai jamais laissé mon employeuse, Mme Silverman, savoir ce que je pensais. Je suis devenue membre de la famille Silverman en acceptant la situation. Je me suis montrée gentille et j'ai parlé à Mme Silverman de mes aspirations pour l'avenir tout en continuant à travailler dur pour que ses enfants soient bien pris en charge. Finalement, je n'ai pas seulement trouvé un employeur, j'ai trouvé une deuxième famille qui m'a aidée à atteindre mes objectifs.

CHAPITRE 4

Je prends part à la main d'œuvre

Mon premier emploi aux États-Unis fut dans une usine de vêtements, ce qui exigeait que je reste assise derrière une machine huit heures par jour, pour attacher deux morceaux de tissu ensemble afin de coudre une jupe. J'étais payée cinq centimes par jupe. J'apportais un petit oreiller rose au travail pour m'asseoir, mais malgré tout, mes fesses étaient très douloureuses à la fin du quart de travail. J'étais entourée d'autres immigrants clandestins qui n'avaient d'autre choix que de consacrer des heures et des heures à ce travail subalterne et sous-payé. Avec un statut de résidence dans les limbes, ils n'avaient pas d'autres options. J'étais convaincue que je n'étais pas comme eux. Contrairement à mes collègues, dont plusieurs ne pouvaient pas retourner dans leur pays d'origine, j'avais le choix : je pouvais retourner en Haïti. J'avais un pays qui voulait de moi. À Port-au-Prince, les gens me comprenaient lorsque je parlais et, surtout, j'avais un statut légal. Beaucoup de gens m'aimaient là-bas. Aux États-Unis, je me débrouillais très mal avec la langue et je n'avais qu'un petit groupe de personnes avec qui je pouvais converser. Même après avoir écouté l'explication de ma sœur (« Tu ne pourrais jamais retourner aux États-Unis »), je ne comprenais toujours pas pourquoi je devais persévérer dans un environnement aussi terne et éreintant alors que je pouvais facilement rentrer chez moi.

Après trente jours à l'usine, je fis savoir à ma sœur que je ne retournerais pas travailler là-bas. Une fois de plus, je repris mes tâches de garde d'enfants pour vingt dollars par semaine. Mais bientôt, j'étais de nouveau agitée et impatiente dans la maison avec mes nièces. J'écrivis à ma marraine, Lucienne, et j'exprimai ma frustration et mon désir de rentrer chez moi. Elle aussi me déconseilla de quitter l'Amérique, car le climat politique en Haïti était « trop risqué ». Ritza me trouva un travail dans une autre usine, où, cette fois, la machine à coudre me forçait à me tenir debout ; je restais toute la journée avec mon pied droit sur la pédale, cousant des fermetures éclair sur des valises. La douleur dans mes fesses se substitua à la douleur dans mes jambes. Dans l'usine, mes mains se lassaient rapidement de manipuler la fermeture éclair sous l'aiguille. J'étais malheureuse et tout m'énervait.

Comme ils travaillaient toute la journée, les ouvriers de l'usine transpiraient abondamment. Certains d'entre eux s'attardaient dans la salle de bain à la fin de leur quart de travail pour se laver le visage et appliquer beaucoup de maquillage et de rouge à lèvres rouge vif avant de rentrer chez eux. L'odeur de sueur était terrible, un mélange puissant de transpiration et de parfum bon marché. Cette odeur distinctive était nauséabonde. Je me douchais dès mon retour à la maison, de peur que moi aussi je ne commence à porter l'odeur de sueur de la salle de bain de l'usine. Cette puanteur persista dans la partie olfactive de mon cerveau des années après que je quittai l'usine de fermetures à glissière. J'y passai deux mois entiers, uniquement parce que je rencontrai une autre travailleuse haïtienne dans une situation similaire à la mienne. Bien que son père fût médecin aux États-Unis, il ne pouvait pas l'aider à obtenir la résidence, car il n'était pas citoyen américain. Comme on dit, la misère aime la compagnie. Fofo et moi devinrent les meilleures amies du monde et créâmes un système de soutien l'une pour l'autre. Bien que la vie nous plaçât plus tard sur des chemins différents, nous sommes amies jusqu'à ce jour : nous parlons au téléphone, nous nous connectons sur les réseaux sociaux et nous voyageons même pour nous rencontrer physiquement, maintenant que notre statut légal a changé et que nous pouvons nous permettre les frais de voyage.

Je restai sans papiers plus longtemps que je ne l'aurais souhaité. Vers la fin de mon deuxième mois à l'usine de valises, l'avocat engagé par ma sœur réussit à m'obtenir un permis de travail temporaire, ce qui était une grande victoire. À peu près à la même époque, un poste d'aide infirmière fut ouvert à l'hôpital Misericordia dans le Bronx, où Ritza travaillait au service de maternité. Parce que nous vivions à quelques minutes à pied de l'hôpital, ma sœur et son mari, Pierre, m'encouragèrent à postuler. Je connaissais déjà le chemin conduisant à l'hôpital car, à de nombreuses reprises, pendant la pause déjeuner, j'avais été rencontrer ma sœur avec les enfants.

« Ce sera plus sûr, déclara Pierre.

– Le travail sera moins éprouvant, déclara Ritza. Tu seras plus heureuse. »

Elle s'inquiétait beaucoup des difficultés que je rencontrais à m'adapter à ma nouvelle vie.

La simple pensée de ne pas avoir à me contenter d'un autre travail dans une usine me donna de l'espoir et, lorsque Ritza organisa une entrevue à l'hôpital, je priai avec conviction pour un résultat positif.

Je m'habillai tôt pour le rendez-vous, revêtant un ensemble qui reflétait élégance et classe, une jupe crayon bleu marin, une blouse blanche avec un brocart fleuri et une casquette assortie, et une veste bleu marine à manches longues. J'arrivai avec confiance, prête pour mon premier vrai entretien et mon premier vrai travail. Ce n'est que lorsque l'employé de l'hôpital m'escorta jusqu'à la salle d'attente que je commençai à me sentir nerveuse ; soudain, mes mains étaient moites, et mes pensées vagabondaient entre la puanteur de la salle de bain de l'usine et l'odeur de l'hôpital – chacune, une odeur distincte qui portait son poids d'espoir et de déception.

Un très grand homme blanc, vêtu d'un costume rayé gris foncé m'invita dans son bureau. Il s'installa dans une chaise moelleuse derrière un beau bureau en acajou, et je tirai l'une des deux chaises devant son bureau pour m'asseoir en face de lui. Je répondis de mon mieux à toutes ses questions et je quittai l'entretien assez fière de moi.

« J'ai réussi, dis-je à Pierre en rentrant à la maison. J'ai hâte de commencer mon poste d'aide infirmière dans la crèche de ce grand et magnifique hôpital. »

Plus tard dans la journée, je reçus un appel de ma sœur. Elle était encore au travail et je pensais qu'elle m'appelait pour me féliciter.

« Sol, dit-elle en m'appelant par mon petit nom d'amour, le sobriquet attachant qu'elle utilisait souvent. Tu n'as pas obtenu le poste. »

À cette nouvelle, je hurlai ma déception. Je ne comprenais pas.

« Pourquoi ?

– Le directeur t'a demandé de fermer la porte derrière toi lorsque tu es entrée dans le bureau, m'expliqua-t-elle. Au lieu de cela, tu t'es assise. Il pense que, même si tu n'auras pas à parler aux bébés de la crèche, tu dois parler l'anglais suffisamment bien pour converser avec les nouvelles mères. »

Quel coup ! Il me semblait que je n'avais que deux choix : soit retourner à l'usine, soit retourner en Haïti.

Je pleurai pendant des heures. J'arrêtai mes pleurs. Je pleurai de nouveau. Je m'endormis, épuisée, pour me réveiller à nouveau en larmes. Les soirées pitoyables se suivirent pendant un bon bout de temps, jusqu'à ce que je prenne, au plus profond de moi, une ferme résolution qui allait changer ma vie à jamais : je décidai de réussir dans tous mes efforts, quel que soit le degré de difficulté. Oui, je savais que j'avais une montagne à gravir. Oui, j'étais prête à relever le défi. Je savais que rien ne viendrait facilement, mais je me promis de maîtriser ma vie. Je devais grandir vite. Ne plus m'apitoyer sur moi-même. J'avais bien des choses à réaliser.

Mon premier plan d'action était d'apprendre l'anglais assez bien pour réussir mon prochain entretien.

« Nous continuerons à te soutenir jusqu'à ce que tu trouves un emploi, dit Ritza affectueusement. Tu es toujours notre baby-sitter préférée. Notre arrangement de vingt dollars par semaine est toujours valable. »

Pendant les deux mois suivants, je restai à la maison à prendre soin de mes nièces. Cette fois, quelque chose était différent : je me concentrais activement sur l'apprentissage de l'anglais en regardant des programmes pour enfants à la télévision ; aussi, au lieu de parler français ou créole, je fis un effort conscient pour utiliser l'anglais en m'adressant à mes deux nièces, ma sœur et mon beau-frère, et j'étudiai jour et nuit. Quand un autre poste d'aide infirmière fut ouvert, j'avais suffisamment maîtrisé la langue anglaise pour réussir ma deuxième entrevue avec le même directeur qui m'avait refusé le poste.

Je faisais désormais partie de l'équipe chargée des prématurés au service de néonatologie à Misericordia, la plus jeune personne du personnel travaillant de nuit et, avant longtemps, la chérie des autres employés.

Mes principales responsabilités consistaient à nettoyer et à nourrir les bébés et à les emmener trouver leurs mères dans l'unité post-partum au cours des visites. Beaucoup de ces jeunes mères, à la recherche d'un nom pour leurs filles, étaient fascinées par *Solange* qu'elles trouvaient unique et original. Si ce nom était pratiquement inconnu aux États-Unis, il était assez courant en Haïti, si populaire, en fait, qu'en moyenne, il pouvait y avoir à la fois trois à quatre *Solange* dans une salle. En tant que jeune à Port-au-Prince, je détestais mon nom et me plaignais souvent à ma mère : « C'est tellement commun. Pourquoi Lucienne l'a-t-elle choisi ? Il y a au moins deux autres filles avec ce nom dans ma classe. » Le nom était tellement commun que, lors de ma demande de passeport pour voyager aux États-Unis, j'avais ajouté la lettre « s » à la fin de mon nom, pour me distinguer de toutes les autres filles également nommées *Solange*. Ce n'est que lorsque je commençai à travailler à l'hôpital que je me mis à aimer mon nom. De plus, la lettre supplémentaire lui donnait un avantage.

J'aimais vraiment travailler à l'hôpital. J'adorais les bébés et j'adorais revêtir mon uniforme blanc d'aide infirmière. À la maison, je portais souvent la coiffe de ma sœur devant le miroir et je rêvais de devenir infirmière un jour. Ou même médecin. Même si la réalité de ce rêve semblait hors de portée, j'étais convaincue que, comme une tortue, je devais sortir la tête de ma carapace pour avancer. Lentement mais sûrement, je me suis concentrée sur le mot *succès*. Oh, tellement concentrée !

Quelqu'un criait mon nom, brisant le silence dans la crèche des prématurés.

Il était une heure du matin et je m'étais profondément endormie dans le salon des infirmières pendant ma pause. Une des infirmières travaillant de nuit me trouva dans un état de stupeur, les yeux encore pleins de sommeil.

« Te voilà, dit-elle. Je te cherche depuis longtemps. Viens vite ! »

Je sautai sur mes pieds, toujours à moitié endormie.

« Que se passe-t-il ?

– Viens, viens ! l'infirmière insista, me conduisant à l'une des fenêtres. »

Et voilà : ma première neige.

Les rues, les arbres, les voitures, les immeubles...tous couverts de neige blanche. Je n'avais jamais rien vu de tel auparavant. C'était magique. Tout avait l'air doux et chatoyant, et la lumière scintillante des lampadaires se réfractait à travers les flocons de neige qui tombaient.

Les employés se moquèrent de la crainte qu'ils lisaient sur mon visage. Je pensais que c'était si beau et pourtant écrasant. J'étais à la fois excitée et un peu effrayée à la vue de ce pays des merveilles revêtu d'hiver blanc. Comment rentrerais-je à la maison ? Je ne pouvais pas imaginer marcher dans la neige. Heureusement, ma sœur vint à la rescousse. Elle arriva sur les lieux plus tôt que d'habitude, à la fin de mon quart de travail, et nous nous rencontrâmes pour le petit déjeuner au café de l'hôpital. Elle m'avait apporté une paire de bottes.

Elle me convainquit de rentrer à pied. « Je viens de marcher dans la neige moi-même, dit-elle. »

Alors, je le fis. Je rentrai chez moi et je jouai dans la neige tout le long du chemin, pensant à quel point mon travail à l'hôpital me rendait beaucoup plus heureuse que l'environnement brutal de l'usine. Mon salaire actuel était excellent par rapport à celui des employés de l'usine, et j'avais une assurance-maladie et d'autres avantages offerts par l'hôpital. Mes compétences en anglais s'étaient grandement améliorées, même si j'avais toujours un fort accent haïtien qui rendait la tâche un peu difficile à ceux qui essayaient de me comprendre.

J'apprenais à surmonter les épreuves et les tribulations.

La vie s'améliorait.

Une grande partie de mon salaire allait à ma sœur pour que son avocat puisse enfin m'obtenir un visa de résidence permanente. J'étais très intimidée par l'avocat, Mr. Rozensky, un grand homme blanc qui ressemblait à Bouddha. En fait, sur son bureau se tenait une statue de Bouddha et, alors que je m'asseyais en face de lui, mes yeux allaient souvent de son visage à la statue. *Bizarre,* pensais-je. L'homme me regardait tout le temps, même lorsqu'il s'adressait à ma sœur.

Au cours d'une de nos visites, d'une voix très douce qui ne correspondait pas à la taille de son corps, Mr. Rozensky déclara : « J'ai de mauvaises nouvelles. »

Mon sang se glaça. Ritza avait présenté une pétition de parrainage au bureau de l'immigration et de la naturalisation et, à ce stade, j'avais parfois le sentiment que mon existence même en tant qu'être humain était devenue une accumulation d'obstacles et de défis à surmonter.

S'adressant directement à ma sœur, mais sans cesser de m'étudier, il poursuivit :

« L'immigration a rejeté votre requête parce que vous n'êtes pas citoyenne américaine.

– Quoi ? fit ma sœur, vaincue. Cela signifie-t-il que Solanges doit retourner en Haïti ? »

Une larme roula sur ma joue.

« Oui, répondit Mr. Rozensky, à moins que… »

Il prit une profonde inspiration. À ce moment-là, je sanglotais. Il poursuivit :

« À moins qu'elle n'accepte ce que je suis sur le point de proposer.

– Et de quoi s'agit-il ? demanda Ritza en fronçant les sourcils.

– Ne vous en faites pas, déclara le grand avocat. Je vais l'aider.

– Comment ? insista ma sœur.

– Elle devra travailler comme femme de ménage pour une famille américaine. Ils demanderont le visa en son nom. »

Le grand avocat semblait sincère dans son désir de m'aider, voyant à quel point nous étions déçues par l'échec de la pétition de parrainage de Ritza. « Je vais me mettre à la tâche et je vous appellerai, dit-il. »

Nous quittâmes son bureau en état de choc et prîmes le métro pour rentrer chez nous. Comme nous restions en silence, le trajet sembla beaucoup plus long que jamais auparavant. Je ne voulais pas laisser mes bébés à la crèche et l'idée de travailler comme femme de ménage me donnait des palpitations. Un tel titre, j'en étais certaine, s'accompagnait d'une perte d'identité : j'abandonnerais ma fierté pour nettoyer les toilettes souillées d'un étranger, arracher les cheveux coincés dans la canalisation de la douche et laver les sous-vêtements tachés. Parce que j'avais grandi autour de femmes de ménage et de *restavèk* (domestiques) dans la maison de mes parents, je comprenais la structure du pouvoir. Mon père avait mis enceinte une des domestiques de ma mère. Elle n'aurait probablement pas pu refuser si elle le voulait ; il avait tout le pouvoir dans cette liaison. Comment dire non quand on est pris entre le marteau et l'enclume ? Ce travail était terrifiant...et en dessous de ma condition.

Les *restavèk* étaient tout en bas de la chaîne alimentaire, et je ne voulais pas en faire partie. Quand j'étais au lycée, une jeune servante nommé Ti Carmen apportait chaque jour mon repas de midi à l'école, pour que je ne sois pas obligée de rentrer à pied à l'heure du déjeuner, puis retourner à l'école de nouveau pour les cours de l'après-midi. *Ti* signifiait petite...sans importance... invisible. Ti Carmen et moi avions à peu près le même âge, mais nous appartenions à des mondes différents. Peut-être avait-elle eu des rêves ; en tout cas, elle ne les avait jamais partagés avec moi. Même si elle voulait une vie meilleure pour elle-même, ses rêves seraient étouffés par les nombreux besoins des autres, y compris les miens. Pour le reste de sa vie. J'y pensais pendant que je revoyais la *restavèk* dépliant une nappe en lin blanc sur le bureau du professeur pour mettre mon assiette et mon couvert ; elle ouvrait ensuite le récipient en aluminium inoxydable à quatre compartiments et me servait ma nourriture. Parfois, je partageais mon repas avec ma meilleure amie Claudette qui restait également à l'école le midi, mais dont la famille était trop pauvre pour lui offrir un repas, allez voir les services d'un *restavèk*. Pendant que Claudette et moi mangions, Ti Carmen nous regardait silencieusement, et je me rendais compte maintenant que je ne lui avais jamais offert à manger. Après le repas, la *restavèk* nettoyait la table et rentrait chez nous avec le panier de nourriture vide.

Peut-être que je payais pour les péchés de mes parents, pour les péchés de mon pays, pour les abus d'un système qui exigeait une servitude à vie pour tant de gens.

« Tu n'es plus au lycée, me rappela Ritza lorsque nous fûmes rentrées à la maison. Tu es une jeune femme et tu dois prendre ta vie en main. S'il faut nettoyer les maisons pour obtenir ta carte verte, qu'il en soit ainsi. »

Travailler comme *restavèk*, une servante, une femme de chambre ? *Non*, pensai-je. Ça ne peut pas être pour moi. Pas pour une fille telle que moi. Revenir en Haïti n'avait jamais été aussi tentant.

J'allai directement au lit, car je devais travailler le quart de nuit et j'avais besoin de me reposer avant de retourner à l'hôpital. Dans ma chambre, je priai avec ferveur l'Immaculée Conception, la mère de Jésus, qui m'avait aidée à surmonter tous mes défis antérieurs. Je m'endormis dans la prière et en larmes.

***

Attendre un coup de fil de l'avocat était angoissant.

Nous restâmes sans nouvelles de Mr. Rozensky pendant des jours, des semaines, des mois.

Finalement, un jour, ma sœur reçut un appel du « grand avocat », comme nous l'appelions toutes les deux.

« Il veut que nous venions à son bureau, dit-elle. Il a une famille qui veut nous rencontrer la semaine prochaine. »

Le dimanche précédant le rendez-vous, ma sœur et moi allâmes ensemble à l'église, car nous, les Haïtiens, croyons que la prière nous aide à surmonter tous les obstacles. Après la messe, nous choisîmes un restaurant pour discuter de l'avenir et de mon « problème d'immigration ». Le dilemme me tourmentait. Il nous fallait prendre une décision finale : accepterais-je de devenir domestique dans la maison d'un inconnu, une sorte de Ti Carmen ?

J'avais dépassé de loin le stade du déni. Je flottais quelque part entre la colère et la négociation. Obstinément, je dis : « Je n'ai aucun *problème d'immigration*. Je retourne en Haïti. J'ai pris ma décision, et tu dois m'aider à retourner au pays. » Ma voix était entrecoupée. Je pouvais à peine contrôler mes émotions ambivalentes. J'étais confuse et en dérive.

Ma sœur ne pouvait pas supporter l'idée de mon retour en Haïti, où des jeunes femmes étaient violées et d'autres jetées en prison pour avoir dit ce qu'elles pensaient. Nos parents étaient catégoriques : leur Solanges ne devait pas rentrer au pays. Ma marraine et ma sœur étaient d'accord avec mes parents.

« Tout le monde essaie de trouver un moyen de laisser le pays, déclara Ritza. Ne sois pas ingrate. »

Je dus admettre que l'idée de retourner en Haïti m'était devenue douloureuse également. J'avais établi des racines à l'hôpital, faisant un travail que j'aimais : prendre soin des bébés. Fofo, mon amie à l'usine, me manquerait ; mes deux nièces, Ritza et Pierre aussi. Je ne voulais pas les quitter.

« Monsieur Rozensky dit que c'est une famille de bien, déclara Ritza, et ils sont prêts à parrainer ton visa. »

Alors que Ritza attendait ma réponse, le silence entre nous devint assourdissant. Je continuai à siroter mon café, mais j'évitai le regard ma sœur.

« Alors, qu'est-ce que tu en penses ? » Elle parlait doucement. « Leur diras-tu oui ? »

Toujours sans lever la tête, je demandai : « Quand ? » Je m'imaginais à quatre pattes, frottant la moisissure, les crasses, les peaux mortes et les poils pubiens de quelqu'un d'autre dans une baignoire.

« Demain, dit ma sœur.

– Quoi ? Demain ? Que veux-tu dire, demain ? Déjà ? »

Je parlais plus fort que ma sœur ne m'avait jamais entendue parler en public. Le souffle court, j'avais oublié que nous étions entourées de gens essayant de prendre au calme leur repas du dimanche.

D'une voix très douce, attentive à chaque mot, ma sœur essaya d'apaiser mon anxiété. « Tu ne vas pas travailler demain. Tu vas rencontrer la famille au bureau du grand avocat. »

Nous étions à nouveau calmes, car j'avais besoin de digérer ce que j'entendais.

Essayant d'éviter tout conflit, je levai la tête et la fixai du regard.

« Pouvons-nous rentrer à la maison maintenant ? J'ai fini de manger.

– Je dois payer l'addition, répondit Ritza d'une voix sévère. »

Elle comprenait ma réticence et j'apprendrais plus tard qu'elle aussi se débattait avec l'idée de sa petite sœur en servitude chez des inconnus. Tout comme moi, elle imaginait le travail éreintant, le manque de respect, les regards lubriques. Elle essayait tant bien que mal de cacher ces sentiments, cependant, afin de rendre les choses moins douloureuses pour sa petite sœur.

Le retour du restaurant fut un autre voyage silencieux. Il n'y avait plus rien à dire au sujet du rendez-vous. Une fois arrivée à la maison, je jouai avec mes nièces, puis je retournai dans ma chambre où j'écrivis une lettre à mes parents, exprimant ma douleur et ma tristesse.

Juste avant me coucher, j'allai parler à Ritza qui s'était déjà retirée dans sa chambre, se préparant à terminer sa journée.

« À quelle heure a lieu le rendez-vous ? demandai-je, ma voix de nouveau tranchante.

– Une heure.

– Une heure ? Tu ne travailles pas demain ? demandai-je avec colère.

– J'ai pris un jour de congé pour t'emmener au rendez-vous. »

Mes yeux, je le savais, lançaient des éclairs.

« Alors, tu veux vraiment te débarrasser de moi, n'est-ce pas ? Tu veux que je quitte ta maison. C'est ça ? C'est ce que tu veux ? Tu veux que je sois domestique ? »

Je pleurais du chagrin comme quelqu'un qui avait perdu un parent. C'était douloureux.

Parce qu'elle était infirmière, ma sœur comprit mon besoin de pleurer et de me défouler. Elle me permit de donner libre cours à ma colère, avant de me serrer contre sa poitrine. Quand, enfin, je me calmai, nous nous assîmes sur son lit pour discuter de l'heure de départ et de ce que je devrais porter. Nous convînmes que je ne n'accepterais pas le poste si l'une de nous ne se sentait pas à l'aise pendant l'entretien avec la famille.

***

Dans la salle d'attente de l'avocat, pour calmer mes nerfs, j'écoutais ma sœur discuter avec une jeune et jolie femme aux cheveux blonds et aux yeux bleus d'une beauté choquante. Vêtue d'un tailleur-pantalon griffé et de chaussures à talons hauts, elle me rappelait beaucoup ma marraine Lucienne. La réceptionniste l'escorta en premier, et Ritza et moi continuâmes à attendre notre tour. À ma grande surprise, lorsque nous entrâmes dans le bureau de Mr. Rozensky, la femme aux yeux bleus nous attendait. Mr. Rozensky nous présenta officiellement. Le nom de la femme était Mme Silverman et sa famille avait besoin de mon aide.

Ritza, l'avocat, et Mme Silverman firent la conversation, pendant que je restais assise là, hypnotisée par la beauté et le look chic de la femme, me demandant si elle était aussi gentille qu'elle en avait l'air, peut-être même aussi gentille que ma marraine. Je la regardais et je pouvais dire qu'elle voulait me parler, mais j'étais gênée par mon accent haïtien lourd et j'avais peur de dire la mauvaise chose. En raison de mon anglais encore limité, je ratai le sens d'une partie de la conversation. Ce qui était clair pour moi, cependant, c'était que ma sœur était à l'aise, non seulement avec la dame elle-même, mais aussi avec l'offre d'emploi.. À de nombreuses reprises, Ritza se tourna vers moi pour hocher la tête ou pour m'expliquer quelques détails en créole. Elle voulait s'assurer que j'étais d'accord avec certaines des décisions prises d'un commun accord.

À la fin de la réunion, nous convînmes que je visiterais la maison de la dame et rencontrerais les enfants avant d'accepter le poste. En raison de l'horaire exigeant de ma sœur à l'hôpital, la visite n'aurait pas lieu avant quelques jours, lorsque Ritza serait en congé. Nous ferions le voyage ensemble, car je ne connaissais pas New York et j'avais du mal à naviguer dans le système de transport en commun de la ville. De toute façon, ma sœur protectrice ne m'aurait jamais laissée partir seule.

Le trajet de retour en train fut beaucoup plus heureux que les précédents. J'avais appris que je n'allais pas être domestique après tout. Selon nos propres critères, cette famille était terriblement riche (« *Très, très* riche, » avait déclaré Ritza) et une femme nommée Pearl était déjà chargée de nettoyer la maison. Une autre employée venait faire la lessive. Mes prières avaient été exaucées : Plus besoin de parler de *restavèk*, un terme qui était encore offensant pour la jeune adulte que j'étais, ambitieuse et axée sur ses objectifs. Je me considérais comme une visionnaire et une rêveuse. Mon travail serait de m'occuper des deux enfants de la famille : une fille de presque trois ans et un garçon de presque deux ans. Je serais leur « nounou », un terme qui était nouveau dans mon vocabulaire. Je me promis que l'ange du soleil apporterait beaucoup de chaleur aux deux petits enfants.

Cette fois, Ritza et moi étions tous les deux d'une humeur animée alors que ma sœur récapitulait, en français et en créole, ce qui m'avait échappé au cours de la conversation. Elle répéta tout ce dont ils avaient discuté dans le bureau de l'avocat pour m'aider à mettre les points sur les i. Nous discutâmes sans arrêt pendant le trajet de Manhattan au Bronx, où nous vivions. Cette fois, le voyage parut très court. Ma sœur parlait avec entrain. Elle souriait largement et je savais qu'elle ressentait un grand soulagement, car mon statut illégal dans le pays avait été un fardeau. M. et Mme Silverman étaient disposés – et capables – de remplir toutes les conditions pour que je devienne une résidente permanente des États-Unis d'Amérique. Plus besoin de parler de mon « problème d'immigration ». Depuis trop longtemps, je vivais dans la peur d'être expulsée par les services d'immigration et de naturalisation, une peur qui était très réelle dans mon esprit. Tant de nuits j'avais imaginé des officiers en uniforme faisant irruption dans l'appartement avec des matraques et des menottes, prêts à me déporter, me forçant à rentrer en Haïti malgré la menace des Tontons Macoutes du président Duvalier.

J'étais rayonnante, souriant d'une oreille à l'autre.

Un dimanche matin, ma sœur et moi prîmes deux trains successifs pour aller à la 34e Rue à Manhattan, puis nous nous rendîmes à la gare routière de Greyhound. Nous n'avions jamais fait ce trajet : nous étions en route pour East Orange, dans le New Jersey, pour rencontrer le reste de la famille Silverman. C'était une journée claire et ensoleillée, et le bus était gigantesque. Avec plus de cinquante passagers, le véhicule avait des toilettes, ce qui était nouveau pour moi. Je n'avais jamais imaginé qu'un bus puisse être équipé de toilettes. Je ne saisissais pas le mécanisme : où donc allaient les selles ? Je trouvai ça bizarre et j'eus du mal à comprendre le processus.

Le trajet en bus sembla interminable. J'avais hâte d'atteindre notre destination. Une fois que nous quittâmes l'autoroute et que les arrêts commencèrent, l'environnement changea. Bien que le bus circulât sur la route principale, je ne pouvais m'empêcher de remarquer et d'apprécier les ruelles avec leurs majestueux chênes et leurs belles maisons avec des jardins de magnolias et de tulipes. Lorsque le chauffeur annonça « Ardmore Road », je vérifiai l'adresse sur le morceau de papier que j'avais dans mon sac à main. C'était à notre tour de descendre du bus. Nous étions arrivées à destination.

Alors que nous parcourions Ardmore Road, j'étais nerveuse. C'était le printemps ; les pelouses verdoyantes étaient magnifiquement entretenues et les violettes étaient en pleine floraison. Ritza et moi restions sans voix : les énormes maisons individuelles étaient toutes chics, avec des garages pour deux voitures. Je pensai aux grands immeubles du Bronx, à l'asphalte sec, au manque de verdure et de fleurs. Et, oh, le bruit là-bas ! Les bus, les trains, le bavardage sans fin du Bronx. En revanche, Ardmore Road était déserte, à l'exception d'une ou deux voitures qui, à l'occasion, passaient tranquillement à côté de nous. Un monde vraiment différent. Ma tête tournait. Je pensai à la maison de ma grand-mère à la rue Magloire Ambroise, à la maison de mes parents au boulevard Jean-Jacques Dessalines, au « château » de Lucienne à Lalue et à l'appartement de Ritza à New York. Rien ne pouvait se comparer à East Orange, New Jersey. Nous étions émerveillées par le charme de la maison coloniale hollandaise qui portait le numéro 12. Elle était entourée de plantes vivaces et de fleurs de lavande. Je me demandai, *est-ce vraiment la maison ?*

J'eus à peine le courage de monter les marches et d'appuyer sur la sonnette lorsque la porte s'ouvrit. En proie à une excitation nerveuse, la maîtresse de maison était assise près de la grande baie vitrée de la cuisine, à épier l'arrivée des « deux sœurs ». Mme Silverman avait préparé les enfants pour notre arrivée, et eux aussi étaient excités. Il y avait une atmosphère chaleureuse dans le vestibule. Les Silverman semblaient si heureux de nous voir. La salle spacieuse était illuminée, avec un beau parquet et une magnifique cheminée en pierre ; la pièce était généreusement meublée avec un large canapé, une grande télévision, plusieurs chaises, une table basse et deux tables d'appoint qui soutenaient des lampes délicates et des photos des deux enfants, Jodi et Jeffrey, dans des encadrements magnifiques.

Après que leur mère nous eut présentées aux enfants, elle nous fit visiter la maison, un mélange parfait d'ancien et de nouveau. Je ne vivrais pas dans une cabane, comme les employés du Sénateur en Haïti ; non, mes quartiers étaient à l'intérieur de la maison principale, qui avait tellement de classe qu'elle me rappelait la maison de ma marraine. En regardant autour de moi, je me surpris à rêver. J'imaginais posséder une grande maison comme celle-ci, ou comme celle de ma marraine. *Un jour*, pensai-je. *J'ai du temps devant moi.* En attendant, j'étais émerveillée d'avoir la chance de vivre et de travailler dans une si belle maison. L'expérience que j'avais acquise en m'occupant de mes nièces m'aiderait à prendre soin des enfants Silverman. La famille, je le savais, m'adorerait. Quelle chance d'avoir décroché ce poste ! J'oubliais mes craintes, car je confirmais que travailler pour les Silverman n'aurait rien à voir avec un statut de *restavèk*. Je serais une princesse dans son château. Deux fois par semaine, le soir, le chauffeur m'emmènerait à l'école pour un cours d'anglais. Les Silverman étaient également prêts à payer pour des cours de conduite. Les étoiles étaient à nouveau alignées pour ce petit ange du soleil.

« Bien sûr, votre chambre et vos repas seront gratuits, expliqua Mme Silverman. »

Donc, mes dépenses seraient minimes. *Quelle belle affaire !* pensai-je. Je serais payée $50 par semaine, ce qui me rendait heureuse, car j'étais impatiente de contribuer à l'argent que ma sœur envoyait en Haïti pour soutenir notre famille. Ritza et moi avions discuté de la possibilité d'aider certains de nos frères et sœurs à immigrer aux États-Unis également. Pour le moment, bien sûr, l'accent était mis sur mon propre statut, mais Mr. Rozensky nous avait convaincues que cet arrangement avec la famille Silverman était le meilleur moyen pour moi d'obtenir ma carte verte. Je me sentais enfin détendue et presque chez moi.

Les enfants Silverman étaient très chaleureux envers moi, même si je leur étais étrangère. Le garçon, Jeffrey, ne portant qu'une couche, était beaucoup trop jeune pour comprendre qui j'étais, ou prendre part à la conversation. La petite fille, Jodi, était très proche de sa mère et, parfois, quand elle se laissait porter par sa jeune mère, son bras autour du cou de Mme Silverman, elle chuchotait à son oreille. Après l'un de ces longs chuchotements, la mère dit à sa petite fille : « Est-ce que tu peux prononcer *Solanges* ? » Jodi secoua la tête d'un côté à l'autre. Non. Il était évident pour nous tous que ce nom était trop difficile.

Mme Silverman lui dit alors : « Eh bien, comment devrions-nous l'appeler ? Elle vient vivre avec nous, tu sais.

– Kiki, dit la petite fille, si belle avec ses cheveux blonds bouclés. »

Et à partir de ce moment-là, tout le monde à East Orange connaîtrait la nouvelle nounou sous le nom de « Kiki ».

Bien que je craignisse qu'avec le nom Kiki, l'ange du soleil perde une partie de son identité, je me réjouis de l'acceptation mutuelle à East Orange, avec un sentiment que notre arrangement pourrait fonctionner. La petite fille voulait que sa Kiki reste et joue avec elle ce jour-là, ce qui rendit la mère très heureuse. Quand le regard de Mme Silverman se posa sur moi, ses yeux bleus étaient pleins d'espoir. « Kiki reviendra bientôt, dit-elle. »

Je hochai la tête pour montrer que j'acceptais. Il y avait beaucoup de paperasses à remplir et à soumettre, mais j'avais pris ma décision. Je ne pouvais pas commencer le jour même, cependant. Avant de pouvoir déménager du New Jersey et travailler comme nounou à domicile, je devais donner ma démission officielle à l'hôpital Misericordia.

Pearl, la femme de ménage, venait tous les mardis et jeudis. En plus de nettoyer la maison, elle préparait parfois le dîner, en fonction des activités que la famille Silverman avait soigneusement planifiées. Ensuite, il y avait Sarah, qui venait faire la lessive ; elle était très organisée et pliait méticuleusement les vêtements propres dans les grands placards et les tiroirs. Paul, le chauffeur, me rappelait des histoires que mon père me racontait souvent, à propos de ses jours comme chauffeur du Sénateur. Vêtu impeccablement d'un uniforme et d'un chapeau noirs, Paul s'asseyait au volant d'une voiture de ville noire, prêt à nous emmener en balade. Les Silverman et moi allions souvent dîner dans des restaurants renommés ; je rencontrai de nombreuses stars au country club, où l'adhésion était synonyme d'argent, et je réussis même à me faire prendre en photo avec quelques-unes d'entre elles, en dépit du port de mon uniforme de nounou blanc. J'étais là, me mêlant à tous les serviteurs du club, mais aussi aux personnalités importantes. Je n'étais pas née riche mais, dans ce métier, j'appris comment vivaient les riches et ceux qui avaient du pouvoir. Paul nous emmenait également à l'aéroport, car la famille voyageait souvent et séjournait dans des hôtels magnifiques, cinq étoiles. Lors de ces voyages,

« Kiki », la nounou qui venait d'Haïti, qui apprenait encore la langue anglaise, complétait parfaitement la famille. Ils m'emmenaient en voyage partout avec les enfants. Les petits aimaient tellement Kiki qu'ils ne pleuraient plus quand M. et Mme Silverman partaient pour la journée. Au lieu de cela, ils faisaient joyeusement un signe de la main et lançaient des baisers d'adieu à leurs parents.

Mr. Silverman était aussi amusant que les enfants. Il avait un grand sens de l'humour et participait souvent à nos jeux quand il n'était pas au travail. Au cours de l'un de nos voyages, lorsque nous séjournions à l'hôtel Diplomat à Miami, il acheta des pistolets à eau pour nous tous. Alors que nous revenions à l'hôtel après la plage, une bagarre au pistolet à eau éclata, tout le monde se tirant dessus et courant partout dans la suite. Acculée par le père des enfants sur le balcon de la suite de l'hôtel, je me retrouvai trempée d'eau. Mon propre pistolet vidé, j'étais sans défense. Plus je criais, lui demandant d'arrêter, plus il riait de façon hystérique et continuait à me tirer dessus de manière ludique. Lorsque son arme finalement manqua d'eau, j'arrivai à m'échapper, fonçant vers la salle de bain ; je claquai la porte derrière moi et éclatai en sanglots. Je ne savais pas d'où venaient la colère et la tristesse, mais j'étais furieuse.

Quand les enfants réalisèrent que leur Kiki pleurait, ils appelèrent leur mère, qui s'approcha de la porte verrouillée. « Kiki, Kiki, sors donc, dit-elle. J'ai toujours mon pistolet. Allons lui rendre la monnaie de sa pièce. »

Mais je refusai. Cette réaction était très inhabituelle. J'avais toujours été bonne joueuse, même lorsque les jeux se faisaient turbulents. Je suppose que le Bronx me manquait. Ma famille en Haïti me manquait. Ma marraine me manquait. C'était tout.

Mme Silverman criait maintenant sur son mari. « Qu'est-ce que tu as fait ? »

Celui-ci était, je suppose, en état de choc, déconcerté par mon comportement inattendu. Il devait être mortifié, pensant qu'il m'avait blessée d'une manière ou d'une autre.

Après avoir pris une douche et revêtu ma robe de chambre, je rejoignis finalement les enfants dans la suite pour le dîner, car les parents s'apprêtaient à sortir pour un rendez-vous. À ma grande surprise, avant leur départ, Mr. Silverman me remit un colis. Il était allé à une boutique de cadeaux pendant que je me préparais. Emballé dans la boîte était un beau collier en or et strass, avec des boucles d'oreilles assorties. Il s'excusa de m'avoir attristée. Il admit qu'il s'amusait tellement qu'il ne s'était pas rendu compte que je ne jouais plus. Les Silverman étaient dans la trentaine et j'étais au début de la vingtaine. La vérité est que dans cette maison, nous étions tous au fond des enfants qui s'amusaient. Les parents jouaient souvent de la musique forte et nous courions tous les cinq dans toute la maison, nous pourchassant les uns, les autres, et dansant au rythme de la musique.

Un jour, au petit déjeuner, j'appris que Mme Silverman attendait un troisième enfant.

« C'est grâce à toi, Solanges, parce que tu es une bonne nounou, déclara Mme Silverman. Tu as créé une telle atmosphère dans la maison que nous avons été encouragés à avoir un autre enfant. »

Un an s'était écoulé. Une deuxième année était sur le point de se terminer. La finalisation de mes papiers de résidence prenait plus de temps que prévu, et l'idée de ne pas être résidente du pays continuait de me poser problème.

« J'adore m'occuper des enfants, dis-je à Mme Silverman. Mais j'espère que vous comprenez que, aussi heureuse que je sois ici, je ne me considère pas comme une nounou pour la vie.

– Bien sûr, dit-elle. Dites-moi ce que vous voulez de la vie. »

Adolescente, j'avais de multiples objectifs et aspirations. À un moment donné, j'avais voulu être hôtesse de l'air. Je n'avais aucune idée de ce qu'impliquaient leurs tâches, mais je savais que les agents de bord étaient respectés en Haïti. J'adorais leurs uniformes, en particulier le chapeau et les gants, et je voulais voler partout dans le monde.

« Une hôtesse de l'air, ce n'est qu'une femme de chambre bien habillée, avait dit ma marraine, décourageante. Tu es intelligente. Tu devrais viser une vraie carrière. »

Et maintenant, après avoir passé du temps à l'hôpital comme aide-infirmière dans la crèche des prématurés et avoir interagi avec les infirmières diplômées, j'envisageais les sciences infirmières comme cheminement de carrière. Je me demandais : une infirmière, était-ce aussi une femme de chambre bien habillée ? Une nounou, était-ce une femme de chambre bien habillée ? En tant que jeune adulte tournée vers l'avenir, j'avais de nombreuses questions.

Quel que soit mon choix de carrière, je savais que mon objectif principal serait d'aider ma famille à quitter Haïti. Je m'étais engagée envers elle depuis que j'étais *in utero*, quand mon père avait rencontré Lucienne qui allait devenir ma marraine et un soutien majeur pour mes parents et leurs nombreux enfants. Une fois que j'aurais commencé à travailler, je mettrais un point d'honneur à subvenir aux besoins continus de mes sœurs et frères qui vivaient encore en Haïti. Ma sœur Ritza m'avait aidée ; j'avais maintenant hâte d'aider ma deuxième sœur aînée, Paulette. Elle était mariée et avait des enfants, et elle espérait un jour quitter Haïti pour les États-Unis, à la recherche d'une vie meilleure.

Mme Silverman écouta tout cela, hochant la tête alors que je le disais clairement : la résidence légale me permettrait d'aller à l'école et d'être sur la bonne voie pour atteindre mon objectif, devenir infirmière diplômée. En attendant, j'étais contente de ma vie à East Orange avec les Silverman. À ce stade de la relation, je ressemblais plus à un membre de la famille qu'à une employée, et Mme Silverman promit qu'elle me conduirait elle-même à l'examen d'admission une fois le moment venu pour moi de postuler une place à l'école des sciences infirmières.

Ma deuxième année en tant que nounou se termina et, au début de la troisième année, tous mes papiers étaient en règle. J'avais obtenu ma résidence, ce que j'attendais depuis mon arrivée aux États-Unis. Quel moment glorieux ! Avec ma carte verte en main, je pourrais vivre sans crainte d'être expulsée. J'étais libre de retourner en Haïti pour rendre visite à ma famille et à mes amis, et j'allais enfin pouvoir aller à l'école des sciences infirmières.

APPLIQUEZ LES RÈGLES !

Règle n° 9 : Valorisez le travail assidu et l'éducation

Réflexion : Les leçons difficiles apportent de l'endurance

Lorsque les tortues de mer éclosent pour la première fois, elles sont encore trop faibles pour nager. Elles *doivent* faire un périlleux voyage dans le sable pour arriver jusqu'à la plage pour développer les muscles dont elles auront besoin pour survivre dans l'eau. Elles doivent combattre les vagues qui s'écrasent contre le rivage pour atteindre les eaux profondes et commencer leur migration. Sinon, l'océan qu'elles s'efforcent à atteindre les tuera. Les tortues *doivent* lutter pour être assez fortes pour survivre.

- Écrivez dans votre journal : Faites une liste de vos réalisations, celles qui vous rendent fière. Choisissez celles qui n'étaient pas faciles. Quels étaient les obstacles ? À côté de chacune de ces réalisations, notez quelques-unes des compétences que vous avez développées. Comment avez-vous été plus forte grâce aux leçons que vous avez apprises ?

- Trouvez une nouvelle compétence que vous aimeriez apprendre et inscrivez-vous à un cours dans votre communauté. Cette compétence n'a pas besoin d'être liée à vos objectifs de carrière. Peut-être avez-vous toujours voulu apprendre à faire de la poterie ou de la peinture. Essayez quelque chose de nouveau, comme apprendre à pratiquer la RCR ou à danser la salsa. Le but est de vous le prouver : même si cette nouvelle compétence vous donne du mal, tout devient plus facile avec la pratique.

Règle n° 10 : Ravalez votre fierté

Réflexion : Suivez le courant !

La carapace dure d'une tortue protège ses parties tendres. De l'extérieur, pour un prédateur, une tortue ressemble à un joli rocher peint ; à l'intérieur de la carapace, la tortue est terrifiée. Heureusement, elle est protégée par une carapace impénétrable. Les tortues se laissent emporter par le courant au lieu de dépenser une énergie précieuse pour lutter contre lui. Suivez les eaux qui vous réchauffent et n'ayez pas trop peur de vous laisser emporter par le courant !

- La prochaine fois que vous êtes invitée quelque part (peut-être à une fête avec des personnes que vous ne connaissez pas) et que vous avez des doutes quant à votre participation, respirez profondément et laissez-vous aller. Secouez vos bras et vos jambes et imaginez que toute l'anxiété quitte votre corps. Rappelez-vous que vous pouvez toujours partir si cela devient risqué. Mais rappelez-vous également que vous ne savez jamais qui vous pourriez rencontrer. L'opportunité est tout autour de vous.

- Écrivez dans votre journal : Pensez à une occasion où vous avez pris un risque et le résultat final n'était pas aussi mauvais que vous l'aviez imaginé. Cela peut être quelque chose comme défendre quelqu'un qui était victime d'intimidation au collège, ou surmonter votre peur de sauter du plongeon haut de la piscine communautaire. N'hésitez pas à décrire l'expérience. Comment la peur initiale s'est-elle ressentie dans votre corps ? Qu'avez-vous ressenti une fois que vous l'avez fait malgré la peur ? Qu'avez-vous appris de cette expérience ?

RÈGLES POUR BIEN VIVRE

Au chapitre 5, vous lirez l'histoire d'une agression que j'ai subie, victime d'un homme à qui je faisais confiance ; il détenait un pouvoir énorme et l'a utilisé à son avantage contre moi. J'ai mis cette expérience derrière moi, parce que j'avais atteint mon objectif d'aller à l'école des sciences infirmières, et rien n'allait m'arrêter. J'ai appris à me protéger, mais j'ai aussi appris à m'ouvrir, à me faire de nouveaux amis et à prendre des risques calculés pour ma santé et mon bien-être.

Règle n° 11 : Prenez des risques calculés

Si cela ne nuit à personne et que les enjeux sont importants, il est parfois sage d'enfreindre les règles. Vous lirez dans le chapitre 5 comment j'ai enfreint l'une des règles de la Manhattan State Hospital School of Nursing. J'aurais pu avoir beaucoup d'ennuis si j'avais été surprise en train de cuisiner dans le dortoir, mais ma santé était en jeu, donc je savais que les règles devaient être enfreintes dans ce cas. Tout au long de ma vie, j'ai dû prendre des risques calculés. Il est toujours judicieux de peser les risques et d'agir avec sagesse. Vous lirez beaucoup plus loin dans le livre comment, une nuit, mon amie Ana m'a appelée à l'improviste, d'un aéroport, me demandant si j'étais intéressée à devenir copropriétaire d'un hôpital au bord de la faillite (voir chapitre 15, « Hors de mon chemin »). Beaucoup de gens auraient ri et raccroché le téléphone. Pas moi. J'ai écouté ce qu'elle avait à dire, j'ai obtenu des conseils de personnes de confiance, et j'ai suivi mon instinct. J'ai acheté l'hôpital et, quelques années plus tard, nous avons fait une petite fortune lorsque l'hôpital s'est vendu avec profit. C'était un risque qui a payé.

CHAPITRE 5

L'École des sciences infirmières

Avec l'aide des Silverman, j'ai trouvé une famille prête à remplir les documents d'immigration qui permettraient à ma sœur Paulette et son mari Emmanuel d'entrer légalement aux États-Unis. Pour gérer la pétition de Paulette, j'embauchai le même grand avocat qui avait joué un rôle déterminant dans l'obtention de ma carte verte. Je rendis visite au bureau de Mr. Rozensky à Manhattan plusieurs fois pour discuter du statut de ma sœur et pour remettre (ou récupérer) les formulaires de pétition que la famille devait signer. Lors de l'une de ces visites, je m'assis dans la salle d'attente pendant plus d'une heure, car, selon sa secrétaire, Mr. Rozensky était très occupé. Il était midi quand il sortit finalement de son bureau et s'excusa de m'avoir fait attendre si longtemps.

« Je dois aller déjeuner, dit-il. Viens. Allons manger un morceau. »

Je le suivis jusqu'à l'ascenseur, puis dans la rue. Il y avait de nombreux restaurants près du bureau, mais l'avocat ne semblait intéressé par aucun d'eux. Il marchait d'un pas décisif, dans une direction que je ne connaissais pas à l'époque. Alors que nous parlions de ma famille en Haïti, de Paulette et des Silverman, nous passâmes quelques pâtés de maisons, puis tournâmes dans certaines rues secondaires. Nous avions atteint un quartier semi-résidentiel quand je me rendis compte que je n'avais aucune idée de l'endroit où nous nous trouvions par rapport à son bureau. Je le suivis dans un immeuble, et ce n'est que lorsqu'il ouvrit la porte d'un appartement du premier étage que je réalisai que nous étions chez lui. Apparemment, il n'avait jamais eu l'intention d'aller au restaurant. Il devint évident pour moi qu'il avait prévu de déjeuner dans son appartement, et qu'il avait prévu également d'avoir de la compagnie. De son réfrigérateur, il tira des sandwichs préparés à l'avance, qu'il déposa rapidement sur la table de la salle à manger, avec deux canettes de coca et des verres. En y pensant aujourd'hui, il avait tout planifié cet après-midi-là, mais à l'époque, j'étais aveuglée par ma naïveté.

Il me dévisageait, comme il l'avait fait en présence de ma sœur, à l'époque où je ne comprenais pas les conversations. J'avais toujours été intimidée par Mr. Rozensky, car il tenait mon destin entre ses mains, mais je le respectais. Je n'aurais jamais imaginé qu'il puisse utiliser son pouvoir contre moi. Il avait été mon protecteur en m'assurant un bon poste de travail. Pour moi, il avait toujours été le « grand avocat » qui m'aidait avec mon « problème d'immigration », mon sauveur, quelqu'un que je respectais. Il avait l'apparence d'un Bouddha ; il était presque identique à la statue placide qu'il gardait sur son bureau. Sa voix avait toujours été douce, en contraste avec sa taille physique. Il s'était occupé de mes problèmes juridiques et m'avait placée chez les Silverman, qui m'avaient accueillie comme membre de la famille et m'avaient aidée à bâtir une bonne vie aux États-Unis. Je n'avais aucune raison de ne pas lui faire confiance. Je ne savais que faire, à part suivre ses directives. J'aurais pu partir tout de suite, mais je ne savais même pas comment retourner à son bureau. De plus, nous devions discuter de l'avenir de Paulette. Elle était la mère de trois jeunes enfants et tellement désespérée de quitter Haïti.

Alors, j'acceptai de déjeuner avec lui et, quand il était temps de retourner à son bureau, il me força à entrer dans une chambre et me viola sur un lit à eau. Tout se passa si vite. Une minute, nous mangions. Un moment plus tard, j'étais épinglée sous lui sur le lit. Pendant tout ce temps, il n'arrêtait pas de dire : « Tu es si jeune. Tu es si belle. Tu es si ferme. » Je fermai les yeux, sentis chaque violation se répandre, donnant lieu à la suivante, jusqu'à ce qu'il ait fini et se taise. L'incident me fit hurler à l'intérieur.

J'essayais toujours de comprendre ce qui venait de se passer quand j'entendis le grincement de la fermeture éclair de l'homme remontant son pantalon. Il m'avertit de ne jamais discuter de l'événement avec qui que ce soit. Il était un homme puissant, me rappelait-il, et le sort de ma sœur Paulette et de sa famille était entre ses mains. Et je le crus. Après ce qu'il venait de me faire, qui sait de quoi d'autre il était capable ? Ma peau avait des bleus dans des endroits que je pouvais facilement couvrir. Je le suivis dans les rues, jusqu'à ce que les alentours redeviennent familiers. Je n'étais pas seulement jeune, j'étais aussi très naïve : jamais je n'aurais imaginé que cet homme pourrait me faire du mal. Je ne comprendrai jamais pourquoi il m'a fait ça.

Je ne l'ai jamais dit à personne. Les femmes sont abusées sexuellement par des hommes puissants et contraintes de se soumettre ; elles gardent le silence pour de nombreuses raisons. Dans mon cas, j'ai gardé le silence à cause de ma peur d'être expulsée, car mes papiers n'étaient pas encore définitifs au moment de l'incident. J'ai gardé le silence, car j'avais besoin de lui pour finir les papiers de Paulette. J'ai gardé le silence, car l'ironie de ma situation ne m'échappait pas : j'étais venue aux États-Unis pour échapper à la menace des Tontons Macoutes dépravés, bien connus pour leurs crimes sexuels, et voilà que Mr. Rozensky s'était comporté tout aussi brutalement. Il connaissait ma situation et il en avait profité. L'avocat hanta mes cauchemars et, dans mon sommeil fiévreux, je revécus encore et encore l'événement. Le matin, le souvenir me tourna l'estomac et je me précipitai dans les toilettes. Il n'y avait qu'une seule façon de décrire l'angoisse mentale : une douleur si vive qu'elle voulait exploser, si pleine qu'elle voulait m'avaler tout entière.

Quand je revis Mr. Rozensky à propos de Paulette, nous nous comportâmes comme si de rien n'était. Il était très professionnel et j'étais déterminée à ne pas permettre à l'incident de jouer un rôle négatif dans ma vie. Je décidai de le bloquer de mes pensées et de passer à autre chose. Mon objectif était d'aider ma sœur à entrer légalement aux États-Unis et Mr. Rozensky réussit à lui obtenir la résidence permanente. C'était tout ce qui comptait et j'étais contente. Mission accomplie : ma sœur Paulette et son mari arrivèrent au New Jersey en 1967, et j'étais à nouveau proche de ma famille. Je ne me sentais plus seule. Malheureusement, j'avais payé un prix élevé pour cette transaction. L'expérience laissa une profonde cicatrice interne, et je gardai ce secret pour tout le monde…jusqu'à maintenant.

De nos jours, il est beaucoup plus courant pour les femmes de dénoncer les abus, non pas que ce soit toujours facile, mais nous avons fait beaucoup de progrès depuis que j'ai été violée. Aujourd'hui, à soixante-treize ans, je peux enfin me sentir vengée par les courageuses femmes qui disent la vérité sur les abus qu'elles ont subis de la part d'hommes puissants. J'ai regardé la couverture médiatique du mouvement #MeToo, et ces femmes me ressemblent souvent.

Elles parlent (non, rugissent !), refusant le silence et exprimant leur indignation face à l'injustice de se sentir impuissantes et prises au piège de la peur. Je connais le sort des femmes violées. Je connais l'angoisse mentale de l'immigration. Au moins, en Amérique, il y a de l'espoir : nous ne sommes pas étouffées par une culture qui n'a pas l'intention de changer; nous menons la lutte en dépit de tout. Et même si je ne pouvais pas changer ce qui m'était arrivé, je n'allais pas laisser cela me retenir. Sortant de ma carapace, comme une tortue lente, un pas à la fois, j'ai dépassé la douleur. Mais je n'ai jamais oublié.

Comme le destin l'aurait voulu ou, devrais-je dire, alors que les étoiles s'alignaient à nouveau en ma faveur, ma situation a changé pour le mieux.

Dans un bus pour visiter Ritza dans le Bronx, je m'assis à côté d'une dame qui semblait être d'origine caribéenne. Elle était intriguée par mon air de force et de supériorité. Lors du trajet d'une heure jusqu'à New York, nous partageâmes quelques histoires de nos vies et nous décidâmes de devenir amies, car nous étions toutes les deux des nounous travaillant à quelques minutes à pied l'une de l'autre. En tant qu'amies, Erith et moi fîmes la promesse de fréquenter l'école des sciences infirmières ensemble, et nous travaillâmes d'arrache-pied pour atteindre cet objectif. Finalement, nous postulâmes dans la même institution et fumes acceptées dans un programme de diplôme de trois ans à la Manhattan State Hospital School of Nursing. J'étais prête à entamer le prochain chapitre de ma vie : celui d'une étudiante en sciences infirmières à Manhattan, New York.

Un dimanche matin, les Silverman me conduisirent à Manhattan. Ce fut un jour glorieux, celui que j'attendais depuis longtemps : enfin, je déménageais dans le dortoir de l'école des sciences infirmières. Une sensation de chaleur me traversait les veines et émanait de mes pores, comme la fumée s'échappant d'une cheminée. Mon rêve de devenir infirmière était sur le point de devenir réalité, et M. et Mme Silverman étaient en proie à de fortes émotions, comme s'ils emmenaient leur premier-né à l'université. Ce fut un moment heureux, mais teinté de tristesse aussi. Jodi et Jeffrey étaient également très tristes que leur Kiki les quitte. Je promis de leur rendre visite quand je n'étais pas à l'école, et ils promirent de garder ma suite à la maison disponible.

Malgré ma grande joie, j'étais un peu anxieuse et inquiète, car je n'avais aucune idée à quoi m'attendre ou ce que l'avenir me réservait. Au cours de cette transition, je réfléchissais souvent à la chance que j'avais eu d'avoir trouvé une famille aussi gracieuse et généreuse que les Silverman lorsque j'en avais eu besoin. On dit que vous récoltez ce que vous semez : je remercie mon père d'avoir été un homme si aimable envers une inconnue, une nuit. Son geste de bonté a donné lieu à une relation saine, positive et enrichissante entre la famille de mon père et celle de ma marraine, et tout cela eut un effet domino qui influença ma vie et façonna la direction positive qu'elle prit.

Les voitures étaient garées partout avec les élèves, les parents, les conjoints et les amis qui arrivaient à l'école. C'était un peu chaotique avec l'agitation des parents et des étudiants qui se précipitaient, essayant de trouver leur chemin. C'était bouleversant pour une petite haïtienne. Je me retrouvai à avancer lentement dans le couloir, à travers tout le chaos autour de moi, me dirigeant vers la directrice, une femme plutôt âgée, dodue, aux cheveux courts, poivre et sel, à la peau claire et au visage très sévère. Elle se tenait à l'entrée, dirigeant les étudiants vers leurs chambres. En marchant dans le couloir, après avoir obtenu mon numéro de chambre (202), je repérai Erith du New Jersey. Son visage familier m'apporta de la joie. Elle était toujours en ligne pour obtenir son numéro de chambre, et je lui fis un signe frénétique.

« Où es ta chambre ? demandai-je à Erith à la minute où elle quitta la ligne.

– Deuxième étage, dit-elle. »

Puis, elle annonça son numéro de chambre : 202 également.

Nous laissâmes tomber nos sacs au sol, courûmes l'une vers l'autre pour nous étreindre, sautant de haut en bas, criant si fort que nous attirâmes l'attention des autres étudiants. Ils nous regardaient avec envie : Erith et moi avions été affectées au même étage et à la même chambre, une demande qu'aucune de nous n'avait faite. Encore une fois, ma chance était au rendez-vous. J'aurais une bonne amie à proximité pour me tenir compagnie et m'aider à m'attaquer à une tâche ardue : m'intégrer dans ce nouvel environnement. Nous partagions la même porte d'entrée. Au-delà de la porte, la suite était séparée en deux chambres individuelles, la mienne à droite et celle d'Erith à gauche, avec une salle de bains commune au fond d'un petit couloir. Nous déballâmes rapidement nos sacs et nous rendîmes au point de rendez-vous des nouvelles étudiantes.

L'école était située dans le centre de Manhattan, à l'intérieur d'un hôpital psychiatrique. C'était une école des sciences infirmières financée par l'État, sans frais de scolarité. En fait, les étudiants recevaient une allocation mensuelle de quinze dollars, ce qui, à la fin des années 60, représentait beaucoup d'argent pour quelqu'un sans autre revenu et sans dépenses importantes. Même le coût des livres était couvert par la ville de New York.

Il y avait beaucoup d'excitation dans l'auditorium alors que les étudiants rencontraient de nouveaux visages et se faisaient de nouveaux amis. La directrice servait de modératrice à cette mini-orientation rapide. Les instructions les plus importantes concernaient l'emplacement de la cafétéria, les heures des repas, et l'endroit où les cours prendraient lieu le lendemain matin. Erith et moi nous restâmes collées l'une à l'autre ; en regardant d'autres étudiants qui semblaient perdus, seuls et tristes, nous nous sentions privilégiées de nous avoir l'une l'autre. Le chemin à parcourir n'était pas facile. La fréquentation d'une école d'infirmières signifiait passer trois années d'apprentissage intense et, après avoir obtenu son diplôme, devenir candidate à l'examen national pour le diplôme en sciences infirmières dans l'État de New York.

Je craignais que mes difficultés avec l'anglais comme deuxième langue continuent d'être un obstacle. Mais après avoir vécu aux États-Unis pendant environ quatre ans, je comprenais très bien la langue et je croyais posséder suffisamment de compétences pour comprendre mes instructeurs et lire le matériel assigné. J'étais convaincue que je pouvais bien parler aussi. Cependant, mon fort accent haïtien était un obstacle qui conduisait les autres à supposer que j'avais des difficultés avec la langue anglaise, car ils ne pouvaient pas bien me comprendre. Pour que je puisse maintenir ma moyenne, j'étudiais deux fois plus dur que mon amie Erith, originaire d'une île anglophone des Caraïbes. Je me réveillais à quatre heures chaque matin pour étudier avant de me préparer pour mon cours de huit heures. Je vivais toujours avec ma mentalité d'écolière haïtienne, convaincue que je devais avoir une moyenne élevée pour être en tête de classe, même si la structure rigide à laquelle j'étais habituée en Haïti était très différente aux États-Unis. C'était beaucoup moins compétitif. Mais rien de tout cela ne m'importait. Être en avance sur la classe était très important pour moi, et je fis tout ce qu'il fallait pour rester à la tête.

Faire face aux difficultés de la langue et à un horaire exigeant demandait de la ténacité ; s'adapter à la nourriture de la cafétéria s'avérait beaucoup plus difficile. Pendant trois ans, j'avais été bien nourrie chez les Silverman et, par comparaison, la nourriture de la cafétéria ne convenait pas à la consommation humaine. Le plus souvent, le dîner était une cuillerée de salade de pommes de terre servie froide, des tranches de fromage américain et de Bologne, et une boule de fromage blanc avec deux craquelins salés. Penser à ce repas me tournait l'estomac. Les assiettes blanches étaient propres mais en très mauvais état ; elles semblaient avoir été lavées un million de fois. La plupart du temps, j'attrapais simplement les deux paquets de craquelins salés pour le dîner et je retournais dans mon dortoir.

En raison d'une mauvaise alimentation et d'un manque de sommeil, je perdis beaucoup de poids et je développai rapidement un cas sévère de malnutrition et de déshydratation. J'étais épuisée. Avant longtemps, je devins une patiente au Manhattan State Hospital, celui-là même où j'étais étudiante. L'épisode m'effraya suffisamment pour me faire comprendre que mon style de vie devait changer si j'avais l'intention de terminer le programme et d'obtenir mon diplôme avec succès. Je commençai donc à cuisiner dans ma chambre, en utilisant une marmite électrique tard dans la nuit, une fois que la directrice se retirait. C'était une violation majeure de la politique de l'école qui aurait pu entraîner mon expulsion. C'était cependant un risque que j'étais prête à prendre, de peur d'être hospitalisée de nouveau. Je profitais de toute occasion pour visiter les Silverman dans le New Jersey où j'avais la garantie de plusieurs repas nourrissants et bien cuisinés pendant mon séjour. Mme Silverman m'emmenait également au marché avant de me déposer à l'arrêt de bus ; elle s'assurait que j'avais un gros sac rempli de produits alimentaires à rapporter à mon dortoir afin de compléter ce que je recevais de la cafétéria de l'école. Le week-end, je rendais parfois visite à mes sœurs et à leurs amis pour prendre un bon repas. Je faisais mon possible pour gravir la hiérarchie de Maslow, car une bonne santé était d'une importance vitale si je devais atteindre mon objectif de devenir infirmière.

Non seulement la vie sur le campus devint supportable, mais elle s'avéra agréable et amusante. J'avais un grand cercle d'amis qui remplissaient ma vie et la rendaient moins solitaire. Lors de la soirée d'initiation, on m'avait confiée à une grande sœur nommée Phillis, une étudiante plus âgée qui s'apprêtait à obtenir son diplôme. Phillis avait une sœur cadette nommée Sue qui était en première année comme moi et, puisque nous partagions la même grande sœur, Sue et moi devinrent de bonnes amies. Sue était grande et élancée avec des yeux bleus saisissants et une coupe de cheveux à la Jeanne d'Arc. Je pouvais facilement repérer Sue, car elle portait toujours un pull à mancherons pour se réchauffer et assurer son confort, même lorsque la température était trop chaude pour les survêtements. C'était une jeune femme à la voix douce avec une personnalité charismatique et un beau sourire. Une personne vraiment gentille.

Je me suis également liée d'amitié avec Stella, qui était la plus âgée des étudiants de première année et, par conséquent, pensait qu'il était de son devoir d'enseigner la vie aux « jeunes ». C'était une femme afro-américaine mince, intrépide et quelque peu autoritaire qui coiffait ses cheveux permanentés en boucles qu'elle obtenait en dormant dans des bigoudis roses. Pendant notre temps libre, plusieurs des autres étudiants et moi nous nous rassemblions dans la chambre de Stella pour tout entendre sur ses escapades sexuelles.

Ensuite, il y avait Peggy aux longs cheveux bruns. Elle venait d'une famille riche qui vivait dans le nord de l'État de New York. Il y avait ceux qui se demandaient ce qu'elle faisait dans une école pour la classe populaire dont les familles ne pouvaient pas payer les frais de scolarité à l'université. Au fil du temps, Peggy et moi devinrent les meilleures amies au monde. Elle fut la première à voyager en Haïti en vacances avec moi. Pourtant, je ne sais toujours pas pourquoi elle avait choisi cette école.

Enfin, il y avait Carlos, Perez, Colon, Terrance, Elizabeth et quelques autres qui, ensemble, étaient affectueusement appelés « la diaspora espagnole ». Traîner avec eux était toute une aventure. Ce groupe célébrait s'ils réussissaient un examen et célébrait plus fort lorsqu'ils échouaient à un examen. Ils n'avaient pas besoin d'excuse pour une fête. Ils étaient le groupe joyeux qui buvait beaucoup d'alcool et fumait beaucoup de cigarettes et tout ce qui pouvait les rendre heureux. Bien que je fisse souvent partie de leur meute et que j'étais considérée comme leur amie, je prenais soin de ne pas participer à la consommation d'alcool et de tabac et je retournais dans mon dortoir bien avant le couvre-feu.

C'était les années soixante, une période caractérisée par des coiffures afro, des pantalons chauds, des hippies, de la musique forte, des soirées nocturnes et une certaine promiscuité. Les choses étaient bien plus déchaînées que ce à quoi j'étais habituée. Je n'étais plus le petit ange naïf d'Haïti. À ce moment-là, j'étais une femme adulte digne de ce nom, entourée de nombreuses autres personnes dont les comportements étaient en contraste avec les principes et les manières que m'avaient enseignés ma marraine et Mme Silverman. J'avais été élevée pour être une vraie dame. Mes camarades de classe trouvaient bizarre que je mette une serviette sur mes genoux aux rares occasions où je m'asseyais pour un repas à la cafétéria. J'avais appris les bonnes pratiques alimentaires chez Lucienne puis, à nouveau, en tant que nounou pour les enfants Silverman. Mes pairs pensaient que j'étais trop formelle. Je n'utilisais jamais les injures, ce qui incita Stella, la plus vieille camarade de classe, à me convoquer un jour dans sa chambre pour un cours intensif sur les mots de quatre lettres. De plus, j'acquis de nouveaux termes d'argot tels que « galipettes », « se tremper la nouille » et « petit coup rapide ». J'appris toutes sortes de choses à l'école des sciences infirmières, certaines leçons plus pratiques que d'autres.

L'enseignante de première année, Mlle Viskovish, était une grande femme aux cheveux roux raides, qui portait ses lunettes perchées juste sur le bout de son nez pointu. Matrone, elle n'avait jamais été mariée et n'avait pas d'enfants, et la rumeur sur le campus était qu'elle mourrait vierge. Elle était une figure de type Florence Nightingale et nous rappelait continuellement qu'en tant qu'étudiants en sciences infirmières, elle s'attendait à ce que nous soyons toujours gentils mais fermes, une leçon que j'ai pratiquée en tant qu'infirmière diplômée et, plus tard, en tant que leader du système de santé et femme d'affaires professionnelle.

Mme Sullivan, la doyenne de l'école des sciences infirmières du Manhattan State Hospital, ne croyait guère en ma capacité à terminer le programme, car elle pensait que mon niveau d'anglais n'était pas assez bon. J'avais un fort accent haïtien et, peu importait la maîtrise que j'avais acquise, à cause de ma prononciation, les gens pensaient que je ne pouvais pas parler anglais. À ce stade de ma vie, cependant, après avoir vécu avec une famille américaine blanche et n'avoir parlé que l'anglais avec de jeunes enfants pendant trois ans, je savais que je maîtrisais assez l'anglais pour réussir le programme. Je continuai à m'appliquer et à étudier encore plus dur. Mme Sullivan fut surprise lorsque je terminai ma première année avec une moyenne qui me plaçait dans le 98e percentile. Elle décida d'envoyer mes notes à Albany, New York, avec celles de quelques autres étudiants, pour demander que nous obtenions une licence auxiliaire qui nous permettrait de pratiquer les sciences infirmières sans avoir à passer l'examen national. Cependant, une licence auxiliaire n'était qu'une licence d'entrée de gamme aux États-Unis. Je devais rester à l'école pendant encore deux ans pour devenir une infirmière diplômée.

Ma vie était pleine de rire et de bonheur, après la cérémonie clôturant la première année de mon programme en sciences infirmières. J'obtins la coiffe d'infirmière dont je rêvais depuis longtemps, quand je travaillais comme aide-infirmière à l'hôpital, et elle était fabuleuse sur ma tête. J'appartenais à ce monde. Ritza et Paulette assistèrent toutes les deux à la cérémonie, avec leurs maris, plusieurs parents et amis. Les Silverman étaient là, eux aussi, y compris les trois enfants, qui étaient fiers de voir leur Kiki devenir infirmière. J'étais restée un vrai membre de la famille Silverman, et ils aimaient tellement leur Kiki que rien n'aurait pu les empêcher d'assister à la cérémonie de coiffage.

Ma colocataire Erith était retournée dans son pays, l'île d'Antigua, pour épouser son petit ami qu'elle avait rencontré au lycée. À son retour, elle quitta le dortoir pour s'installer dans un appartement avec son nouveau mari qui l'avait rejoint aux États-Unis. Erith et moi restèrent bonnes amies, toujours heureuses de nous voir en classe tous les matins. Sue devint ma nouvelle colocataire et nous aussi sommes restées amies tout au long de notre vie.

En tant qu'infirmière auxiliaire autorisée à l'hôpital Columbus, à Manhattan, je travaillais le soir et prenais mes cours en sciences infirmières pendant la journée. Un soir après le travail, je fus invitée à assister à une célébration de mariage en l'honneur d'Erith et de son époux. Erith présentait son nouveau mari à sa famille, ses amis proches, et ses camarades de classe aux États-Unis. Une fois mon quart de travail terminé, je rédigeai mon rapport rapidement, pliai mon uniforme blanc, et revêtis un petit top blanc brodé en rouge, un corsaire, et des escarpins rouges à bout ouvert pour assister à la fête. Quelle expérience ! Il était à peu près minuit lorsque j'arrivai à l'appartement d'Erith. Me sentant mignonne dans ma petite tenue de fête, je voulais m'amuser, oubliant que je venais de travailler pendant huit heures. Je bus un verre de punch et je me réveillai le lendemain matin dans mon lit au dortoir, avec un mal de tête palpitant et aucun souvenir de la fête.

Il s'avéra que ce n'était pas un punch ordinaire, mais plutôt un punch au rhum des Caraïbes, qui aurait dû être consommé lentement et à petites gorgées, de préférence l'estomac plein. Ne réalisant pas à quel point la concoction était forte, j'en avais bu un grand verre pour étancher ma soif. Ce fut ma première (et dernière) expérience d'ivresse, une leçon apprise sur le pouvoir de l'alcool et ma faible tolérance à cette substance. Dès lors, je ne consommai l'alcool qu'en très petite quantité, voire jamais. Je n'appréciais pas le sentiment d'impuissance et de manque de contrôle.

En tant qu'étudiante de deuxième année, en plus d'assister à mes cours didactiques, je devais me rendre à l'hôpital Montefiore dans le Bronx pour la pratique clinique. À l'hôpital, je rencontrai un médecin haïtien dont je tombai amoureuse. Luc était déjà en pratique privée et avait une belle maison à Scarsdale, New York. Il n'avait jamais été marié et n'avait pas d'enfants. Nous sortîmes ensemble pendant quelques années, et la relation se développa au point que tout le monde – amis et parents – disait : « Ces deux-là, ils se marieront dès que Solanges aura obtenu son diplôme. » Tout semblait mener dans cette direction. J'étais heureuse, éperdument amoureuse d'un homme merveilleux qui, apparemment, m'aimait en retour. Mais, parfois, les choses vont dans une direction très différente de ce à quoi vous vous attendiez.

Je continuai à avoir une relation très étroite avec ma famille du New Jersey. Un dimanche après-midi, j'assistai à une fête d'anniversaire de patinage sur glace pour leur plus jeune fille, Wendy. En patinant sur la glace, je tombai et me heurtai le bras droit. Je fus transportée d'urgence à l'hôpital. Mr. Silverman suivit l'ambulance afin qu'il puisse être avec moi aux urgences pendant que Mme Silverman restait à l'aréna de patinage avec la fêtée et ses petits amis. À l'hôpital, la radiographie révéla que j'avais subi une fracture du poignet et mon bras droit fut placé dans un plâtre. Comme Luc, mon petit ami médecin, était orthopédiste en pratique privée, il devint le médecin de premier recours pour mon poignet cassé.

J'avais de bons rapports avec l'assistante de bureau du cabinet du Dr Luc, et notre relation se renforça à mesure que mes visites se faisaient plus fréquentes, maintenant que Luc prenait soin de mon poignet cassé. Quand j'arrivai à mon dernier rendez-vous officiel pour enlever le plâtre, j'étais de bonne humeur, presque euphorique à l'idée d'être enfin libérée. La guérison de ce bras cassé avait été très difficile, car je suis droitière. C'était avec beaucoup d'efforts que j'étais parvenue à mener mes activités quotidiennes.

Après nous être saluées, la secrétaire et moi parlions de la pluie et du beau temps. Elle me demanda avec désinvolture : « Tu vas au mariage de Doc demain ? »

Quoi ? Luc se marie ? Avec qui ? Il ne m'a pas fait la demande. La nouvelle fut un choc. Je passai automatiquement en mode d'auto-défense et je ne montrai aucune émotion. Sans cligner des yeux, je lui racontai un mensonge audacieux. « Je vais devoir le rater. Je fais partie du cortège de ma copine. » Comme un vrai soldat, je gardai mon sang-froid, de nombreuses questions me traversant encore l'esprit.

Comment diable était-il sur le point d'épouser une autre femme alors qu'il agissait encore comme s'il était amoureux de moi ? Il était chez moi hier soir… Comment se faisait-il qu'il n'ait pas eu le courage de me dire que notre relation était finie ? À quoi pensait-il ? Était-ce son plan d'avoir une femme et une petite amie ?

Je m'éloignai du bureau de l'assistante pour m'asseoir dans la salle d'attente jusqu'à ce que ce soit mon tour de voir le médecin. À vrai dire, j'étais dans un état de choc. Mon cœur battait rapidement et mes mains tremblaient. Mais je ne voulais pas dire à la secrétaire qu'elle venait d'annoncer la nouvelle du mariage imminent de mon petit ami.

J'étais à la fois confuse, blessée, et en colère. Cependant, je décidai de ne pas lui faire savoir tout de suite que j'étais au courant de son secret. Pendant qu'il enlevait le plâtre, nous bavardâmes avec désinvolture, et je ne lui fis pas savoir que j'étais au courant de ses projets de mariage. Il ne fournit pas d'informations non plus.

Alors que j'ouvrais la porte pour sortir de son bureau, je me retournai, je le regardai, et je lui dis : « Oh, au fait, amuse-toi bien à ton mariage demain. » J'étais blessée et humiliée.

Ses yeux s'agrandirent. Il me saisit la main et me ramena dans son bureau. « Je peux expliquer. S'il te plait, écoute-moi. Je peux expliquer. »

Il ressemblait à un personnage cliché d'un mauvais film et, à ce moment-là, aucun doute ne pouvait subsister. Il n'était pas l'homme que je le croyais être. Je me retrouvai une fois de plus confrontée à une grande déception, un type de défi différent de ce que j'avais eu jusqu'à présent.

« Ma secrétaire te l'a dit, n'est-ce pas ? » Il commençait à se fâcher à l'idée que sa secrétaire avait osé révéler un secret aussi bien gardé. Il me l'aurait finalement avoué, dit-il. Il regrettait la façon dont je l'avais découvert, et cela le rendait furieux que son assistante m'ait annoncé la nouvelle. Comme si l'honnêteté de la jeune femme était le problème dans cette situation et non le fait qu'il était sur le point d'épouser quelqu'un d'autre.

Je voulais sortir de son bureau le plus rapidement possible.

« J'ai mis quelqu'un d'autre enceinte et, à cause de sa famille, je n'ai pas d'autre choix que de l'épouser.

– Comme c'est intéressant, répondis-je. Je ne savais pas que tu avais une autre petite amie. »

Mon ton était sarcastique.

Je restai un moment dans son bureau. Il avait l'air plein de remords en essayant d'expliquer qu'on lui avait forcé la main. C'était l'histoire pitoyable d'un homme piégé par une décision mal avisée et forcé d'épouser une femme parce qu'elle était enceinte. Une femme qu'il n'aimait pas, du moins selon lui.

En l'écoutant attentivement, je me sentis désolée pour lui, mais mon estomac se retournait. Je voulais vomir. Je ne pouvais tout simplement pas comprendre comment il pouvait envisager de se marier avec une femme qui attendait son enfant et, en même temps, me dire à quel point il m'aimait. Je devais sortir de là. Je le regardai droit dans les yeux, lui souhaitai bonne chance, et quittai le bureau.

Dans le train, je pleurai jusqu'à la maison. Le lendemain, c'était le mariage de Luc et, bien entendu, un jour très triste pour moi. Ce soir-là, Morris, un ami commun qui avait assisté au somptueux mariage, appela pour dire que Luc avait quitté la réception de son propre mariage pour lui dire, avec remords, qu'il venait de commettre la plus grosse erreur de sa vie. *J'ai épousé la mauvaise femme*, aurait déclaré Luc.

J'apprendrais plus tard que la femme en question avait été l'une de mes camarades de classe au lycée en Haïti. Leur mariage ne dura que quelques mois, mais avec le recul, notre rupture était la meilleure chose qui aurait pu arriver. Oui, je l'aimais à l'époque, et j'avais imaginé une belle vie avec lui dans sa jolie maison de Scarsdale, mais Luc n'était pas fait pour moi et, par son comportement, il m'avait libéré d'un avenir sans amour. Même au moment le plus bas de ma vie, l'ange du soleil faisait briller sa lumière de protection sur moi. J'aurais raté la vie que j'ai vécue avec l'homme que j'ai épousé plus tard si Luc n'avait pas été malhonnête. Il y a une leçon à tirer de chaque expérience de vie.

Je terminai mon programme en sciences infirmières, obtins mon diplôme, emménageai dans mon propre appartement et obtins un poste d'infirmière autorisée à l'hôpital Mont Sinaï de New York. J'étais dans la fleur de l'âge, gagnant un très bon salaire, ce qui me permit d'envoyer des sommes encore plus importantes pour aider ma famille en Haïti, où l'économie était encore insuffisante pour répondre à leurs besoins de travail et de sécurité. Au fur et à mesure que ma qualité de vie personnelle s'améliorait, il était important pour moi de soutenir la famille qui m'avait élevée, afin que leur qualité de vie puisse également s'améliorer.

J'étais tellement admirée et digne de confiance en tant qu'infirmière responsable de l'équipe du soir au Mont Sinaï que je fus bientôt nommée responsable de l'équipe du matin. Avant longtemps, Lucille, l'infirmière en chef, me promut au poste d'infirmière-chef adjointe. Elle pensait que j'étais une excellente jeune infirmière avec un grand potentiel de leadership. En tant que membre de l'équipe de direction, je ne portais plus d'uniforme. Le nouveau poste exigeait que je porte une tenue professionnelle pour travailler. Je portais de très jolis complets de grande marque, surtout des pantalons avec des chaussures à talons hauts.

Fréquenter une école de mannequinat faisait tout simplement partie du plan qui avait été tracé il y avait de nombreuses années. Tout en travaillant comme infirmière, je fréquentais la Barbizon School of Modeling et je commençai à travailler en freelance comme mannequin à New York. Je devins une véritable fashionista et mon sens de la mode ne me quitta jamais, tout au long des années. Des amis et des employés attendaient chaque jour de voir ce que je portais pour travailler et, même dans mon uniforme d'infirmière, j'avais l'air d'un mannequin avec mes cheveux impeccablement coiffés et mon maquillage parfaitement appliqué. Je rendais hommage à ma marraine par mon sens de la mode, car elle était fière de m'habiller quand j'étais bébé, jusqu'à ce que je devienne adolescente. Madame Emmanuel et ma mère avaient également veillé à ce que je sois toujours présentable.

À l'école de mannequinat, j'appris qu'une femme est d'abord vue, puis entendue : par conséquent, une bonne impression commence par son apparence. Comme l'a dit Maya Angelou, je marchais comme si j'avais des diamants entre les jambes. J'avais un sourire permanent sur mon visage comme si je n'avais aucun souci. J'avais fait face à tant de défis en tant que jeune adulte que je considérais ma nouvelle vie comme un don de Dieu. Chaque jour était un jour que le Seigneur avait créé, et je m'en réjouissais tous les jours.

APPLIQUEZ LES RÈGLES !

Règle n° 11 : Prenez des risques calculés

Réflexion : Sachez quand sortir la tête !

Lorsqu'une tortue se sent en danger, elle fait tout pour se protéger. Elle rentre la tête et les pattes dans sa coquille et attend patiemment…jusqu'à ce qu'elle pense que les lieux sont sûrs. Avant de sortir la tête, une tortue évaluera son environnement. Si tout est calme, il y a de fortes chances que le danger soit passé. Elle court aussi le risque qu'un prédateur soit en train d'attendre qu'elle émerge de sa carapace. Mais une tortue ne peut pas rester éternellement dans sa carapace. Si elle restait cachée pour toujours, elle n'irait jamais de l'avant.

- Commencez à petits pas. La prochaine fois que vous verrez quelqu'un avec qui vous aimeriez établir une connexion, mais que vous craignez qu'il ne vous rejette, prenez un moment pour examiner votre peur. Souvent, nous ratons des occasions d'établir une connexion à cause de notre manque de confiance en soi. Soyez audacieux. Ayez confiance : vous êtes une personne de valeur. Approchez-vous de la personne, tenez-vous droite et présentez-vous. Vous pourriez rencontrer quelqu'un qui changera votre vie. Soyez à l'aise en sortant de votre zone de confort.

- Si vous êtes confrontée à une opportunité qui comporte un certain risque, prenez votre temps pour déterminer si le risque en vaut la peine. Faites une liste des points positifs et négatifs. Demandez conseil aux personnes de confiance. Dormez dessus. Et quand vous êtes prête, écoutez votre instinct.

RÈGLES POUR BIEN VIVRE

Au chapitre 6, je commence à foncer vers une carrière réussie. J'ai ma licence d'infirmière et travaille à un poste que j'aime. Mais, alors, les choses deviennent beaucoup plus...chaudes. Je rencontre l'amour de ma vie, Keith, et il me pousse à aller beaucoup plus loin que j'aurais pu l'imaginer, à la recherche d'une carrière encore meilleure et d'une vie heureuse. Nous avons nos différends, et ce n'est pas toujours facile, mais il me soutient lorsque j'en ai besoin et me guide lorsque je ne sais pas quelle direction prendre. J'apprends à balancer le bien et le mal.

Règle n° 12 : Souvenez-vous qu'il y a des monts et des vallées

À chaque fois que quelque chose de doux est entré dans ma vie, il semble que quelque chose d'aigre a suivi. J'ai été acceptée à l'école des infirmières, mais j'ai dû abandonner les Silverman. J'ai rencontré l'amour de ma vie, mais il ne voulait pas se marier. La vie est pleine de monts et de vallées et, si nous visons le progrès, nous devons accepter les pleurs et les grincements de dents. L'une des choses les plus difficiles à accepter, c'est la bipolarité de l'existence. Lorsqu'une ombre passe, on apprend à apprécier la lumière. Nous apprécions davantage le bien lorsque nous acceptons également les difficultés et persévérons. Il y a un équilibre dans la vie qui est mystérieux et rend notre rire plus riche lorsque nous survivons à la tribulation.

Règle n° 13 : Acceptez le changement

La vie ne donne pas de répit : dès que quelque chose va bien, elle vous secoue. Si vous voulez une bonne vie, vous devrez suivre le courant et accepter les surprises qu'il vous réserve, car elles sont inévitables, que vous l'acceptiez ou non. Nous avons tous tendance à nous accrocher à ce qui est sûr et familier, mais s'accrocher à quelque chose trop longtemps vous laisse coincée au même endroit, suspendue, et ce n'est pas une façon d'avancer. Apprenez à lâcher prise et acceptez que le changement fait partie de la vie. Qu'il s'agisse de quitter mon pays natal et d'apprendre à vivre dans un autre pays et de parler une langue différente, qu'il s'agisse de m'adapter à une nouvelle ville, ou de suivre les nouvelles pratiques et les changements de politique dans ma profession (voir chapitre 6, « Aigre-doux »), j'ai appris à accepter le changement et à trouver quelque chose de positif dans la tourmente qu'il amène parfois dans ma vie.

Règle n° 14 : Préservez les relations

Préserver les relations avec les personnes que j'apprécie et qui me valorisent a enrichi ma vie. Après avoir émigré d'Haïti, je me suis assurée de rester en contact avec les membres de ma famille et ma marraine tout en établissant simultanément de nouvelles relations professionnelles et de nouvelles amitiés. Il est important de nouer des relations variées et de garder l'esprit ouvert quand vous créez de nouveaux liens. La vie est beaucoup plus intéressante lorsque vous rencontrez différents types de personnes. Quand j'ai commencé l'université, je me suis retrouvée dans un groupe diversifié d'étudiants. J'ai pris soin de ne pas les préjuger en fonction de leurs antécédents, une courtoisie qui ne m'était pas toujours offerte (voir chapitre 5, « L'École des sciences infirmières »). De nombreuses amitiés que j'ai nouées à l'université durèrent de nombreuses années et continuent jusqu'à présent. Ma vie en est plus riche. Entretenir des relations à distance peut être difficile, mais vous pouvez le faire. Keith et moi avons connu des moments difficiles lorsque nous vivions dans des villes différentes, mais nous avons appris à maintenir notre connexion malgré la distance. Il nous était beaucoup plus facile de garder notre relation saine quand nous nous voyions tous les jours.

Nous pouvons aller au-delà d'une relation amoureuse et étendre cette réflexion à toutes les relations que nous formons au cours d'une vie, qu'elles soient personnelles ou professionnelles. Certaines d'entre elles nécessiteront plus de soins que d'autres. En affaires, il est bon d'apprendre comment faire fleurir une relation professionnelle. À une époque où le travail à distance est de plus en plus courant, c'est un défi supplémentaire. De nos jours, les gens peuvent occuper des postes où ils ne rencontrent jamais leurs collègues en personne. Il est possible d'aller à l'université en ligne et de ne jamais rencontrer vos camarades de classe. Les relations dans ces circonstances doivent encore être entretenues. Pour assumer un rôle de leadership en entreprise, il faut apprendre à favoriser des relations de travail avec les autres, même avec des personnes que vous ne verrez peut-être jamais en personne.

En construisant ma carrière, j'ai trouvé que quitter un emploi pour un autre était une perspective difficile, mais j'ai maintenu des liens avec mes anciens collègues (voir le chapitre 6, « Aigre-doux »). Mon ancienne collègue, Myrtle, a joué un rôle clé pour m'aider à démarrer une nouvelle entreprise, même si nous n'avions pas travaillé ensemble depuis des années. Et, quand cela n'a pas fonctionné comme nous l'avions prévu, Myrtle a été aimable, en partie parce que nous étions restées en contact (voir chapitre 8, « L'expédition de pêche »). Il est important de trouver les bons partenaires dans vos relations professionnelles. J'ai moi-même eu du mal avec cet aspect des affaires (voir chapitre 9, « Créer une dynastie »). Une excellente façon de préserver vos relations est d'accepter la personne, et toutes ses limites, pour qui elle est en ce moment, pas pour qui vous aimeriez qu'elle soit. Keith et moi en sommes un bon exemple. Nous nous aimions profondément mais nous avions des différends. Je voulais me marier ; il ne désirait pas se marier et craignait que le mariage ne change notre relation (voir chapitre 6, « Aigre-doux »). Mais, à la fin, tout a fonctionné. Nous avons communiqué nos besoins l'un à l'autre, nous nous sommes acceptés, et nous avons fait un compromis sur la question du mariage. À la fin, nous sommes parvenus à un accord.

CHAPITRE 6

Aigre-doux

Lorsque je devins infirmière-chef adjointe de Housman II, je suggérai que mon unité hospitalière soit utilisée pour la formation et l'orientation des employés. Je développai une relation solide avec le personnel de formation et mes collègues professionnels nouvellement embauchés et, en tant que membre estimé du Département de formation du personnel, je fus nommée précepteur de certains des nouveaux infirmiers. Je participai avec plaisir aux comités des politiques et procédures, de l'assurance de la qualité, et du contrôle des infections de l'hôpital. J'avais soif de connaissances et j'appris les avantages qu'apporte le fait de nouer des relations et de développer un réseau.

Ma popularité à l'hôpital grandit. A Noël, je fus invitée à presque toutes les fêtes organisées au Mont Sinaï et j'y assistai quand mon horaire de travail me le permit. L'hôpital avait plusieurs immeubles avec différentes divisions, et chaque département et chaque unité semblait avoir planifié quelques festivités. En fait, il y avait tellement d'événements que l'infirmière en chef de Housman III, Dorette, décida de remettre à mars la fête de son unité, car il était impossible de trouver un jour et une heure qui puissent convenir en hiver.

Je décidai de ne pas participer à la fête, car j'avais accepté de couvrir un quart de travail de 3 heures à 11 heures ce samedi soir afin que l'un des nouveaux employés puisse se rendre à cette activité. Tout le monde voulait y aller, en particulier Lucille, mon infirmière en chef, car Grégory, son amour, allait être présent. Ne voulant pas y aller seule, elle me supplia de venir à la fin de mon quart de travail.

« Même s'il est très tard, insista-t-elle.

– Je vais y réfléchir, luis dis-je. »

J'y réfléchis, mais, même si je ne voulais pas laisser tomber ma patronne (et meilleure amie), j'étais trop fatiguée après avoir travaillé un long quart de travail, à court d'un membre de mon équipe. Alors que je remettais mon rapport à l'employé de service du soir, tout ce que je voulais, c'était me coucher pour une bonne nuit de sommeil. Je rentrai chez moi, épuisée, remerciant Dieu pour la courte distance. Le Mont Sinaï possédait plusieurs immeubles locatifs réservés aux médecins et aux infirmières. Lucille et moi étions tous les deux locataires du Sinaï et vivions dans le même immeuble.

Lucille m'attendait dans le hall dans sa robe de soirée.

« Pourquoi rentres-tu si tard ? demanda-t-elle.

– Ma chère, nous étions à court de personnel : une infirmière était malade et une autre a dû partir tôt.

– Je t'ai attendue. Monte te changer rapidement. Nous devons aller à la fête.

– Je n'ai aucune force, soupirai-je. Lucille, je tombe de sommeil. »

Malheureusement, Lucille était tenace. Elle ne comptait pas rater ce rendez-vous avec Gregory, un petit ami potentiel, et elle insista pour que je l'accompagne. Je cédai, même si je n'étais franchement pas intéressée par la fête. Après tout, plus qu'un superviseur, Lucille était une amie chère. J'acceptai seulement parce que je l'aimais beaucoup. Moins d'une demi-heure plus tard, nous sautions dans un taxi.

Nous arrivâmes à la fête bien après minuit. La salle était pleine de jeunes professionnels qui buvaient et dansaient déjà sous les lumières clignotantes, tous s'amusant. Avant longtemps, j'étais sur la piste de danse, prête à oublier à quel point j'avais travaillé dur et à quel point j'étais fatiguée. Comme bonne fashionista, je m'étais changée en une très courte robe à rayures multicolores, un mélange parfait de charme sexy et de tendances conservatrices, et des escarpins à talons hauts. Mes cheveux afro étaient parfaitement coiffés. J'étais belle, et je le savais. Un homme après l'autre me demanda une danse, chacun attendant patiemment son tour. J'étais tout à fait réveillée maintenant et j'étais en mode fête ! En fait, lorsque Grégory nous invita, Lucille et moi, à une autre fête chez son ami, j'étais partie prenante.

Nous sautâmes dans sa voiture pour aller au prochain boom, où nous dansâmes jusqu'à l'aube.

Qui aurait pu prédire qu'être traînée à ces fêtes changerait ma vie à bien des égards ?

À l'époque où j'étais nounou, les Silverman avaient payé pour des cours de conduite, parce que je voulais désespérément apprendre à conduire et obtenir mon permis. L'expérience avait été douloureuse : malgré les cours réguliers, j'avais échoué à plusieurs reprises au test routier qui s'avérait pourtant si facile pour les autres. À chaque fois, je trouvais l'examinateur de conduite intimidant. Encore et encore, j'avais échoué. À chaque fois, je devenais encore plus anxieuse et j'échouais de nouveau. Pour apaiser ma tristesse, les Silverman payaient pour plus de cours et une nouvelle tentative de test routier. En vain, je rentrais en larmes. Après ma cinquième tentative, les Silverman cessèrent de payer pour les cours et j'arrêtai d'essayer.

À vingt-six ans, j'avais terminé mon programme de sciences infirmières, j'étais une femme qui travaillait pour un salaire décent, mais je n'étais toujours pas une conductrice autorisée à New York. Je voulais désespérément posséder une voiture. Je venais de suivre un cours de conduite de recyclage et des cours de pratique à New York en préparation à un autre examen routier. Il était prévu le lundi suivant nos ébats du samedi soir.

J'étais anxieuse alors que j'attendais mon tour pour démontrer mes compétences de conduite. Mon nom fut appelé et mes mains tremblaient lorsque j'ouvris la portière de la voiture. Je m'installai, pris une profonde inspiration et regardai l'examinateur. Surprise ! Sur le siège passager se trouvait un de mes « cavaliers », l'un des hommes avec qui j'avais dansé à la fête des amis de Grégory. Il me reconnut également et nous éclatâmes de rire. Mon anxiété disparut, comme ça ! Et je repartis avec un permis de conduire en main.

Cette chance...était-ce une coïncidence ou bien mon ange du soleil se manifestait-il à nouveau au bon moment ? Cet ange gardien se révélerait-il jamais en chair et en os ? Quelle était cette force incroyable et mystérieuse dans ma vie, et pourquoi cette étoile brillait-elle sur moi ?

J'avais seulement assisté à la fête, parce que je voulais être gentille avec Lucille, et voici qu'une autre étape importante avait été franchie. J'aurais donné n'importe quoi pour obtenir mon permis de conduire ; il s'avéra que tout ce que j'avais à faire, c'était d'être gentille avec une amie. J'étais arrivée au DMV à Manhattan comme une boule de nerfs ; le résultat de mon examen de conduite aurait pu être complètement différent si l'évaluateur n'avait pas eu un visage familier.

En rétrospective, je profitai beaucoup plus de cette soirée que Lucille. Sa relation avec Grégory resta une relation amicale. De mon côté, non seulement j'obtins un permis de conduire, cette soirée causa les appels incessants de Dorette.

De retour du DMV, je reçus le premier appel de Dorette, l'infirmière en chef de Housman III, qui avait organisé la fête de mars pour son unité. Elle demandait ma permission de donner mon numéro de téléphone à un certain jeune homme.

« Il t'a rencontrée à la soirée Housman, expliqua-t-elle. Il veut te parler.

– Je ne me souviens d'aucun de ces jeunes hommes en particulier, lui dis-je en refusant catégoriquement. J'ai été à deux soirées en une nuit. Merci. »

Mais ce jeune homme continua à appeler Dorette qui, à son tour, me harcelait pour obtenir l'autorisation de donner mon numéro de téléphone. « J'ai besoin qu'il arrête de m'appeler, dit-elle en soupirant. Qu'il t'appelle directement ! Ce n'est pas comme s'il était un parfait inconnu, Solanges. »

Il était ami avec le petit ami de Dorette, Eddy, et il était clair que Dorette était fatiguée de son rôle d'intermédiaire. Les appels de cet homme étaient incessants et elle me blâmait pour le dérangement. Cela dura quelques semaines jusqu'à ce que, finalement, je cédai et lui donnai la permission de passer mon numéro de téléphone au fameux Keith.

J'étais inscrite comme étudiante à temps partiel au Hunter College, poursuivant un baccalauréat dans le programme de pratique infirmière tout en travaillant à plein temps comme infirmière diplômée. De plus, j'étais souvent mannequin pour des défilés de mode. En d'autres termes : j'étais occupée. Si Keith s'était montré déterminé à obtenir mon numéro, il était encore plus déterminé à m'appeler. Chaque soir, il appelait, jusqu'à ce que j'accepte un rendez-vous pour dîner. Nous avions déjà quelque chose en commun : Keith et moi avions assisté à la soirée Housman III contre notre volonté, uniquement pour faire plaisir à un ami. Keith était allé à la réunion en tant qu'ailier d'Eddy, un homme marié qi avait un fils, et qui sortait avec Dorette « à côté ». Il savait que Dorette voudrait qu'il passe la nuit, et devoir ramener Keith à la maison était l'excuse parfaite pour laisser la fête sans Dorette.

Quand j'acceptai finalement de sortir avec Keith, je revêtis un magnifique complet bleu marine et des escarpins à talons hauts. J'appréhendais beaucoup ce « rendez-vous à l'aveugle », un concept dont m'avait parlé des amis ; c'était une nouvelle expérience pour moi. Je savais que cet homme avait été à la fête de l'hôpital, parce que Dorette se portait garant de lui ; lorsque nous nous étions parlé au téléphone, il avait décrit ce que je portais cette nuit-là. Mais, même si j'avais dansé avec Keith, je n'avais aucun souvenir de lui. Je ne pouvais pas imaginer son visage, alors c'était définitivement un rendez-vous à l'aveugle.

Le plan était de le rencontrer dans le hall de mon immeuble une fois qu'il aurait été annoncé par le portier. À ma grande surprise, ma sonnette retentit. Il était là, debout dans le couloir devant ma porte, et je paniquai, ne sachant quoi faire. Devais-je ouvrir la porte ? Qu'était-il arrivé au portier ? Je me le demandais. Comment avait-il franchi l'entrée ? Keith, j'apprendrais assez tôt, était à la fois persévérant et persuasif, deux traits qui le rendaient imparable. Je trouvai cela séduisant, mais cela pouvait aussi être inquiétant.

La sonnette retentit de nouveau, puis deux fois de plus. À travers le judas, je pouvais voir un visage.

« Juste une minute, dis-je. »

Après avoir attrapé mon sac à main, dans un mouvement rapide, j'ouvris et fermai la porte derrière moi, indiquant clairement qu'il n'était pas invité dans mon appartement.

Il était mince, mesurant six pieds quatre pouces, sombre et beau. Il portait un pantalon de couleur beige et un blazer bleu marine à double boutonnage avec une chemise blanche et une cravate, et il était bien rasé avec une coupe de cheveux impeccable. Il venait de l'île de la Barbade et parlait très bien l'anglais avec un accent britannique. J'appréciai le baryton de sa voix alors que nous nous dirigions vers le Playboy Club, réservé aux membres, à Manhattan, où des nappes noir et blanc recouvraient les tables, et le bar était d'un bel acajou. Keith s'avéra cette nuit-là être un vrai gentleman qui m'ouvrit la porte, tira la chaise pour que je m'assoie, et commanda les boissons quand l'une des serveuses arriva à notre table, vêtue d'un ensemble de lapin noir et blanc. Trois violonistes donnaient une sérénade aux convives. J'étais impressionnée : ce type avait beaucoup de classe, le genre de classe auquel j'étais habituée quand je sortais avec les Silverman.

À vrai dire, je n'avais jamais été traitée comme ça par aucun de mes autres admirateurs. J'acceptai de continuer notre amitié, s'il acceptait d'arrêter d'appeler si fréquemment. « J'ai besoin de consacrer du temps à mes études, dis-je. »

Il ignora ma demande et continua à appeler tous les jours. Ses visites se firent plus fréquentes que je ne l'aurais souhaité. Il précisa qu'il n'avait aucune intention de garder ses distances. « Solanges, tu dois apprendre à étudier pendant que je suis chez toi, car j'ai l'intention d'y être très souvent. »

De dix ans mon aîné, il faisait de moi son « projet personnel », car, disait-il, il voyait mon potentiel et voulait que j'atteigne tous mes objectifs de mobilité ascendante. Il devint mon mentor, mon conseiller, et mon parrain, tout à la fois. Il m'apprit à rédiger mon premier chèque personnel ; il m'aida à faire mes devoirs ; il rechercha des offres d'emploi et d'autres possibilités de développement de carrière dans les magazines de sciences infirmières ; il prépara le dîner ; il lava même mes uniformes, cirant mes chaussures et, oui, il m'apprit à boire de l'alcool.

Il m'aimait de toutes ses forces, disait-il. J'étais sa princesse et, le jour où il avait posé les yeux sur moi, il avait vu quelque chose en moi que je ne savais même pas que je possédais. Mon ange du soleil l'avait envoyé pour me guider. Tout ce qu'il avait fallu, c'était pour moi de jouer à contrecœur le rôle de chaperon, et j'avais gagné non seulement mon permis de conduire, mais un mari potentiel. Suffisait-il d'être au bon endroit au bon moment ? Ou était-ce vraiment mon ange gardien veillant à mon bien-être ?

Keith insista pour que j'apprenne à jouer au tennis pour que nous puissions jouer ensemble le week-end ; il était un passionné de tennis et ne voulait pas que je devienne une « veuve du tennis ». Il aimait non seulement jouer au sport, mais aussi regarder les matchs. Si j'avais l'intention de passer du temps en compagnie de cet homme, je n'avais pas d'autre choix que d'apprendre tout sur le tennis et d'autres sports comme le football, le basket-ball, le cricket et le golf, d'ailleurs. Malheureusement, j'eus les mêmes difficultés à apprendre à jouer au tennis qu'à conduire. Il dépensa beaucoup d'argent pour des cours de tennis avec les meilleurs instructeurs, tout comme les Silverman avaient investi dans mes cours de conduite. Il m'acheta les plus jolies tenues de tennis, et je me sentis à nouveau comme une petite fille : il me rappelait ma marraine, Lucienne, qui m'habillait comme une enfant. Je devins finalement une joueuse décente mais jamais assez douée pour être une vraie partenaire : j'avais trop peur de ruiner son jeu.

Je fus transférée du Hunter College à l'Université de Long Island pour terminer mon baccalauréat en sciences infirmières et j'abandonnai mon petit studio afin que Keith et moi puissions emménager ensemble dans un appartement plus grand dans le même bâtiment du Mont Sinaï. Tout allait bien à l'hôpital, où je continuai à exceller, jusqu'à ce que l'on me refuse un poste d'infirmière en chef dans une autre unité. Il y avait eu des rumeurs de racisme institutionnel à l'hôpital, mais j'avais refusé d'y croire, jusqu'à ce qu'une infirmière caucasienne, moins qualifiée et certainement moins expérimentée, fut choisie pour le poste que j'avais mérité. Keith fut terriblement bouleversé par la décision de l'hôpital de me refuser la promotion et me convainquit que quitter le Mont Sinaï était la seule façon de gravir les échelons au sein de ma profession ; il passa avec ferveur et confiance en mode « conseiller de carrière » et trouva une annonce pour un poste prometteur dans un centre de réadaptation à White Plains, New York. « L'avancement de carrière parfait, dit-il. »

C'était une bonne solution : depuis ma sortie de l'école des sciences infirmières, j'avais travaillé en urologie, une branche de la médecine qui traitait spécifiquement du système génito-urinaire. Mais même si j'avais été déçue à Mont Sinaï, je n'étais pas émotionnellement prête à partir. J'avais souffert des angoisses de la séparation en maintes occasions : après avoir quitté ma famille et mes amis en Haïti pour me rendre aux États-Unis, où, pendant longtemps, j'avais fait face à la menace d'expulsion ; après avoir dit au revoir aux Silverman que j'avais appris à aimer. Mes camarades de classe me manquaient. Je ne voulais certainement pas laisser mes amis à l'hôpital.

Cependant, sur l'insistance de Keith, je passai un interview pour le poste d'infirmière clinicienne au Centre de réadaptation Burk et on m'offrit le poste sur-le-champ. « Veuillez me donner quelques jours pour une réponse finale, dis-je. »

Keith, Monsieur Persistant, m'interrogea sur ma décision chaque jour.

« C'est ta chance de gravir les échelons professionnels, me rappela-t-il.

– Tu devrais peut-être occuper le poste de clinicien toi-même, lui dis-je. »

Je savais très bien qu'il n'était pas un infirmier autorisé et qu'il n'avait aucunement l'intention de changer d'emploi. Il me dit que j'étais têtue.

Je me fâchai. « Te rends-tu compte de ce que tu me demandes ? Laisse-moi bien comprendre : tu veux que je quitte mes amis et un emploi stable au Mont Sinaï et que je trouve un appartement à White Plains, New York. C'est ce que tu veux que je fasse ? Je n'ai pas de voiture : comment veux-tu que je me rende au travail ? À Manhattan, je peux marcher... Oh, mon Dieu ! Non, je ne veux pas bouger. »

J'étais en hyperventilation et je savais que je devais me calmer. Mais j'étais submergée par les émotions, tout comme lors de ma crise de colère, il y a des années, lorsque ma sœur Ritza avait suggéré que j'accepte un travail comme femme de ménage.

« Maintenant tu veux que je déménage ? De quoi s'agit-il vraiment ? Tu restes à Manhattan et moi, je m'en vais ? » Mon manque de confiance et ma peur de la séparation m'empêchaient de libérer mon avenir.

Quand je m'arrêtai finalement pour reprendre mon souffle, il parla d'une voix très douce : « Nous déménagerons ensemble. » Il ouvrit sa serviette et en sortit un calepin couvert de notes : il avait anticipé cette conversation. Il m'assura que tout irait bien. Nous obtiendrions un appartement près du centre de réadaptation.

« Regarde ça, dit-il en se rapprochant de moi. Nous pouvons déménager à Scarsdale, Yonkers, Mount Vernon ou White Plains. »

Homme méticuleux, il avait déjà recherché les itinéraires de bus.

« Mount Vernon serait le mieux. C'est plus proche de la ville et je peux prendre le train pour Manhattan.

– Wow, tu as pensé à tout, n'est-ce pas ? lui dis-je.

– Je pense que ce serait mieux pour nous deux, répondit-il. Cela améliorera notre style de vie et, sur le plan professionnel, ce travail te mettra sur une meilleure trajectoire vers tes objectifs de carrière. »

Malgré certaines de mes angoisses, je n'avais jamais été partisan du statu quo, et Keith le savait. Je n'étais pas complaisante : j'essayais de garder une longueur d'avance, et Keith travaillait activement à affiner encore plus ces traits chez moi. Il savait ce qui était pour le mieux.

Il fallait deux bus pour me rendre au centre de rééducation de White Plains, New York, où j'avais accepté le poste d'infirmière clinicienne au service d'urologie. Bientôt, je commençai à faire du covoiturage avec un nouvel ami, un employé de Burk qui habitait près de notre appartement à Mount Vernon. Mais, avant longtemps, je voulais ma propre voiture.

« Je suis isolée de mes amis et de ma famille, dis-je à Keith, incapable d'assister à des fêtes de peur de rater le dernier bus ou le train. »

Keith n'avait jamais possédé de voiture ; il n'avait même pas de permis de conduire. Même s'il était un homme confiant, il aimait aussi avoir le contrôle total de son environnement. Je savais qu'il n'était pas à l'aise à l'idée d'une voiture, car cela provoquerait un grand changement dans notre relation. Il ne l'admettrait pas, mais il voulait contrôler mes allées et venues, et avec moi au volant, il perdrait le contrôle. Habituellement, cela ne me dérangeait pas qu'il me contrôle passivement (il était plus expérimenté que moi et il voulait ce qu'il y avait de mieux pour moi) mais j'étais prête à faire acte d'autorité cette fois. Nous nous engageâmes dans une discussion animée jusqu'à ce qu'il admette que lui aussi vivait l'isolement.

« Nous sommes loin de nos amis, concéda-t-il, et se déplacer est un problème. »

Il fut finalement convaincu que nous devions acheter une voiture. En fait, comme je m'y attendais, Keith devint très impliqué dans le choix du véhicule. Il fit toutes les recherches et s'acharna à obtenir un bon prix. Heureusement, par rapport au centre-ville de Manhattan, Mount Vernon avait ses avantages : j'avais un parking gratuit dans mon immeuble et un parking gratuit au travail.

Je n'avais pas conduit depuis l'obtention de mon permis, alors pendant le premier mois, je demandai à mon collègue à Burk de m'accompagner jusqu'à ce que je sois assez à l'aise pour braver la route seule. Keith servait parfois de copilote, installé sur le siège passager. Lors de notre premier trajet à Manhattan, mes jambes tremblaient à l'approche du Triborough Bridge, où la zone de péage était non seulement étroite, mais il fallait aussi que je vise parfaitement pour déposer la pièce de vingt-cinq centimes dans le panier. J'étais si nerveuse que je ratai le panier et la pièce tomba sur l'asphalte. Keith eut un bon rire, comme il l'avait vu venir. Plus tard, il raconta cette anecdote à tout le monde, à chaque fois que la conversation portrait sur la conduite ou l'arrêt pour le péage.

Je m'épanouis dans ma position d'infirmière clinicienne au Centre de réadaptation Burk. Je travaillais seule la plupart du temps, sauf les jours de clinique où j'aidais l'urologue à soigner les patients paraplégiques et tétraplégiques blessés à la moelle épinière. Beaucoup de ces patients avaient besoin d'un tube de drainage qui transportait l'urine directement du rein dans un cathéter externe. Il était difficile de fixer solidement ce tube mince à un cathéter plus grand. Travaillant avec tant de patients en danger d'infection, j'expérimentai avec un compte-gouttes. À l'aide d'une grosse aiguille, je perçai un trou dans l'extrémité en caoutchouc d'un compte-gouttes. J'insérai alors le cathéter urétéral dans l'extrémité en caoutchouc du compte-gouttes ; une connexion étanche fut établie. L'autre extrémité du compte-gouttes était facilement attachée au système de collecte. Ma technique fonctionna, fournissant un système urinaire fermé qui diminua la possibilité de contamination et d'infection. Je présentai mon invention du système de drainage étroit à la convention nationale de l'American Urological Association à New York, et elle fut publiée dans la revue *Urology*. Malheureusement, je n'avais ni le savoir-faire ni les finances pour commercialiser mon invention. Par la suite, le système fermé devint une source importante de revenus aux États-Unis et à l'étranger. Même si je ne fus pas récompensée pour ma créativité, je fus reconnue comme un jeune leader dans le domaine de la santé.

Un journal haïtien reprit l'histoire et, comme ma Grande Ana l'avait prédit, « cette fille allait loin ». Un bel article dans *Le Nouvelliste* mentionna mon nom et ma photo parut sous la rubrique, « Une Société américaine reçoit une haïtienne ». Pour la diaspora haïtienne dans les années soixante-dix, c'était une grande histoire : une infirmière haïtienne venait d'être admise comme membre de l'American Urological Association. Bientôt, on me demanda de prendre la parole lors de séminaires et de fournir des consultations sur les questions infirmières liées au système urinaire et à sa gestion.

Alors que ma vie professionnelle était devenue gratifiante, je souffrais énormément dans ma vie personnelle. Keith et moi étions follement amoureux ; il était fier de ma croissance professionnelle et j'étais reconnaissante de l'avoir dans ma vie. Nous vivions ensemble depuis plusieurs années, mais je voulais tellement être épouse et mère que je me sentais incomplète. Malheureusement, Keith ne croyait pas au mariage. Je vivais dans une déception constante. Pour moi, un enfant hors mariage était totalement inacceptable. Pour Keith, le mariage était hors de question. Dieu m'avait favorisé jusqu'à présent, et j'étais bien consciente que Dieu ne donne jamais tout à une seule personne, mais je ne pouvais pas comprendre pourquoi Il me refusait un enfant alors que j'en voulais un de toutes mes forces. Je ne pouvais pas penser à un moment de ma vie où j'avais été pleinement heureuse, pas même pendant un jour. Dès ma naissance, mon bonheur s'était invariablement mélangé à une dose de douleur ou de tristesse. Aigre-doux. J'étais avec le plus grand homme, mais il refusait d'être mari ou père. Comme tant de jeunes femmes à la fin de la vingtaine, je rêvais de longer l'allée de l'église dans une longue robe de mariée blanche, le visage couvert d'un voile de dentelle, une longue traine derrière moi. Mon bonheur pour toujours, bien sûr, impliquait un beau bébé. C'était le rêve de la plupart des jeunes femmes des années soixante et soixante-dix.

Quelque chose manquait dans ma vie. J'avais accompli tant de choses malgré mes humbles débuts, et pourtant, je ne parvenais pas à convaincre Keith de m'épouser. J'étais misérable.

« Pourquoi ne m'épouses-tu pas, si je suis si spéciale pour toi ? lui demandai-je au cours de l'une de nos discussions animées.

– Tu sais que je t'aime. Je t'aime telle que tu es, et j'ai peur que le mariage te change. »

Aussi fou que cela puisse paraître, il avait peur de me perdre. Le mariage, pensait-il, rendrait notre relation si réelle que je commencerais à la remettre en question. Il y avait une différence d'âge de dix ans entre nous, et ma jeunesse l'effrayait.

Je commençai à pleurer, lui promettant que le mariage ne changerait pas qui j'étais. Il ne voulait toujours pas m'épouser.

C'était le seul point de discorde dans notre relation, et nous nous disputions fréquemment à ce sujet.

Qu'est-ce qui s'était passé au cours de ses relations précédentes avec les femmes, ou dans sa relation avec sa mère, qui le portrait à refuser l'idée de se marier et d'avoir des enfants ? Je me le demandais.

« J'aime notre relation telle qu'elle est. Pourquoi ne peux-tu pas l'accepter aussi ? demanda-t-il. »

Je ne pouvais tout simplement pas voir les choses à sa manière. Malgré nos différends, je n'envisageai pas une seule fois de le quitter. Il était mon héros et mon champion, mon compagnon, mon mentor et conseiller, mon roi. Il était devenu une partie importante de qui j'étais, et je ne pouvais pas imaginer une vie sans lui. C'était mon amant et pourtant, d'une certaine manière, il était mon père de substitution, remplaçant Ambroise qui était si loin, en Haïti. C'était une figure masculine convaincante que je chérissais. Le quitter était hors de question et je ne considérai jamais cette option.

La foi et la religion ont toujours joué un rôle important dans ma vie. J'ai grandi en fréquentant l'église tous les dimanches et, à ce jour, je célèbre les fêtes en observant les rites catholiques. Je crois en l'intercession de la Vierge Marie, mère de Jésus, et je la prie pour tout ce qui nécessite une intervention divine. Adolescente, tous les jours sur le chemin de l'école, je m'arrêtais à la petite église du quartier pour visiter le jardin privé et faire une génuflexion devant la grotte avec sa belle statue de la Vierge Marie. Derrière la statue se trouvait une ligne d'horizon avec des collines et des chutes d'eau ; devant la Vierge se tenait une plus petite statue de Sainte Bernadette agenouillée en prière. C'était une représentation de l'apparition de l'Immaculée Conception à Bernadette à

Lourdes, en France. Le jardin était calme et paisible. Tout comme Bernadette, je m'agenouillais et priais, pleine de sérénité et d'espoir.

En grandissant, je continuai à prier la Vierge Marie chaque jour. Le matin de mes trente ans, j'étais à genoux devant une statue de la Vierge Marie. La grotte du Bronx était semblable à celle d'Haïti et je priai pour le mariage et la maternité. J'étais au milieu de la prière quand je réalisai que je n'avais pas eu mes règles le mois précédent, et que j'étais déjà en retard pour le mois en cours. J'interrompis ma prière, figée à l'idée que je pourrais être enceinte. *Impossible*, pensai-je, submergée par la joie. Ensuite, je commençai à compter les jours. *Je sais que j'ai pris mes pilules contraceptives tous les jours*, me dis-je en essayant de me débarrasser de l'idée d'une grossesse. Mais je ne pouvais plus me concentrer sur ma prière.

Ce soir-là, je ne mentionnai pas mes soupçons à Keith. Quand j'arrivai à la maison après une dure journée de travail, je trouvai un dîner aux chandelles qui m'attendait ; deux douzaines de belles roses décoraient la table, à côté d'une carte d'anniversaire profondément affectueuse avec les mots exacts que toute femme de mon âge voudrait entendre. Peut-être que ce serait le jour où il reviendrait enfin à la raison ! *Il me fera la demande ce soir*, pensai-je.

Nous nous entretînmes un peu à table, autour du magnifique dîner qu'il avait préparé, jusqu'à ce qu'il me regarde soudain d'un air taquin.

« J'ai quelque chose pour toi et j'ai quelque chose à te dire.

– Qu'est-ce que c'est ? demandai-je avec excitation.

– Lequel veux-tu en premier ? me demanda-t-il, me taquinant encore un peu.

– Les deux, ensemble, dis-je en souriant.

– D'accord, mon cadeau d'anniversaire d'abord. »

Nous flirtions l'un avec l'autre, tout comme nous l'avions fait lors de notre premier rendez-vous.

Quand il atteignit la table, il tenait une petite boîte. Mon rythme cardiaque s'accéléra et, à cette seconde, j'étais la femme la plus heureuse. Même l'idée d'être enceinte à la grotte ne pouvait surpasser le sentiment que je ressentais. J'avais rêvé du mariage depuis si longtemps ; j'avais attendu ce moment, en larmes. Et Keith me faisait enfin la demande. Je pris la boîte avec un grand sourire et je le remerciai avant même d'ouvrir le cadeau. Ce ne pouvait être qu'une bague de fiançailles. J'allais me marier !

Je déballai la boîte avec soin.

Ce n'était pas le petit anneau en argent ou en or avec le diamant auquel je m'attendais. Au lieu de cela, je découvris une bague en or, avec six rubis et une grande opale au centre.

Pas une bague de fiançailles.

Oui, la bague était magnifique et, de toute évidence, très coûteuse. Cependant, à ce moment-là, c'était l'anneau de la mort : avec cet anneau, Keith venait de tuer ma joie et mon espoir. C'était sa façon de dire, *je te suis profondément attaché, pour toujours, mais je ne t'épouserai pas.* Il l'avait verbalisé plusieurs fois ; maintenant, il le confirmait avec la bague. À vrai dire, il était un merveilleux partenaire ; néanmoins, j'étais écrasée. Mon cœur saigna, mais je souris, le remerciant pour le cadeau que je portai pour le reste de la soirée.

« Es-tu prête maintenant à écouter ce que j'ai à te dire ? »

Cet homme sans émotions semblait finalement enthousiasmé par sa grande annonce.

Une fois de plus, je me redressai en pensant qu'il avait quelque chose à me dire. Se pourrait-il qu'il n'ait pas voulu se lancer dans la mode du diamant comme nos amis mais qu'il allait tout de même faire la demande ? Je levai le visage de mon assiette à dessert.

« Dis-moi.

– J'ai reçu une lettre de l'OEA.

– Quoi ? demandai-je, perplexe. Qu'est-ce que l'OEA ?

– L'Organisation des États Américains, déclara-t-il. À Washington, DC. J'ai postulé un poste lorsque nous vivions à Manhattan, et je viens d'avoir des nouvelles des ressources humaines. Ils m'ont proposé un poste d'analyste de système. C'est une bonne opportunité pour nous deux.

– Tu sembles en être heureux, dis-je froidement. Génial ! Alors, tu m'as forcée à quitter Manhattan pour Mount Vernon, tu m'as isolée de mes amis et de ma famille, et maintenant tu prévois de déménager à Washington, DC ? C'est tout simplement génial ! »

Sur ce, je quittai la table en trombe et je commençai à tout nettoyer dans la cuisine. J'en avais assez de lui ce soir-là. J'étais passée de l'euphorie à la tristesse, de retour à l'euphorie et de nouveau à la tristesse, tant de fois en une journée que je me sentais un peu maniaque. Pendant que j'allais et venais, ramassant la vaisselle sale pour l'empiler dans l'évier, Keith resta presque immobile après ma réaction à son offre. Il ne savait pas trop quoi dire et quoi faire, de peur d'une explosion. Ce qu'il ne savait pas, bien sûr, c'est que j'avais aussi quelque chose à lui dire, mais j'avais peur d'amener un autre sujet sensible dans cette nuit déjà instable.

Dans les années soixante-dix, les membres de la diaspora s'efforçaient d'améliorer leur situation financière. Ils postulaient des postes mobiles ascendants à l'intérieur et à l'extérieur des États, même s'ils savaient que ces postes étaient rarement offerts aux personnes de couleur. Keith m'avait soutenue, de manière parfois agressive, pour faire avancer ma carrière, donc, à la fin, je n'avais pas d'autre choix que de lui rendre la pareille, même si une séparation à ce stade de notre relation était la dernière chose que je voulais ou dont j'avais besoin dans la vie. Une fois que je me fus calmée, nous discutâmes des avantages et des inconvénients associés à sa prise de position. Il était tellement excité, je ne voulais pas le décevoir ou le dissuader d'accepter cette opportunité. Je ne pouvais pas me résoudre à faire obstacle à ses aspirations ; je décidai donc de ne pas mentionner la possible grossesse, et l'encourageai à accepter le poste et à déménager à Washington, DC.

Il était presque minuit et nous devions tous les deux nous lever tôt pour travailler le lendemain. Nous avions promis de ne jamais nous coucher en colère l'un contre l'autre, quelles que soient les circonstances ; nous nous embrassions toujours pour une bonne nuit et partagions l'intimité au lit, et cette nuit ne fit pas exception. Comme d'habitude, nous nous endormîmes dans les bras l'un de l'autre. Je gardai mon secret, car je n'avais ni le courage ni l'énergie de partager mes soupçons. Il y avait tellement de choses auxquelles penser. J'étais seulement dans ma deuxième année au Centre de réadaptation, me faisant un nom dans un poste que j'aimais et duquel je n'avais aucune intention de démissionner. J'appréciais notre nouvelle maison, un grand appartement de deux chambres dans un quartier confortable avec de superbes boutiques familiales, des restaurants avec terrasse et une petite boulangerie où je pouvais obtenir de délicieux croissants et du chocolat chaud pour le petit-déjeuner. J'aimais la vie que nous avions construite ensemble et je voulais qu'elle continue, mais je ne pouvais pas m'attendre à ce qu'il renonce à la poursuite de ses propres rêves et à la croissance de sa carrière. J'étais déchirée à l'intérieur.

Keith était mon confident mais, pour la première fois depuis longtemps, j'étais seule dans mes pensées et mes actions. Je ne savais vraiment pas quand ni comment lui dire. Au cours des jours suivants, il devint difficile pour moi de me concentrer au travail, et encore plus difficile de me concentrer sur le chemin du retour. J'avais peur que le bouleversement qui avait commencé le jour de mon anniversaire au sujet de l'OEA et du déménagement de Keith se poursuive. J'avais décidé de m'arrêter à l'église pour parler avec la Vierge Marie et demander des conseils. Après le dîner ce soir-là, j'abordai le sujet de l'OEA. Je voulais en savoir plus sur l'offre et Washington, DC, et je demandai de lire la lettre.

Fidèle à son habitude, Keith avait déjà fait ses devoirs. Il avait récolté des informations sur le système de transport du métro, sur les bus et les avions à destination et en provenance de Washington, DC. Son ami Edward, un consul général à l'OEA, s'arrangerait pour le rencontrer lors de son premier voyage pour l'aider à se loger et à se nourrir jusqu'à ce qu'un appartement soit sécurisé. Keith m'assura qu'il travaillerait à Washington, DC, et qu'il rentrerait tous les vendredis soir, pour être avec moi le week-end. Une fois qu'il aurait loué un appartement, je viendrais certains week-ends et resterais avec lui jusqu'à ce qu'une solution permanente soit trouvée. Nous discutâmes des dépenses associées à de tels arrangements et des conséquences financières et émotionnelles que cela entraînerait pour notre relation. Il était clair qu'il avait déjà décidé d'accepter le poste, qu'il considérait comme un bon changement de carrière. Il n'était même pas parti, le simple fait d'en parler, il me manquait déjà.

Par une fraîche matinée de printemps, je conduisis Keith à l'aéroport de LaGuardia pour commencer sa vie loin de moi à Washington, DC. Je pleurai jusqu'à la maison. J'étais heureuse et fière de lui pour cette grande opportunité mais, en même temps, j'étais triste de ne pas pouvoir l'embrasser physiquement et sentir son corps chaud contre le mien la nuit. J'étais soulagée de ne pas avoir à lui faire face tous les jours avec mon secret, pourtant je voulais désespérément partager ma joie avec lui, même si la grossesse n'était pas confirmée.

Pendant la journée, j'étais bien au travail ; je me tenais occupée et je parlais avec les autres. Je mangeais au travail, éliminant le besoin de cuisiner pour une seule personne. Keith et moi parlions au téléphone très tard dans la nuit jusqu'à ce que l'un de nous commence à somnoler pendant la conversation ; seulement à ce moment-là, nous mettions fin à l'appel. Mais l'heure du coucher restait difficile. Parce que nous n'étions pas légalement mariés, je ne pouvais m'empêcher de m'interroger sur la durabilité de cette relation à distance. Notre amour se briserait-il avec la distance ?

***

J'étais à l'aéroport de LaGuardia, assise au volant de ma Pacer verte, attendant patiemment que son vol atterrisse. Il avait été retardé à cause d'un orage à Washington, DC. Je continuais à penser, *je dois lui dire*. J'étais tourmentée et je me demandais la meilleure façon de lui annoncer qu'il allait être père contre son gré. C'était sûr : j'étais enceinte. Je devais annoncer la nouvelle à Keith ce week-end, avant qu'il ne la découvre par lui-même.

Quand il atterrit finalement, il était fatigué et, à la maison, il s'allongea pour se reposer. Alors, je décidai d'attendre, même si le suspense était atrocement douloureux. Cette nuit-là, j'eus du mal à rester endormie ; je me retournais, changeais de position. Finalement, je me levai, pris du thé et quand je retournai me coucher, l'aube pointait. Je m'installai près de lui et essayai de le réveiller avant qu'il ne soit prêt pour le nouveau jour. Je l'embrassai, et nous fîmes l'amour passionnément, heureux d'être physiquement ensemble.

Ensuite, je le lui dis, de manière inattendue pour nous deux : « Je suis enceinte. »

Aussi cool qu'un concombre, sans aucune réaction, il demanda :

« Comment le sais-tu ?

– J'ai fait un test, répondis-je.

– Alors, maintenant, tu es médecin ?

– Non ! Je suis allée à la pharmacie Walgreens, j'ai acheté un kit de grossesse, j'ai fait le test et je suis enceinte. »

Il resta silencieux pendant un moment.

« Alors, tu es enceinte. Qu'est-ce que tu vas faire ?

– Qu'est-ce que tu veux dire ? Je le garde, dis-je avec conviction. »

Il me regarda avec un sourire enjoué sur le visage. « D'accord. Je sais à quel point tu voulais ça. » Il rit. « Je te le pardonne, à une condition : que ce soit la dernière fois. »

Avcc beaucoup d'émotion, je lui dis : « Je vais être mère et tu vas être père. »

Nous nous embrassâmes, étroitement serrés dans les bras l'un de l'autre, et une nouvelle phase de notre relation commença.

Après avoir prié la Vierge Marie, lui demandant de parler à Dieu en mon nom, l'ange du soleil avait projeté un rayon de lumière dans mon ventre. J'étais bénie. Mais peu importe à quel point j'étais heureuse, il y avait toujours quelque chose qui me privait de mon bonheur. Une fois de plus, ma vie était à la fois douce et aigre. J'avais un enfant, mais je n'étais toujours pas légalement mariée. J'essayai de ne pas laisser cette période joyeuse être ternie par l'absence d'un document juridique. Après tant d'années à vivre en union de fait avec Keith, j'étais sa femme de toutes les manières qui comptaient ; dans nos cœurs et nos âmes, nous étions connectés pour toujours.

Keith rayonnait de fierté et de joie à l'anticipation de la naissance de son enfant. Il adorait me taquiner sur la taille de mon ventre au fur et à mesure qu'il s'élargissait, l'appelant d'abord une noix de coco, puis une boule de foot, et, enfin, une pastèque. Il me disait souvent à quel point j'étais une belle femme enceinte et à quel point je le rendais heureux. Je restai à Mount Vernon et Keith continua à travailler à Washington, DC. Nos weekends se passaient ensemble entre Washington, DC et Mount Vernon jusqu'à ce que ma grossesse soit trop avancée pour que je puisse voyager. Au cours des derniers mois, Keith embaucha Claudia, une nounou résidente, s'assurant que je ne serais jamais seule dans l'appartement avant et après la naissance de notre enfant.

Passer ma grossesse sans Keith fut l'une des expériences les plus difficiles que j'eusse à faire. Keith était un partenaire actif et investi ; il m'aimait et, une fois qu'il avait accepté qu'il allait être père, il m'avait offert son soutien. Mais, la plupart des nuits, j'étais seule avec un bébé grandissant dans mon corps. Même avec Claudia dans la maison vers la fin de la grossesse, l'autre côté de mon lit était vide la plupart des nuits. Il y avait des moments où j'aurais souhaité que Keith puisse tendre la main et me frotter le dos ou mettre ses mains autour de mon ventre. La première fois que je sentis le bébé donner un coup de pied, cela fut un choc. Je me souviens avoir voulu attraper la main de Keith et la déposer fermement sur mon ventre pour qu'il puisse sentir à quel point notre enfant était fort et s'émerveiller avec moi du mouvement dans mon ventre. Ce premier coup de pied fut un moment aigre-doux. D'une part, j'eus la preuve que mon bébé grandissait en moi, mais d'autre part, il n'y avait personne avec qui partager ce moment. J'étais triste que Keith ait raté le moment, autant pour lui que pour moi.

Heureusement, notre bébé bougeait beaucoup et, plus tard, lors d'une de ses visites à la maison, Keith sentit à quel point les petites jambes du bébé étaient puissantes et regarda mon ventre rouler avec l'enfant qui se débattait à l'intérieur. Cependant, je ne pus jamais partager la première fois avec lui, et cet événement perdit un peu de son importance, ce premier signal de notre enfant indiquant qu'il était bien présent et serait bientôt dans nos bras.

Je continuai à travailler pendant toute ma grossesse, malgré mes chevilles enflées, les nausées matinales, les maux de dos, les rendez-vous chez le médecin et les changements hormonaux. Keith n'était pas avec moi pour les cours d'accouchement. La plupart du temps, j'avais l'impression d'être monoparentale, même si l'enfant était encore dans mon ventre. Je comprenais la nécessité de notre séparation à ce stade, et je savais que nous finirions par être de retour sous le même toit, mais, chaque fois qu'il partait pour Washington, DC, après un week-end à la maison avec moi, j'avais l'impression qu'il se dirigeait vers l'autre bout de la planète. Je n'avais personne avec qui partager ma grossesse.

Nous plaisantâmes au sujet du nom du bébé, jusqu'à ce que nous décidâmes de ne pas choisir un nom à l'avance, et d'adopter plutôt cette stratégie : si le bébé était une fille, je choisirais le nom ; si c'était un garçon, ce serait à lui de nommer l'enfant. Parce que je ne savais pas exactement quand j'étais tombée enceinte, il était difficile de déterminer une date exacte pour l'accouchement. Le médecin craignait que je ne sois en retard. Il me demanda de subir une analyse d'urine de vingt-quatre heures au laboratoire. C'était la manière scientifique de calculer la gestation dans les années soixante-dix ; l'urine était testée pour mesurer les niveaux de détresse d'un nourrisson *in utero*. J'avais un ventre si gros que mon entraîneur Lamaze, qui était aussi mon médecin, me taquinait : je portais des jumeaux, disait-il. Mais nous savions tous les deux que ce n'était pas vrai. J'avais pris cinquante livres, pour un seul bébé. Cette nuit-là, quand j'appelai Keith, comme mon médecin l'avait fait, je plaisantai en disant :

« Nous allons avoir des jumeaux.

– Oh, vraiment ? répondit-il du tac au tac. Eh bien, ramènes-en un à la maison et laisse l'autre à l'hôpital. »

Heureusement pour moi, je n'étais enceinte que d'un gros bébé.

Impatiente d'accoucher, je décidai de faire la marche pour encourager le bébé à sortir : accompagnée de Claudia, je pris le train de Mount Vernon à Manhattan pour faire les emplettes. Claudia et moi avions développé une relation très étroite et saine. Nous passâmes toute la journée à marcher, à monter et descendre les escaliers mécaniques. Pas en vain : à deux heures du matin, je commençai à avoir des contractions.

Les contractions durèrent plus de six heures.

Avec l'utilisation de forceps, je donnai naturellement naissance à un garçon de sept livres et demi, et de vingt-et-un pouces de long. La mère et le fils étaient en bonne santé.

Comme c'était un jour de semaine, Keith rata l'accouchement. Même s'il avait été à la maison, il n'avait aucune intention d'être dans la salle d'accouchement. L'hôpital n'était pas son endroit préféré. Il ne me retrouverait jamais au travail pour le déjeuner, même si sa vie en dépendait.

Avant de quitter l'hôpital, les mères devaient remplir un formulaire indiquant le nom de l'enfant en préparation de l'acte de naissance. Je dus attendre que Keith appelle ce soir-là pour remplir le formulaire, car nous avions convenu qu'il nommerait le garçon.

« As-tu un stylo et du papier sous la main ? demanda-t-il. Je ne veux pas que son nom soit mal orthographié comme le tien.

– J'ai le formulaire en main, répondis-je.

– Ne l'écris pas sur le formulaire, insista-t-il. Écris-le d'abord sur un papier brouillon, puis tu le transcriras sur le formulaire. »

Je ne connaissais toujours pas le nom de mon propre fils.

« J'espère que tu n'as pas l'intention de l'appeler Keith, car je ne veux pas qu'on l'appelle Junior.

– Son nom est KEVIN, dit-il en riant.

– Oh, Kevin, dis-je. »

Kevin ! C'était le nom de mon bébé. C'était la première fois que je l'entendais. Kevin.

« Je n'ai pas dit Kelvin. J'ai dit, Kevin. Épelle ce que tu as écrit pour moi, rétorqua-t-il.

– Quel est ton problème ? criai-je. Tu ne penses pas que je peux épeler Kevin ?

– Je veux juste m'assurer que tu ne l'épelles pas avec ton accent, dit-il en plaisantant.

– Très drôle, répondis-je. »

C'était un échange amusant et affectueux entre deux jeunes parents ; le moment dont j'avais si longtemps rêvé était maintenant réalité. J'étais enfin une mère.

Jusqu'à cet appel téléphonique, je n'avais aucune idée du nom de mon fils. Keith aurait pu choisir n'importe quoi, et je n'avais aucune idée de ce qu'il allait proposer. J'avais été obligée d'appeler notre bébé « bébé » jusqu'à l'appel téléphonique. Mais, après avoir pris connaissance de son nom, j'étais excitée quand l'infirmière le ramena finalement de la crèche, pour que je puisse passer du temps avec lui et le nourrir. Il avait un nom maintenant ! Il n'était pas simplement « bébé ». D'une certaine manière, cela le rendait plus réel et rendait mon rôle de mère plus réel aussi. Quand elle me le tendit, enveloppé dans ses couches, je le soulevai et murmurai son nom à haute voix pour la première fois, « Kevin ». Mon cœur s'enfla dans ma poitrine en regardant le petit miracle que j'avais fait avec Keith. C'était mon garçon. Mon Kevin. J'étais remplie de joie à sa vue.

Chaque minute qui passait, mon bébé (Kevin !) continuait à inspirer et à expirer : un miracle ! Ses mains n'étaient pas plus grandes que des pièces de vingt-cinq centimes, ses veines aussi fines que des mèches de cheveux. Il remua, il soupira. Et puis, il y avait Keith : l'homme qui n'avait pas voulu d'enfant, et qui pourtant appréciait désormais la parentalité autant que moi. Je n'étais peut-être pas une épouse aux yeux de la société, mais j'étais une mère et mon enfant avait un père aimant. Même si je n'étais pas mariée, ma famille accueillerait favorablement la naissance de Kevin. Ils m'aimaient et me respectaient en tant que professionnelle accomplie. D'ailleurs, mes parents étaient inquiets, car j'étais la dernière des six sœurs à avoir un enfant. Tout le monde adorerait Kevin. Je regardai monter et descendre la poitrine de mon bébé, si légèrement. Je devais rester parfaitement immobile.

Je retournai à la maison très heureuse dans mon nouveau rôle de mère, mais je devins vite un peu agitée et maussade, malgré les maints efforts de Claudia pour alléger ma charge. Elle aimait passionnément Kevin. L'absence de Keith me pesait ; il était maintenant non seulement mon conjoint de fait, mais aussi le père de mon fils. Je me sentais isolée de mes collègues et impatiente de retourner au travail, mais Keith était fermement convaincu que je devais être à la maison avec le bébé jusqu'à ce que je le rejoigne à Washington. Je m'inquiétais des finances, car nous dépensions beaucoup d'argent en factures téléphoniques et en billets d'avion pour les voyages entre Washington, DC et New York. Les vendredis, Keith me donnait de l'argent de poche pour m'aider à apaiser mon désir de retourner au travail. « Maintenant, tu as ton propre argent à dépenser. Tu n'as pas besoin de retourner au travail. »

Un jour, Claudia démissionna brusquement. Elle refusa de justifier sa décision ; elle choisit de s'excuser uniquement en disant : « Je dois y aller, je dois partir. » Le même jour, elle emballa toutes ses affaires et me laissa seule avec le bébé. Plus tard, j'appris que la charmante femme qui était devenue mon amie, la nounou de mon nouveau-né, portait un secret qu'elle ne m'avait jamais confié. En tant que jeune adulte, elle aussi avait eu un bébé hors mariage ; malheureusement, son enfant était mort en bas âge, à seulement quelques mois. La douleur de Claudia refit surface pendant qu'elle s'occupait de bébé Kevin. Incapable de faire face à sa tourmente intérieure, elle quitta notre emploi, pour ne jamais revenir dans nos vies.

Soudain, ma vie avait changé. J'avais obtenu ce que je voulais désespérément – la maternité – mais j'avais affaire à de nouvelles difficultés. Aigre-doux. Avec Keith à Washington, DC et la nounou du bébé partie, je ne pouvais pas travailler. J'adorais Kevin, mais me voilà, une jeune mère avec un bébé de quelques mois, toute seule dans le nord de l'État de New York, loin de la famille et en pleine dépression. Il était évident que Kevin et moi devions déménager à Washington, DC, même plus tôt que prévu. Avant que je ne démissionne officiellement du centre de réadaptation, cependant, Keith voulait d'abord s'assurer qu'il était en sécurité dans son poste ; nous ne voulions pas être confrontés à une situation où nous étions tous les deux au chômage. Je devais également obtenir ma licence à Washington, DC, en tant qu'infirmière autorisée, comme l'exigeaient les règlements du District de Columbia. De plus, Keith devait chercher un appartement plus grand : son studio d'une pièce ne ferait pas l'affaire.

En attendant, je continuai à m'occuper de Kevin toute seule. Un matin, après qu'il eut une légère fièvre, je me réveillai pour trouver Kevin couvert d'une éruption cutanée qui s'était répandue sur tout son petit corps. Il n'était que légèrement chaud au toucher, mais il était rouge comme une fraise. J'appelai Keith qui me conseilla de contacter le pédiatre immédiatement. Je pus obtenir un rendez-vous d'urgence avec le pédiatre de garde. Alors que je m'habillais, puis attachais mon bébé malade dans son siège auto, j'aurais souhaité ne pas avoir à vivre cette expérience seule. J'étais bientôt en route pour rencontrer un médecin inconnu, dans une partie de la ville que je ne connaissais pas, priant à haute voix la Vierge Marie et Jésus et appelant au secours tous les saints. Pendant que je conduisais et que je priais, Kevin s'endormit en pleurant. Quand j'arrivai finalement au cabinet du médecin, mon fils reçut un diagnostic de roséole, une éruption cutanée observée uniquement chez les nourrissons et les très jeunes enfants. Je reçus des instructions pour prendre soin de mon bébé malade.

Lorsque Keith prit quelques jours de congé pour prolonger son week-end à la maison, je me sentis soulagée à la perspective d'une conversation adulte car j'avais passé des jours entiers à ne parler qu'avec le petit Kevin, mon seul compagnon. Déménager à Washington, DC, devint une urgence et une priorité majeure pour Keith qui ne pouvait plus supporter d'être séparé de nous.

APPLIQUEZ LES RÈGLES !

Règle n° 12 : Souvenez-vous qu'il y a des monts et des vallées

Réflexion : Distinguez-vous parmi mille autres !

La tortue de mer pond mille œufs en moyenne. C'est la fin d'un long voyage pour elle. Après avoir pondu ses œufs et couvert son nid, elle retourne dans l'océan pour recommencer sa migration, ne sachant pas ce qu'il adviendra des œufs qu'elle a laissés. Les scientifiques estiment qu'en moyenne, seulement un nouveau-né sur mille parviendra à l'âge adulte, donc une tortue de mer sur mille est une créature miraculeuse qui a appris à survivre contre toute attente. Elle a parcouru le monde et est revenue à la maison pour pondre ses œufs dans un cycle que son espèce répète depuis des éternités. Quel accomplissement ! Mais, aussi, quelle perte monumentale !

- Écrivez dans votre journal : Pensez à l'expérience la plus difficile que vous ayez vécue. Prenez quelques minutes pour décrire l'expérience. Comment cela vous a-t-il affecté et qu'avez-vous fait pour y arriver ? Combien de temps vous a-t-il fallu pour récupérer ? Qui vous a aidée à sortir de ce mauvais pas ? Maintenant, souvenez-vous du moment où vous avez surmonté le chagrin causé par l'événement. Qu'est-ce qui vous a remonté le moral ? Qu'avez-vous appris de cette expérience ?

- Il est important, alors que nous sommes plongés dans la minutie quotidienne de la vie, de prendre le temps de célébrer. Cela n'a pas à être quelque chose d'extraordinaire (cependant, comme vous le verrez plus tard dans le livre, j'aime une bonne célébration). Réservez du temps chaque semaine pour faire quelque chose de spécial qui vous apporte de la joie. Sortez avec des amis. Promenez-vous sur la plage. Mangez un cornet de crème glacée. Sentez le parfum des fleurs. Planifiez un peu de temps pour vous-même et faites de la joie une priorité absolue.

Règle n° 13 : Acceptez le changement

Réflexion : Chez vous, c'est partout dans le monde

La tortue luth est un voyageur épique du monde. Au cours de sa migration annuelle, elle nage jusqu'à dix mille miles à la recherche de méduses et complète son pèlerinage vers son site de nidification. Au cours de son voyage, la tortue luth traverse une variété de terrains, entre le Japon et le Mexique, à travers le vaste Pacifique et vice-versa. Elle prend avantage de son environnement, qu'il s'agisse des eaux côtières chaudes au large de Baja, au Mexique, ou du Pacifique profond et froid. Son voyage est une adaptation constante à de nouveaux environnements, et elle se déplace à un rythme confortable.

- Pensez à une époque où la vie vous a lancé un défi inattendu. Comment avez-vous géré le choc de la nouvelle situation ? Vous êtes-vous fermement accrochée à l'ancienne situation, ou étiez-vous impatiente de voir ce qui se passait ? Après que le choc se fut dissipé et que vous ayez accepté que le changement allait se produire, quelle que soit votre préférence, quels gains positifs avez-vous pu retirer de la nouvelle normalité ?

- Trouvez une vieille photo de vous-même à une époque où vous étiez heureuse. Jetez un coup d'œil à qui vous étiez alors. Quelles sont les choses qui vous ont apporté de la joie alors ? Comment cela a-t-il changé ? Qu'est-ce qui est resté constant pour susciter votre plaisir ? Qu'est-ce qui vous apporte de la joie aujourd'hui ? Maintenant, regardez dix ans en avant. Pensez-vous que les mêmes plaisirs resteront une partie de votre vie, ou allez-vous trouver de nouvelles façons de trouver le bonheur ? Notez une liste de choses que vous aimeriez essayer. Ensuite, cochez-les une par une au fur et à mesure que vous développez vos expériences.

Règle n° 14 : Préservez les relations

Réflexion : La symbiose signifie que vous n'êtes jamais seul

À première vue, une tortue de mer ressemble à une créature solitaire, mais un examen plus approfondi révèle que les tortues de mer sont des écosystèmes miniatures impliqués dans un certain nombre de relations symbiotiques. Le poisson Yellow Tang leur donne un bon nettoyage dans un arrangement mutuellement bénéfique qui procure au poisson un repas de peau morte et d'algues. La tortue reçoit un éclat de broche en raison de sa relation avec le poisson. Une variété d'auto-stoppeurs tels que les bernacles et les algues, les petits crustacés et le concombre de mer occasionnel s'accrochent fermement et tiennent compagnie aux tortues lors de leurs voyages. Il existe même une variété de crabe appelé le crabe de Columbus (planes minutus). Ces crabes trouvent un endroit douillet dans le coin entre la queue d'une tortue de mer et sa carapace, et s'installent, souvent avec leur compagnon. Voilà un bon ami !

- Faites une liste de personnes à qui vous pouvez vous adresser pour obtenir des conseils sur des questions personnelles ou professionnelles. À quand remonte la dernière fois que vous les avez contactées ? Si cela fait plus de six mois, pensez à leur envoyer un e-mail ou un message pour leur faire savoir comment vous allez et qu'ils sont importants pour vous. Planifiez peut-être un dîner avec certains d'entre eux, non pas parce que vous avez besoin de quelque chose, mais parce que vous aimeriez passer du temps avec eux.

- Recherchez dans les calendriers de votre communauté les événements à venir qui vous donneront l'occasion de rencontrer de nouvelles personnes et d'apprendre quelque chose de nouveau, qu'il s'agisse d'un discours artistique ou de la vente-signature d'un auteur. Trouvez le temps d'insérer un de ces événements dans votre calendrier chaque mois. Entrez sans attente et voyez ce qui se passe.

RÈGLES POUR BIEN VIVRE

Dans ce chapitre, je m'adapte à ma nouvelle vie à Washington, DC, avec mon nouveau bébé et mon conjoint de fait. Bon, disons que je m'adapte plus ou moins. Je n'ai pas un moment de répit. Je dois trouver une garderie pour Kevin, construire ma carrière, m'acharner au travail... et je reçois une grande surprise de la part de Keith : une petite boîte que me livre le facteur, et qui change toute ma vie.

Règle no 15 : Soyez sensible aux combats invisibles

Je me suis rendu compte que chacun de nous vit deux vies : une vie extérieure, que nous révélons aux autres, et une vie cachée, dans nos pensées, que nous gardons secrète pour nous protéger. Cacher nos vulnérabilités fait partie de la nature humaine. Dans cet esprit, il est important de rester sensible aux combats invisibles que mènent les autres, à la douleur tacite qui leur ronge le cœur. Kevin eut deux gardiennes, chacune avec ses problèmes personnels, et j'ignorais ce qui leur causait du chagrin. L'une souffrait de schizophrénie (voir le chapitre 7, « Les Cloches sonnent »), l'autre avait perdu son propre enfant (voir le chapitre 6, « Aigre-doux »). Peu importe que vous soyez consciente de ce qui cause la douleur d'une personne. Nous avons tous des problèmes auxquels nous faisons face en privé. L'important est d'être conscient que nous souffrons tous pour différentes raisons. Adopter une approche sensible dans vos relations est la meilleure façon de communiquer avec les autres.

Vous devez également être sensible à votre propre douleur. Il est important de séparer vos problèmes personnels de votre vie professionnelle, mais si vous traversez une période difficile, prenez soin de vous à votre rythme et trouvez quelqu'un à qui vous pouvez vous confier. J'ai traversé des problèmes de santé importants pendant ma carrière et je ne les ai pas laissés affecter mon travail. Mon mari et mes amis proches étaient là pour me soutenir quand j'avais besoin de quelqu'un (voir le chapitre 11, « Comment avons-nous fait ? »). En fin de compte, gardez vos émotions sous contrôle sur le lieu de travail (voir chapitre 13, « Tout a une fin »).

Mais il est également important de se rappeler que vous n'êtes pas un robot. Prenez soin de vous. Donnez-vous le temps de pleurer lorsque vous subissez une perte.

CHAPITRE 7

Les Cloches sonnent

Washington, DC, était charmant et beaucoup plus propre que New York. Nous emménageâmes dans un appartement dans la partie nord-ouest du District de Columbia avec des arbres des deux côtés de la rue, comme une belle carte postale. Les immeubles étaient beaucoup plus bas que les gratte-ciels de Manhattan. J'étais émerveillée par les musées, le Kennedy Center, le Cherry Blossom Festival, et les belles maisons unifamiliales individuelles avec des pelouses bien entretenues qui me rappelaient l'époque où j'avais travaillé comme nounou chez les Silverman dans le New Jersey. C'était un endroit tellement agréable à vivre et, pourtant, je dus faire face à bien des épreuves et des tribulations comme nouvelle mère dans une nouvelle ville, sans amis ni relations familiales. Mes sœurs et leurs enfants me manquaient, tout comme mes amis du Sinaï et du centre de réadaptation Burk. Je voulais travailler, mais la garde d'enfants fiable pour notre fils restait un problème.

En attendant que je trouve une garderie fiable, j'emmenais Kevin chez une dame nommée Mme Soriano pour qu'elle le surveille. Je conduisais une Pacer verte à l'époque ; la voiture ressemblait à une bulle avec de grandes fenêtres tout autour. Un jour, après m'être garée devant l'immeuble de Mme Soriano, je verrouillai accidentellement les clés dans la voiture, avec le bébé dans le siège auto. C'était un été chaud et je ne pouvais pas ouvrir la voiture ! Paniquée, je courus vers Mme Soriano et lui fis savoir ce qui s'était passé. Elle ne pouvait pas laisser les autres enfants qu'elle gardait pour aller retrouver Kevin, alors elle veilla la voiture depuis sa fenêtre. Je pris un taxi et m'empressai jusqu'à mon appartement. Cela sembla prendre une éternité, même si le trajet ne dura que quelques minutes dans les deux sens. J'étais frénétique : il me fallait retourner auprès de mon bébé et le faire sortir de cette voiture chaude.

Le taxi m'attendit pendant que je récupérais la clé de rechange, et je retournai ouvrir la portière de la voiture. Je sautai du taxi quand nous arrivâmes et je sortis Kevin de la voiture aussi vite que possible. Heureusement, il allait bien.

Quand j'emmenai Kevin à Mme Soriano, je la regardai avec désarroi : « Est-ce que cela deviendra plus facile ? Quand est-ce que ça ira mieux ? »

Elle leva les yeux vers moi. « Ça n'ira jamais mieux. Les problèmes seront différents, mais les défis existeront toujours. » Cela ressemblait à ce que m'avait dit ma mère. Lorsque vous avez un enfant, vous êtes mère pour toujours… Les responsabilités liées à la maternité changent à mesure que les enfants grandissent, mais il n'y a pas de « ça va mieux ». Dieu merci, Kevin allait bien ce jour-là. Être mère s'accompagne d'une bonne part de panique et de peur.

Avec l'aide de ma sœur Paulette, je recrutai des femmes plus âgées dans une église de New York pour qu'elles viennent habiter à Washington, DC, pour vivre dans l'appartement avec nous pour la garde de l'enfant. Ayant été nounou, sachant tout ce que j'avais apporté à ce poste, j'avais du mal à accepter des services médiocres pour Kevin. Au deuxième anniversaire de cet enfant, j'étais sur ma troisième nounou. J'inscris alors mon fils de deux ans dans une garderie de l'Avenue Connecticut. Avant longtemps, la garderie perdit une fillette de cinq ans au zoo national lors d'une sortie. Ce jour-là, sans hésiter, j'enlevai Kevin de l'école et je restai à la maison pour prendre soin de lui jusqu'à ce que d'autres dispositions puissent être prises.

Kevin me tenait occupée. Cet enfant était plein d'une énergie débordante ! Une fois, quand il avait environ deux ans, j'étais à l'aéroport avec lui et je me retournai pour ramasser un bagage sur le tapis roulant. Quand je le cherchai des yeux, il avait disparu ! L'aéroport était plein de voyageurs, de gens qui se précipitaient de part et d'autre, et, dans cette foule, je ne trouvais Kevin nulle part. N'importe quoi aurait pu lui arriver dans une salle aussi bondée. Je commençais à paniquer, hurlant son nom, mais heureusement, après quelques moments de recherche, je le trouvai, debout calmement derrière un poteau, en train de regarder les bagages tourner sur le tapis roulant.

Il se cachait toujours de moi dans les lieux publics, et cela mettait à l'épreuve ma vigilance. Chaque fois que nous allions faire du shopping, il se cachait dans les étagères de vêtements du magasin, et peu importe à quel point cela me dérangeait, il restait là pendant que je fouillais toutes les étagères jusqu'à ce que je le trouve. Ce fut un soulagement de trouver de l'aide, car cet enfant était imparable la plupart du temps.

Avec une immense joie, j'aidai mes parents à planifier une visite à New York et un court séjour à Washington, DC, pour rencontrer leur petit-fils, et nous nous embrassâmes affectueusement, riant de bonheur lorsqu'ils arrivèrent le jeudi suivant. Kevin semblait un peu maussade, mais, avec toute l'excitation autour de lui, ce n'était pas une surprise.

Le lendemain, cependant, le bébé pleurait sans arrêt. Je le tenais dans mes bras, mais aucun geste d'affection, aucune nourriture, aucune boisson ne pouvait l'apaiser. Sa température n'était pas anormalement élevée ; cependant, il devenait de plus en plus chaud.

« Il souffre, dit ma mère. À quand remontent ses dernières selles ? »

Je n'en avais aucune idée. Il se débattait maintenant de douleur ; j'appelai donc le pédiatre dont la clinique se situait sur l'Avenue Connecticut, à seulement quelques minutes de notre appartement. Une fois que je décris les battements, les spasmes des jambes et les pleurs constants, le médecin me conseilla d'emmener Kevin à l'hôpital pour enfants immédiatement. Mes parents m'accompagnèrent aux urgences, la grand-mère de Kevin sur le siège arrière, essayant en vain d'arrêter les pleurs. Il était très malade.

L'infirmière des urgences nous assigna un carré et, bientôt, plusieurs médecins se penchaient sur mon fils. Au moment où ils l'emmenaient en Imagerie, il avait tellement mal que je dus le retenir pour une radiographie de l'abdomen.

Puis vint l'attente des résultats de la radiographie.

À cette époque, il n'y avait pas encore de téléphones portables, et je n'avais aucun moyen d'entrer en contact avec Keith. Après le travail le vendredi, il rencontrait souvent des amis pour prendre un verre avant de rentrer à la maison. Au moins pendant cette urgence, je ne fus pas seule : j'eus la chance d'avoir mes parents avec moi.

Lorsque le médecin retourna dans notre carré, où nous avions essayé de garder Kevin aussi calme que possible, il avait l'air sombre. « La radiographie a révélé une intussusception. Nous devons le préparer immédiatement à la chirurgie. Le chirurgien de garde est déjà en route. »

Une chirurgie ! Je ne me souvenais pas d'avoir entendu le terme « intussusception » à l'école des sciences infirmières, ni d'avoir jamais confronté un tel diagnostic dans l'unité pédiatrique de l'hôpital pendant mon stage clinique. Plus tard, j'apprendrais que l'intussusception se produit lorsque l'intestin grêle s'entrelace avec le gros intestin, créant une occlusion intestinale qui ne peut être soulagée que par chirurgie. À ce moment-là, cependant, je savais une chose : si Kevin devait subir une intervention chirurgicale, sa vie était en danger. L'imagination débridée, j'étais inconsolable, effrayée à mort pour mon fils et incapable de joindre Keith. Ma douleur devenait physique. Mes parents, qui ne parlaient pas un mot d'anglais, ce qui les rendait encore plus anxieux, mais ils faisaient de leur mieux pour m'aider à faire face à cette crise.

Finalement, après ce qui parut une autre longue attente, le chirurgien arriva. « Détendez-vous, dit-il. Pas d'opération ! Votre fils ne souffre pas d'intussusception. » L'interniste avait mal lu la radiographie. « C'est une inflammation intestinale, expliqua le Dr Mark. Je vais vous prescrire des médicaments et, en tant qu'infirmière, vous devriez pouvoir vous occuper du bébé à la maison. »

Quel soulagement ! Une fois tous les documents en ordre, une infirmière administra un médicament par voie intraveineuse, ce qui soulagea Kevin peu de temps après ; le médecin donna le feu vert pour son exéat. Mon fils, en bas âge, avait déjà eu deux urgences effrayantes. Malheureusement, le syndrome inflammatoire de l'intestin est une maladie chronique qui s'aggrave et persiste à l'âge adulte. Je ne pus m'empêcher de demander à ma mère, qui avait neuf enfants, à quoi m'attendre dans les années à venir.

Sa réponse ne fut pas très rassurante. « Ça n'en finit jamais. Tu es mère pour toujours. »

D'ici notre retour à la maison, le médicament avait pleinement pris effet et Kevin était redevenu un petit garçon espiègle. Il était prêt à profiter de la visite de ses grands-parents jusqu'à leur retour à New York. Keith, de son côté, était désemparé. Encore une fois, il n'avait pas été présent lorsque son fils avait eu une urgence, mais je ne le blâmais pas. Nous comprenions tous deux nos limites en tant que parents.

Même si j'aimais mon fils, être parent au foyer n'était pas une option qui me rendait satisfaite. Sans carrière, je me sentais apathique. Tous les dimanches, je scannais en vain les postes disponibles dans la section « Help Wanted » du *Washington Post*, à la recherche d'un emploi en urologie, jusqu'à ce que je décide d'explorer d'autres postes en sciences infirmières. Je planifiai finalement une entrevue pour un poste du soir en tant que directrice adjointe des soins infirmiers à la Maison Washington, une maison de retraite très proche de notre appartement. Je n'étais jamais allée dans une maison de retraite avant cette visite. Pourtant, mon entrevue avec le directeur des soins infirmiers et celui des ressources humaines se déroula si bien qu'on m'offrit le poste sur le champ.

Je n'étais pas certaine que travailler dans une maison de retraite soit la direction que je voulais prendre dans ma carrière. J'espérais plutôt trouver un poste dans un hôpital, de préférence en urologie. Je n'acceptai pas l'offre immédiatement, leur demandant de m'accorder quelque temps pour prendre ma décision. Je n'avais toujours pas pris de décision lorsque, deux semaines plus tard, le directeur des ressources humaines me contacta pour m'informer que l'administrateur souhaitait me rencontrer. Je faillis refuser la rencontre, mais Keith m'encouragea à accepter le poste, qu'il considérait comme un mouvement ascendant pour ma carrière. Parce que je faisais confiance au jugement de Keith, j'acceptai d'aller à la deuxième entrevue. L'administrateur, Mr. Matlock, était tellement impressionné par mon expérience professionnelle et par ma personnalité vive qu'il me proposa de nouveau le poste. Seulement, cette fois, il augmenta le salaire proposé par les ressources humaines. J'acceptai le poste lors de cette deuxième entrevue, même si ce n'était pas mon premier choix et que le salaire était inférieur à ce que je gagnais à New York. Je gagnerais du temps jusqu'à ce que je trouve quelque chose de mieux, dans un hôpital de soins intensifs.

Parce que j'avais occupé plusieurs postes de direction dans le domaine des soins intensifs, et parce que j'avais brillé en tant que clinicienne indépendante en urologie au Centre de réadaptation Burk, j'étais convaincue que je pourrais facilement me familiariser avec les règlements et les procédures, ainsi qu'avec le fonctionnement de la maison de retraite. J'étais également convaincue que j'avais assez de volonté pour exceller dans ce nouveau poste. La Maison Washington n'avait jamais eu de directeur minoritaire, et je fus la première assistante-directrice afro-américaine jamais embauchée au cours des quatre-vingt-dix ans d'histoire de cette maison de retraite, et je n'avais d'autre choix que faire mes preuves. Au cours du troisième mois à cet emploi, Mr. Matlock reçut une lettre de la famille de l'un des résidents, une famille « difficile », le félicitant de m'avoir engagée. Inutile de dire qu'il était très heureux.

Ma vie à Washington, DC commença à changer pour le mieux. J'étais heureuse que nous soyons tous les trois sous le même toit, un véritable foyer. Je me fis des amis et mes compétences au travail s'améliorèrent. Je trouvai même une esthéticienne et je rejoignis un club de tennis. Comme on pouvait s'y attendre, certains jours étaient plus difficiles que d'autres : je jonglais avec un conjoint de fait et un jeune fils, et essayais d'intégrer quelques parties de tennis dans mon emploi du temps chargé, le tout avant trois heures de l'après-midi, l'heure à laquelle je devais me présenter au travail. Je cherchais toujours une gardienne fiable pour Kevin. Après mon expérience désagréable avec trois nounous résidentes et l'épisode de l'enfant disparu à la garderie, on me référa à une femme qui s'occupait des enfants chez elle : je déposais Kevin à 14 heures et le récupérais tard le soir en rentrant du travail. J'étais enfin heureuse d'avoir trouvé quelqu'un en qui je pouvais avoir confiance.

Un matin, cependant, je reçus un appel de la fille de la baby-sitter me demandant de prendre d'autres dispositions pour Kevin. L'idée de perdre une autre baby-sitter était stressante. *Pas encore*, pensai-je.

« Qu'est-il arrivé ? demandai-je. »

Sa mère avait dû être ramenée à l'hôpital, expliqua-t-elle. Au cours de la conversation, j'appris que sa mère était schizophrène et qu'elle entrait et sortait de l'hôpital psychiatrique depuis de nombreuses années. Je m'interrogeais sur l'intensité de la maladie. Mon enfant avait-il été en danger avec une femme souffrant d'un grave problème de santé mentale ? Cette pensée était accablante. Je me sentais coupable aussi : je craignais que le fait de devoir s'occuper de mon tout-petit qui avait « l'âge terrible de deux ans » ait pu exacerber les symptômes de la baby-sitter et précipiter son hospitalisation.

Une fois de plus, je dus faire face à la réalité : jongler avec le travail et Kevin en même temps. Keith et moi discutâmes de stratégies, mais le fait demeurait que nous n'avions toujours personne pour s'occuper de notre fils. J'avais été tellement désespérée d'avoir un bébé, et maintenant je me sentais prise au piège. Je ne m'attendais pas à ce que cette petite créature ait autant de contrôle sur ma vie : elle dépendait tellement de nous pour sa survie. C'est alors que je commençai à développer une nouvelle appréciation et une meilleure compréhension de la maternité. Être mère était très différent d'être nounou ; c'était une responsabilité 24 heures sur 24, 7 jours sur 7. Je priai la Vierge Marie pour qu'elle me guide. Finalement, je demandai un congé d'urgence au travail, à un poste que j'avais occupé pendant moins d'un an. Heureusement pour moi, j'étais très appréciée et démontrais un niveau d'excellence si élevé que ma demande fut acceptée, bien que ce soit pour deux semaines seulement.

Keith suggéra que nous envoyions Kevin temporairement chez sa mère à la Barbade. Aussi douloureuse que sa suggestion puisse être, je l'acceptai, en proie au désespoir.

Pendant la semaine, j'étais tellement occupée par le travail et par les cours de tennis que Kevin ne me manquait pas autant que le week-end. Je pleurais du vendredi soir au lundi matin, toujours à la recherche d'une garderie permanente pour pouvoir le ramener chez nous.

Mes soirées de travail s'avéraient souvent difficiles. J'étais souvent confrontée à des situations cliniques et administratives urgentes, et presque chaque soir amenait sa propre crise. Après avoir travaillé très tard un soir, je reçus un appel tôt le matin de Mme Lola, la directrice des soins infirmiers sous ma supervision, me demandant de retourner travailler immédiatement.

« Il y a un détective ici, dit-elle. Il pose des questions.

– Un détective ? Pourquoi ? demandai-je. »

Mon esprit était en ébullition à l'idée de rencontrer ce détective. Une vieille peur revenait, que je n'avais pas ressentie depuis longtemps. Je fus transportée à l'époque où je vivais sous la menace de l'expulsion. Je pris une profonde inspiration : j'étais maintenant une citoyenne légale des États-Unis. Il n'y avait rien à craindre.

« Je ne sais pas, répondit la directrice. Mais tu dois venir. »

Ma routine quotidienne fut interrompue. Je me mis rapidement en route pour la maison de retraite.

Je rencontrai le détective dont les questions concernaient un employé qui avait quitté le travail de toute urgence la nuit précédente, pendant mon quart de travail. Je me souvenais des circonstances de son départ, mais mes souvenirs différaient des accusations du détective. À ma connaissance, l'employé était parti parce que son fils adolescent venait de prendre une balle sur un terrain de basketball ; je lui avais offert mes prières et lui avais demandé de nous appeler pour nous donner des nouvelles de son fils. Selon le détective, cet homme était en fait un fugitif « armé et dangereux » fuyant la loi. Infirmier auxiliaire diplômé d'un autre État, il portait une arme chargée dans une de ses bottes, même au travail. Je me rappelais tout à fait ses bottes marron foncé, mais je n'avais jamais pensé qu'il puisse s'agir d'un étui pour son arme.

« Sa femme a dû le prévenir, déclara le détective. »

Elle avait été contactée par les autorités, alors elle savait qu'ils le suivaient à la maison de retraite. En raison de cet employé et d'incidents similaires aux États-Unis, de nouvelles lois fédérales furent promulguées pour empêcher les délinquants de travailler dans des maisons de soins infirmiers et d'occuper des postes de soins personnels dans des maisons privées.

***

Après un séjour de trois mois, Kevin revint de la maison de sa grand-mère à la Barbade.

Je l'inscris dans une école maternelle très distinguée appelée All Saints All Day Child Care. Il était le seul enfant noir de l'école jusqu'à ce que je rencontre Gloria, une nouvelle mère qui envisageait l'école pour son fils, William. Nous fîmes la conversation, dans la rue, pendant un quart d'heure, et pendant ce bavardage, je pus la convaincre que l'école était le meilleur endroit pour son fils, selon mes recherches approfondies et de mon interaction avec d'autres parents et membres du personnel. Lors de la prochaine réception des parents, Gloria et moi rencontrâmes Alice, son mari Ed et leur fils Blair. En quelques semaines, l'école avait maintenant trois enfants noirs. L'administration était très satisfaite de sa capacité à se vanter désormais de « diversité », et j'étais finalement satisfaite de la garde d'enfants. Ces trois garçons vécurent leur enfance comme trois frères et nous, parents, sommes restés amis pour la vie.

Gloria et moi passions beaucoup de temps avec nos garçons, non seulement pour des rendez-vous pour jouer, mais aussi pour des voyages. Nous emmenâmes William et Kevin avec nous à une convention à laquelle devait assister Gloria pour le travail ; je gardai les garçons pendant qu'elle était en réunion, et nous fîmes du tourisme le reste du temps. Nous visitâmes également la Floride pour la cueillette des oranges et Hawaï pour les vacances, et je découvris, en faisant ces activités avec mon fils, que je nous offrais à tous deux le genre d'enfance que j'avais ratée en Haïti, où le plaisir était beaucoup moins une priorité. Quand Kevin apprit à skier, j'appris aussi à skier. Nous apprîmes tous deux le patin à glace et le patin à roulettes. Au fur et à mesure que mon fils grandissait heureux, une partie de moi aussi devenait plus heureuse, ayant la chance de créer des moments que j'avais manqués dans ma propre enfance.

Quand il avait environ cinq ans, Kevin commença à avoir des fièvres souvent. Chaque fois que je l'emmenais chez les pédiatres du Kaiser Permanente, une organisation de gestion de la santé (HMO), ils lui prescrivaient des antibiotiques, sans arrêt, de la même manière que j'avais pris des antibiotiques quand j'étais adolescente. Et il n'arrêtait pas d'avoir une infection de l'oreille ! Les antibiotiques n'arrêtaient pas.

Un jour, après mon retour de Kaiser avec une autre prescription d'antibiotiques, Keith était sceptique. « Donne-moi le numéro du docteur, dit-il. Cela doit cesser. On doit savoir ce qui se passe. On ne peut pas continuer à garder l'enfant sous antibiotiques. » Il appela le pédiatre et eut une conversation sérieuse avec lui. Lors de la visite suivante, le Dr Stark me refera à un médecin oto-rhino-laryngologiste (ORL).

L'ORL lui donna des antibiotiques mais programma également une intervention chirurgicale prévue deux semaines après notre visite. Le médecin découvrit que la trompe d'Eustache de Kevin était courbée. Il voulait mettre un tube artificiel dans son oreille pour drainer la cire et le liquide. Une fois le tube en place, déclara le médecin, son propre tube se redresserait et le tube artificiel tomberait.

Le médecin me prévint : « Vous pourriez un matin le trouver sur son oreiller, ou bien vous pourriez ne jamais le voir. Il est possible qu'il tombe et que vous ne le retrouviez pas. »

Emmener mon enfant de cinq ans à l'hôpital pour la chirurgie fut traumatisant. Il ne voulait pas s'approcher des médecins et il refusa de se laisser faire quand vint le moment de le préparer pour la procédure, alors je dus le retenir pendant qu'ils lui donnaient l'anesthésie pour l'endormir. Son corps était si petit et il avait l'air mort. Même si j'étais une professionnelle de la santé, c'était terrifiant de le voir comme ça. Je ne voulais pas le laisser partir. Ils le prirent de mes bras et le mirent sur la civière pour aller au bloc opératoire.

Après qu'ils l'eurent pris de mes bras, je me dirigeai dans la direction opposée à celle de mon mari. Je pleurais. Je ne sais pas ce que Keith faisait, mais nous allâmes chacun de notre côté pendant l'intervention de notre fils. La douleur était trop dure à supporter. Heureusement, l'opération fut un succès, malgré l'ampleur de nos émotions.

En grandissant, Kevin se livra à toutes sortes d'activités parascolaires - tout un tas, en fait - et, comme j'étais la seule personne de notre famille à savoir conduire, il devint ma responsabilité de l'y emmener. Quand Kevin était en première année, le directeur de l'école insista pour qu'il auditionne pour une pièce de théâtre. De nombreux élèves de son école se rendirent à l'audition, et on décerna un rôle important à Kevin dans *Really Rosy*, au Studio Theatre. Cela ajouta beaucoup à mon stress et, parfois, me poussa à la limite, car c'était une activité de plus à insérer dans un emploi du temps déjà chargé. J'emmenais Kevin à toutes ses répétitions et, après les répétitions, à l'ouverture de la pièce, je dus l'emmener aux représentations.

Pendant les répétitions, je m'asseyais dans la voiture et je faisais mon travail de bureau. Puis, il commença à jouer : les vendredis soir, samedis soir et dimanches après-midi. En tant que seul chauffeur, je dus l'emmener à tous les spectacles, malgré ma charge de travail. Parfois, le stress dépassait les bornes, mais ça en valait le coup : je passais du temps avec Kevin, et il était heureux de s'adonner à des activités qu'il aimait avec ses amis.

Kevin adorait aussi la lutte. J'avais l'habitude de l'emmener à ses matchs de lutte. C'était plus difficile de travailler là-bas. Imaginez la scène, au stade : les enfants luttent, un tas de gens crient tout autour de moi, et j'ouvre ma mallette pour faire du travail de bureau pendant que tout le monde rit et s'amuse autour de moi dans les gradins. Ils me regardaient tous comme si j'étais une personne folle. Mais je ne pouvais pas cesser mon travail pour profiter des matchs, car j'étais trop prise par mes obligations. À ce moment-là, c'était la seule façon de lui consacrer du temps, alors je lui donnai ce que je pouvais.

Lorsque Mr. Matlock, l'administrateur de la maison de retraite, démissionna, Jim, l'administrateur adjoint, le remplaça. La première action importante de Jim fut de licencier la directrice des soins infirmiers, et je fus promue pour la remplacer. Quelle chance ! J'étais toujours au bon endroit au bon moment. C'était comme si, à chaque pas, la route devant moi était déjà tracée. J'étais maintenant responsable du service de soins infirmiers 24 heures sur 24, pas seulement le soir, et mon nouvel horaire me permettrait d'être à la maison le soir avec Keith et Kevin, et de profiter de la vie de famille.

Mon mandat comme directrice des soins infirmiers dura dix ans, le plus long mandat de directeur dans toute l'histoire de cette maison de soins infirmiers. Je devins très connue des représentants du gouvernement et d'autres acteurs du secteur de la santé dans le District de Columbia. Sous ma direction, la maison de retraite passa plusieurs années sans aucune lacune dans le service des soins infirmiers. Les inspections annuelles du Ministère de la santé se passaient bien. Le nouvel administrateur modernisa presque tous les services de la maison de retraite et nous gagnâmes la confiance et le respect de tous. La réceptionniste, Mlle Madeline, m'appelait souvent pour me demander conseil, même lorsque ses inquiétudes n'étaient pas liées aux soins infirmiers. Lorsque je lui demandais d'adresser ces questions à d'autres administrateurs, elle répondait : « Je vous appelle parce que je sais que vous avez la réponse. » Et elle avait raison. J'avais les réponses, car j'étais comme une éponge, absorbant chaque bribe d'information, que je partageais généreusement avec les autres. J'avais des connaissances. J'avais des compétences, et j'appris à les utiliser à mon avantage pour devenir une force sur laquelle il fallait compter. Je lus et me familiarisai avec toutes les lois et règlements du District de Columbia concernant les soins de longue durée. Je connaissais bien tous les codes à suivre au niveau fédéral et j'interprétais bien les directives du gouvernement en ce qui concernait les Centres de services Medicare et Medicaid (CMS). J'étudiai le livre sur les règlements fédéraux concernant les maisons de retraite, et je pouvais réciter le manuel utilisé par les inspecteurs de l'État. Je pouvais combler toutes les lacunes bien avant que le *Manuel sur le règlement informel des différends* ne soit créé par CMS. Je passais en revue et révisais toutes les politiques et procédures du département des soins infirmiers pour assurer notre conformité à tous les règlements.

Pour maximiser mon succès dans l'industrie des maisons de soins des retraités, je dus prendre certains risques. Je cherchais constamment ce que j'appelais « le risque à terme ». D'une certaine manière, je me positionnais comme professionnelle à valeur ajoutée, non seulement auprès de mes pairs de la maison de retraite médicalisée où je travaillais, mais auprès d'autres collègues dans le domaine de la prise en charge directe ou indirecte des personnes âgées. En raison de mes connaissances, de mes aptitudes, et de mes compétences en leadership, je fus invitée à rejoindre plusieurs comités. Ma participation au sein de ces comités m'aida à croître dans le domaine de la gestion des maisons de retraite. J'eus non seulement la chance de rencontrer d'autres professionnels de haut niveau, mais j'acquis également la réputation d'être une travailleuse acharnée. Les gens savaient que je garderais mes promesses quand je faisais partie d'un groupe. On me demanda de me joindre au Conseil des politiques de santé du maire pour aider à réécrire les règlements concernant les soins infirmiers et les soins médicaux, une tâche que j'acceptai avec plaisir.

Il devint clair après quelques années dans l'entreprise que les directeurs des soins infirmiers devenaient les boucs émissaires des administrateurs des maisons de retraite à chaque fois qu'un établissement ne passait pas l'inspection annuelle du Ministère de la santé. Souvent, ce n'était pas la mauvaise qualité des soins infirmiers qui expliquait les résultats médiocres ; cependant, le directeur des soins infirmiers était presque toujours démis de ses fonctions. Il me semblait que cette mesure n'était prise que pour faire croire au gouvernement que l'administration apportait des changements pour améliorer la qualité alors que, dans de nombreux cas, la personne qui aurait dû être licenciée était l'administrateur. Mécontente de cette observation, j'écrivis une lettre à tous les directeurs des soins infirmiers, les invitant à déjeuner dans ma maison de retraite. Au cours du déjeuner, nous discutâmes de la nécessité de nous réunir tous les mois pour développer un système de soutien les uns pour les autres. Nous partageâmes nos impressions sur certaines politiques et procédures, et nous discutâmes des préoccupations de la direction et du personnel. Je devins la fondatrice et la première présidente du Comité des directeurs des soins infirmiers du District de Columbia dans le domaine des soins de longue durée.

Entre temps, Keith avait changé de poste, passant de l'OEA à l'INTELSAT (Organisation internationale de télécommunications par satellite) en tant qu'analyste de systèmes, pour un salaire beaucoup plus élevé. Kevin fréquentait Lafayette, la meilleure école publique du District de Columbia, l'école primaire de notre quartier Ward Three. Je rejoignis la PTA pour rester proche de ses progrès à l'école, tout en atteignant mes propres objectifs de développement professionnel. J'étais très active et je participais à plusieurs activités scolaires et classe-promenades, malgré mon horaire surchargé. Je revivais mon enfance par procuration à travers mon fils. Avec Kevin, je me livrais à des activités que mes parents, à cause du manque de connaissances et du manque d'argent, n'avaient pas eu l'opportunité de faire avec moi dans mon enfance. Je me tenais sur le bord de la route avec un sourire fier sur mon visage, le regardant défiler avec ses camarades de classe lors d'événements scolaires. Lors d'une sortie scolaire, nous ramassâmes des citrouilles dans un carré. Nous nous habillions tous deux pour Halloween, lui en Superman, Fat Albert ou Big Bird, et ensemble nous faisions du porte-à-porte pour recevoir des bonbons de nos voisins.

Dire que la vie avait changé pour cette pauvre fille d'Haïti serait un euphémisme. Mais bien que je fusse heureuse et fière de mes réalisations, je désirais certaines choses encore plus grandes et meilleures dans ma vie. Comme une tortue, je continuai à tendre le cou.

Dans le secteur de la santé dans les années quatre-vingt, les employés noirs travaillaient surtout dans la cuisine ; ils servaient parfois d'aides-soignants, de porteurs et de concierges, à l'exception d'une poignée d'infirmiers diplômés qui avaient réussi à se hisser au sommet. En tant que première Afro-américaine à occuper un poste de direction à la Maison Washington, j'étais une exception. Je sentais que j'avais une bannière à porter, ce qui me faisait travailler encore plus : je devais faire mes preuves et briller au nom de mes collègues noirs. Reflet de l'époque, la maison de retraite était une entreprise à but non lucratif gérée par un groupe de bénévoles du conseil d'administration, 100% de race blanche. J'étais constamment mise au défi et, parfois, harcelée par d'autres membres, en particulier mes pairs administrateurs. Plusieurs membres du conseil remirent en question la décision de Jim lorsque je fus promue directrice des soins infirmiers, principalement à cause de la couleur de ma peau. Ils faisaient souvent des commentaires clairement racistes à mon sujet. J'étais au courant de nombreux commentaires de ce genre, car Jim et moi travaillions bien en équipe ; nous étions à la fois motivés et concentrés dans la mise en œuvre de nos objectifs pour la maison de retraite. Comprenant la culture, je n'avais pas d'autre choix que de m'efforcer d'être la meilleure, surmontant les obstacles pour devenir un leader, un partenaire et une mère exemplaire. Mais, malgré que je fusse une employée appréciée par certains, une travailleuse acharnée avec les compétences nécessaires pour obtenir les résultats adéquats au moment des inspections, d'autres refusaient encore de m'accepter.

Le bureau du directeur des soins infirmiers était grand et spacieux, avec une table de conférence rectangulaire entourée de chaises. Il comprenait également mon bureau et un autre bureau occupé par un membre masculin du conseil qui s'était porté volontaire pour « aider avec la paperasse ». En réalité, il avait été chargé de surveiller la première directrice afro-américaine et de dire si j'étais assez brillante pour gérer le travail.

« Imagine que tu te présentes au travail tous les jours et qu'un membre du conseil soit assis dans ton bureau pour surveiller chacun de tes mouvements, dis-je à Keith. »

Mais j'étais un soldat ; je l'avais été toute ma vie. Par la prière, je m'efforçais de persévérer et je brillais en présence de l'adversité. En moins d'un an, la confiance fut établie, et ce membre du conseil n'avait soudain plus le temps pour aider à la paperasse. Le poste fut éliminé.

L'immeuble de la Maison Washington était très ancien. Sa buanderie était située dans le sous-sol, un espace sans salle de bain et sans trémie pour secouer le linge des résidents avant que les couches ne soient placées dans la machine à laver. Pour cette raison, le personnel infirmier avait la responsabilité de « prétraiter » toutes les couches souillées dans la salle de bain des résidents avant de les ensacher et de les envoyer à la buanderie. Cette procédure, établie bien avant mon embauche, créait une friction majeure entre Allan, le directeur de la buanderie, et moi, car, à plusieurs reprises, le personnel infirmier n'avait pas rincé les couches. Le personnel de la buanderie lavait souvent des couches non rincées encore pleines de selles, ce qui créait un environnement de travail particulièrement désagréable et, parfois, le linge portait encore des excréments séchés lorsqu'il était livré aux unités de soins.

Je comprenais le problème et je sympathisais avec le personnel de la buanderie qui devait travailler dans de telles conditions insalubres et endurer l'odeur désagréable. Je menai plusieurs ateliers de formation pour expliquer la procédure au personnel de la buanderie, démontrer la bonne marche à suivre et les porter à comprendre pourquoi il était impératif pour eux de rincer les couches dans les salles de bain des résidents, de la même manière qu'ils l'auraient fait à la maison avec un bébé. Ce sujet fut même abordé au cours de l'orientation des nouveaux infirmiers. Le service de soins infirmiers fonctionnait sans interruption, 24 heures sur 24, 7 jours sur 7 et 365 jours par an.

Étant donné que je dirigeais un personnel de plus de 200 infirmiers, il était impossible de surveiller le comportement de chaque employé et de m'assurer que chaque couche était rincée avant l'ensachage. Encore et encore, mon personnel ne suivit pas la procédure appropriée, et Allan continua son harcèlement. À l'occasion, il essaya de me mettre dans l'embarras lors des réunions des directeurs de département lorsque l'on parlait de lessive. Je comprenais son niveau de frustration, mais il ne comprenait pas mon dilemme et mon incapacité à identifier les employés ou les unités de soins infirmiers qui ne se conformaient pas à la procédure en place. L'administrateur était au courant du tir à la corde mais continua à prêcher la collaboration aux membres de l'équipe. La solution aurait été de fermer la buanderie interne et de faire appel à une entreprise sous contrat pour ce service ou de délocaliser le service de buanderie. L'externalisation du service de buanderie était malheureusement d'un coût prohibitif. Heureusement, un nouvel immeuble était en cours de construction et l'ancien immeuble serait bientôt rasé. Le problème des couches souillées serait résolu dans quelques années.

Selon le règlement, en l'absence de l'administrateur, le directeur des soins infirmiers était responsable de l'établissement. Il arriva un moment où j'agissais en tant qu'administratrice en l'absence de Jim, et le directeur de la buanderie remplit un sac de couches souillées, s'assurant que les selles étaient visibles à travers le plastique transparent. Allan entra dans mon bureau et laissa tomber le très grand sac au milieu de la pièce, ce qui pétrifia le membre du conseil. Le sac tomba si fort que j'entendis le bruit avant même de voir le sac.

Le directeur déclara avec colère : « Dites à votre personnel d'arrêter d'envoyer de la merde en bas. » Il tourna ensuite le dos et quitta les lieux.

Abasourdi, le membre du conseil me regarda avec un visage très triste. Il dit doucement : « Je suis désolé. »

J'étais mortifiée non seulement par l'action de cet homme blanc, mais par son audace à se comporter de cette manière, surtout devant un membre du conseil. Sans un mot, je ramassai le sac de couches souillées et le plaçai dans un placard vide, en m'assurant que le placard était verrouillé pour empêcher que les résidents ou le personnel y aient accès.

Quand il entendit parler de l'incident cette nuit-là, Keith était furieux, qualifiant l'action d'Allan d'insubordination puisque j'étais la plus haute autorité dans l'immeuble. Il me pressait d'agir. Cette fois, je fus celle qui resta calme et posée.

« Allan, le directeur de la buanderie, cherche une bagarre. Je ne vais pas me rabaisser à son niveau. »

Le simple fait qu'il avait attendu l'absence de l'administrateur pour exprimer sa colère d'une manière aussi humiliante était clairement un appât pour une dispute. Il s'attendait à une confrontation. Mais il avait sous-estimé mon intégrité et mon intellect. J'avais beaucoup de maîtrise. En tant que première dame, Michelle Obama dirait des années plus tard : « Quand ils vont bas, nous allons haut. » Le manque de respect d'Allan pour moi en tant que femme de couleur et en tant qu'administratrice par intérim avait mis fin à tout échange civil sur les couches sales : je m'en lavais les mains.

Le lendemain matin, je présidai à la réunion des directeurs, et pas une seule fois je ne mentionnai l'incident du sac de linges - pas à Allan individuellement, pas au groupe. Il n'avait aucune idée de ce que j'avais fait du sac et il devait s'interroger sur mon plan d'action. Pendant trois jours, nous n'échangeâmes aucun mot et je réussis à rester loin de lui, sauf pendant les réunions du matin. Mais pendant ces trois jours, des choses se préparaient à l'intérieur de ce placard où je gardais le sac de couches souillées.

Le lundi suivant, Jim retourna au travail. Nous nous rencontrâmes immédiatement après la réunion du matin, comme d'habitude, pour récapituler les événements survenus en son absence. Je donnai un rapport très détaillé à mon patron mais je gardai le meilleur pour la fin. Avant de partager avec lui l'incident des couches, je m'excusai, allai jusqu'à ma cachette, et attrapai le gros sac rempli de couches sales, qui dégageait maintenant une odeur horrible. En imitant le geste théâtral d'Allan, je fis irruption dans le bureau de Jim, soulevai le sac au-dessus de ma tête et le laissai tomber au centre de la pièce. L'odeur explosa et Jim sauta de son siège comme s'il avait les fesses en feu. Je lui expliquai ensuite ce qui s'était passé et comment j'avais géré l'incident en son absence.

Jim était choqué. Il dit simplement : « Je suis désolé, Solanges. Je m'en occuperai. »

Le directeur de la buanderie était un employé d'une entreprise contractuelle qui fournissait des services d'entretien et de buanderie à la maison de retraite. Je ne demandai jamais à Jim comment il avait géré la situation. Tout ce que je sais, c'est qu'Allan fut renvoyé de l'établissement et que le contrat de l'entreprise fut finalement résilié.

Il est très important en tant que leader de savoir quand agir. Pour chaque action, il y a une réaction. Être capable de contrôler son comportement est la clé de la croissance en tant que leader. Notre autorité sera constamment remise en question. Cependant, la façon dont nous gérons ce défi est un facteur majeur de notre succès. En tant que jeune professionnelle, j'ai appris à ne jamais réagir d'une façon que je regretterai plus tard. Je me souviens toujours de la citation d'Ernest Hemingway : « Aujourd'hui est le premier jour du reste de ta vie. Les jours suivants dépendront de ce que tu fais aujourd'hui ». Tout ce qu'il faut, c'est un Allan dans votre vie pour gâcher votre avenir. Cet incident aurait pu avoir une fin complètement différente si j'avais pris son appât. Réagir à son action revenait à prendre un risque sans penser aux conséquences potentielles.

Keith avait démissionné de son poste d'analyste de systèmes chez INTELSAT et avait ouvert une clinique de santé avec un partenaire. Il devint un entrepreneur à part entière. Nous allions tous les deux très bien financièrement. Nous avions acheté notre première maison très proche de l'immeuble, car nous étions tous les deux très friands du quartier et de son accessibilité aux transports en commun.

Kevin était maintenant assez grand pour se rendre seul de la maison à l'école primaire. Il aimait recevoir ses amis à la maison pour des soirées pyjama et on lui faisait confiance quand il passait la nuit chez ses camarades. Il grandissait pour devenir un jeune homme très sympathique et apprécié de tous. Ma relation avec Keith continuait à s'épanouir. Nous avions beaucoup d'amis, nous nous amusions beaucoup dans notre nouvelle maison, et on nous disait souvent que nous étions le couple parfait.

Bien que Keith eût fait de moi la parfaite épouse de fait et que j'étais pour notre fils la mère parfaite, je n'étais pas satisfaite. En tant que catholique fidèle qui allait à l'église tous les dimanches et célébrait avec ferveur toutes les fêtes religieuses, il y avait encore une partie de ma vie qui n'était pas remplie. Pour un chrétien, le mariage est un sacrement important : je continuais à prier la Vierge Marie au sujet de mon rêve d'épouser Keith à l'église. Chaque fois que l'occasion se présentait, je lui rappelais que nous n'obéissions pas aux commandements et ne suivions pas les doctrines de l'Église et que je vivais dans le péché en n'étant pas mariée dans le Christ. Keith avait grandi dans l'église ; il avait été enfant de chœur pendant de nombreuses années à l'église Saint Matthias de la Barbade. En tant qu'adulte, cependant, il disait qu'il avait fini de payer ses cotisations à l'église et n'avait aucune raison de continuer à suivre ses doctrines. Pendant l'une de nos disputes lancinantes sur le mariage, il dit d'une voix ferme : « Solanges, je n'ai pas besoin d'un homme en robe blanche pour me dire comment gérer ma vie, ni ma maison. »

Depuis notre arrivée à Washington, tout le monde supposait que nous étions mariés. Quand les gens m'appelaient « la femme de Keith Archer », je ne les corrigeais pas. À l'école de Kevin, j'étais « Madame Archer » (lorsque que je n'étais pas simplement « la maman de Kevin »), un nom auquel je répondais poliment. Mes nièces et mes neveux, mes cousins et mes cousines, ainsi que mes amis, tous adultes, supposaient que nous étions mariés. En tous cas, quitter Keith n'avait jamais été une option que je voulais accepter, même si j'étais attristée par le fait que je vivais dans le péché. J'étais au moins assez intelligente pour savoir que l'abandon de mon foyer aurait un effet néfaste sur mon fils…et sur moi. Keith était un homme formidable et le père le plus merveilleux envers Kevin. Je me fis la promesse de ne plus jamais reparler de mariage. La décision de Keith au sujet du mariage était la sienne. Il s'avérait impossible de le faire changer d'avis sur le sujet, mais peut-être pourrais-je trouver un moyen de le ramener à l'église. Au lieu de continuer les disputes, au lieu de prier Dieu pour le mariage, je priai pour le pardon.

C'était une journée d'hiver très froide à Washington, DC, et j'avais une mauvaise grippe, qui m'empêchait de travailler à la maison. Il était près de midi lorsque la sonnette retentit. À la porte d'entrée, un livreur demandait une signature pour un colis. J'acceptai la boîte qui m'était adressée. Je regardai l'adresse de retour : une bijouterie très réputée sur la Cinquième Avenue à New York.

« Cartier ! Je n'ai rien commandé à Cartier, dis-je. » Ensuite, j'appelai Keith. « Une boîte vient d'être livrée de la boutique Cartier de New York. Sais-tu ce qu'il en est ? » Avant qu'il n'ait eu la chance de répondre, je répétai : « Je sais que je n'ai rien commandé. »

« C'est moi qui ai fait l'achat, dit-il. Ouvre la boite. C'est pour toi. »

Pendant qu'il était encore au téléphone, j'essayai d'ouvrir le paquet.

« Je ne peux pas, dis-je. J'ai besoin d'un couteau.

– Je t'attends, dit Keith. Va en chercher un. »

Parce que j'étais si faible avec la grippe, je descendis lentement les escaliers jusqu'à la cuisine. Après que j'aie trouvé le couteau, ouvrir cette boîte c'était comme essayer de faire sortir quelqu'un de Fort Knox. Pour avoir été déçue par une petite boîte auparavant, je refusais d'imaginer ce que contenait cette boîte de Cartier. Je le saurais assez tôt. Quand j'ouvris finalement la petite boîte brune, ce qu'il y avait à l'intérieur était évidemment l'écrin d'une bague. Sans l'ouvrir, je retournai dans la chambre.

« Je l'ai ouvert, dis-je au téléphone.

– L'as-tu regardé ?

– Non, je n'ai pas ouvert la petite boîte.

– Ouvre-la. »

J'imaginais ce regard taquin sur son visage. J'aurais aimé qu'il soit à mes côtés.

« C'est pour toi ! »

C'était une belle bague en or avec des diamants tout autour. Une bague de fiançailles.

Tout ce que je dis, ce fut :

« Comme c'est beau.

– Tu peux fixer la date, dit-il. »

Des larmes coulaient sur mes joues.

« Pour que nous nous marions ?

– Oui, pour que nous nous marions. »

Voilà : après quatorze ans en tant qu'amoureux, puis parents en union libre, puis copropriétaires de notre première maison, nous, le « couple parfait » (comme nos amis nous appelaient), allions enfin à l'autel.

« Parlons-en ce soir, lui dis-je. »

J'étais reconnaissante que mes prières de pardon à Dieu aient été miraculeusement exaucées. Mais, toujours étourdie par les médicaments contre la grippe, je voulais me remettre sous les couvertures. Le sommeil ne vint pas, cependant. Je ne pouvais pas m'empêcher de penser à ce qui venait de se passer. J'étais époustouflée. Quel genre de mariage aurions-nous ? Comment expliquer à notre fils de sept ans que Maman et Papa se mariaient ? Quel effet aurait une telle annonce sur son jeune esprit ?

« Un mariage, m'écriai-je. C'est hors de question. »

Keith s'était-il attendu à recevoir le courrier lui-même puisqu'il était habituellement à la maison plus tôt que moi ? Si je n'avais pas été à la maison pour recevoir le colis, aurait-il fait la demande différemment ? Tout cela s'était-il passé à son avantage pour qu'il n'ait pas à suivre les traditions qu'il détestait tant ? M'étais-je retrouvée à la maison par coïncidence ? Était-ce le plan de Dieu de me rendre malade pour que l'événement se produise comme tel ? Pourquoi mon destin était-il ainsi conçu ?

« Tu peux choisir la date. » Quelle demande ! Après plusieurs années d'une relation aussi intense, quelle façon de demander à votre amoureuse de vous épouser ! Mais Keith était différent, et je n'imaginais pas ma vie avec quelqu'un d'autre. J'avais développé une profonde appréciation pour lui et comprenais sa façon de penser. J'étais fascinée par cet homme et, désirant à tout prix maintenir notre relation, je ne décourageais aucune de ses actions. Beaucoup de femmes auraient depuis longtemps abandonné la relation, mais, grâce à ma foi, Jésus guidait chacun de mes pas, chacune de mes décisions, me donnant le courage de m'accrocher. Je restai dans ce mariage par amour, pour le bonheur de mon fils, mais aussi (en vérité) pour ma propre croissance personnelle et professionnelle. J'avais réalisé que cet homme intellectuel et rationnel, gentil et doux, qui était de dix ans mon aîné, m'aimait vraiment et voulait ce qu'il y avait de mieux pour moi. Il s'était engagé à m'aider à atteindre mon potentiel, et c'est exactement ce qu'il faisait. L'amour qui existait entre Keith et moi était plus fort que les défis de la vie et, ensemble, nous avions prospéré. Je n'aurais jamais abandonné ce que nous avions construit ensemble : notre propre petite famille. J'avais le meilleur partenaire dont une femme puisse rêver ; c'était un ami fantastique et un père exemplaire.

Ce soir-là, ma fièvre et mes frissons empirèrent. Quand Keith arriva à la maison, il s'évertua à soigner ma maladie avec Theraflu, du thé chaud, du Tylenol, un humidificateur et une couverture chaude. Le dîner pour moi fut une boîte de soupe Campbell chaude, au poulet et aux nouilles, et pour Keith son repas rapide préféré : des oignons, trois poivrons de couleurs différentes sautés avec des épices, le tout mélangé avec une boîte de saumon sur du riz blanc. À cause de ma grippe, il mit tout en œuvre pour éviter tout contact étroit avec moi, de peur d'attraper mon rhume ; il dormit dans la chambre d'amis. Et comme ça, le jour que j'avais tant espéré, le jour que j'avais tant attendu, tant désiré, pour lequel j'avais longtemps prié, était allé et venu, en un clin d'œil, gâché par la maladie. Aigre-doux. De toute ma vie, je n'ai jamais été totalement immergée dans un bonheur plein et complet sans que quelque chose ne me vole ce moment de joie.

Nous décidâmes de nous marier le plus tôt possible. Un grand mariage n'avait plus d'importance pour moi, contrairement à l'époque de mon adolescence, ou au début de notre relation, quand tous mes amis se mariaient. Alors, nous décidâmes d'un petit mariage sans fanfare. Plusieurs de nos amis qui avaient eu leur mariage de rêve au début de la vingtaine n'étaient plus mariés. Moi, par contre, j'étais toujours avec Keith. Nous allions enfin bénir notre relation dans le Christ, et j'étais surtout intéressée à recevoir ce sacrement très important de ma foi. J'avais été baptisée quand j'étais bébé. J'avais également reçu ma première communion, puis ma confirmation. Selon ma foi religieuse, le sacrement du mariage venait ensuite. Pour moi, ce mariage mettrait fin à une situation de péché et légitimerait également mon fils. Ces faits étaient plus importants pour moi qu'une longue robe blanche, un voile et une procession d'invités.

Nous étions en novembre et j'étais en Californie avec le directeur médical de la maison de retraite pour présenter un de mes articles à la Gerontological Society of America, une association de médecins, d'infirmières et d'autres professionnels du domaine de la sénescence. Keith et Kevin m'accompagnèrent lors de ce voyage. En visitant un centre commercial qui vendait des vêtements de marque, Keith remarqua une belle tenue en deux pièces dans l'une des vitrines ; elle était faite de soie, dc couleur beige clair et bordeaux. « Regardons de plus près, dit-il ». Il aimait tellement cette tenue qu'il m'encouragea à défiler devant lui dans cette robe, et je sus tout de suite que je la porterais pour notre mariage. Nous nous amusâmes beaucoup dans le magasin et finalement nous achetâmes non seulement la robe exposée à la fenêtre, mais une autre belle robe bordeaux en soie, d'une seule pièce, que nous aimions tous les deux.

Tous mes frères et sœurs étaient mariés et avaient des enfants ; par conséquent, nous avions beaucoup de nièces et de neveux. Comme nous luttions tous - certains plus que d'autres - pour soutenir nos familles, nous avions décidé de célébrer Noël ensemble, transformant les festivités en une seule grande fête. Nous tirions les noms d'un chapeau pour un cadeau surprise, « Secret Santa ». C'était une façon de faire en sorte que tout le monde puisse profiter de Noël et que chaque enfant reçoive au moins un cadeau. Mes frères et sœurs et moi organisions l'événement chaque année à tour de rôle, et il se trouve que c'était à mon tour d'accueillir tout le monde chez nous. Keith et moi décidâmes de profiter de cette occasion pour notre mariage.

La cérémonie religieuse eut lieu à la chapelle de l'Immaculée Conception de l'église catholique Sainte-Anne, l'après-midi de la veille de Noël, en présence d'Eddy, l'ami de Keith qui servait de témoin, et de ma sœur aînée Ritza, ma matrone d'honneur. Ritza portait la robe bordeaux que Keith avait achetée en Californie.

Dans cette petite chapelle se trouvaient aussi ma mère, mon père et ma sœur Paulette. C'était ce que Keith voulait, une fois qu'il avait finalement cédé et m'avait envoyé la bague, et j'avais appris à l'accepter : une cérémonie simple mais belle. Nous avions écrit nos propres vœux et, comme d'habitude, Keith m'aida à corriger ma grammaire et mon orthographe. J'avais également travaillé sur ma prononciation. A l'autel, devant Dieu, nous nous engageâmes à nous aimer. Keith n'aimait pas l'idée d'une longue robe blanche avec une traîne, ou de tout un cortège, mais il n'était pas opposé à un gâteau de mariage. Donc, je commandai un simple gâteau blanc et un jeu de verres de mariage « Lui et Elle » en souvenir de notre mariage. Mes sœurs avaient préparé un merveilleux repas caribéen pour le déjeuner et nous avions le gâteau comme dessert.

C'était un grand jour pour moi. J'étais finalement mariée et cela comblait enfin le vide que je portais en moi depuis des années. D'une certaine manière, cela me rapprocha aussi de ma propre mère. Je compris, après avoir prononcé mes vœux, à quel point cela avait dû être difficile pour elle de rester avec Ambroise toutes ces années dans un mariage de fait, en dehors de la grâce de l'église ; je savais, ce jour-là, que ma propre mère avait mené le même genre de lutte que moi. Avoir ma relation avec Keith sanctifiée par des vœux saints légitima notre relation d'une manière qu'elle ne l'avait pas été auparavant. Nous avions maintenant quelque chose de sacré.

La nuit avant le mariage, nous avions envoyé Kevin chez son ami Blair pour une soirée pyjama, pour le mettre à l'abri des bavardages sur ce qui se passait. Même mes deux meilleurs amies, Alice (la mère de Blair) et Gloria (la mère de William), ne savaient pas que Keith et moi n'étions pas mariés. À part la famille, je n'avais dit à personne que je me mariais, et je n'ai jamais raconté à quiconque cette partie de mon histoire. Seuls les membres de la famille proche savaient que le mariage avait eu lieu plus tôt dans la journée. Le soir, la maison était remplie de membres de la famille, jeunes et vieux. Notre sapin de Noël atteignait le plafond et d'innombrables cadeaux gisaient sur le sol. Les enfants couraient partout, dansaient au rythme de la musique de Noël, un délicieux fumet venait du four, et oui, l'alcool coulait à flot.

Juste avant minuit, j'émergeai dans une belle robe rouge avec le bonnet de Mère Noël et je distribuai des cadeaux à tous nos invités. Il n'y aurait pas de lune de miel pour nous, les nouveaux mariés : nous fîmes la fête jusqu'aux petites heures du matin dans notre propre maison. Il était environ quatre heures du matin lorsque je montai me coucher dans le même vieux lit à côté de mon mari, épuisée après notre mariage en cette fête de Noël. Keith avait abandonné la fête des heures auparavant, ayant besoin d'échapper à toute cette agitation. Il aimait être seul et n'appréciait pas les grandes foules. Je ne m'étais pas inquiétée quand il avait disparu de la fête : je savais exactement où trouver mon mari, ce précieux cadeau de mon ange du soleil.

APPLIQUEZ LES RÈGLES !

Règle n° 15 : Soyez sensible aux combats invisibles

Réflexion : Où donc vous mène la lumière ?

C'est un fait triste, mais, à ce jour, six des sept espèces de tortues de mer sont en danger, et la septième est menacée. La tortue est beaucoup plus vulnérable aux menaces des prédateurs lorsqu'elle éclot de son œuf et quitte le nid pour se diriger l'océan, puis, à un moindre degré, à mesure qu'elle grandit jusqu'à maturité. Après avoir atteint l'âge adulte, si ce n'était les dangers créés par les hommes dans son environnement naturel, une tortue n'aurait qu'à se soucier des attaques de requins. Quand nous pensons à tout ce qui nuit aux tortues de mer, nous citons les déversements d'hydrocarbures, la pollution, et la chasse, mais en fait même l'éclairage artificiel sur une plage peut dévier une tortue et la conduire à sa mort. C'est un autre exemple de la façon dont les choses auxquelles nous ne réfléchissons pas à deux fois peuvent causer un grand tort. Prenez conscience. Faites attention.

- Lorsque vous saluez les gens au cours de la journée, demandez-leur comment ils vont et écoutez vraiment leurs réponses. Parfois, tout ce dont une personne a vraiment besoin pour égayer sa journée, c'est d'être écoutée. Soyez quelqu'un qui écoute.

- Faites une liste de personnes que vous pouvez contacter si vous êtes en situation de crise. Contactez-les et faites-leur savoir qu'elles sont importantes pour vous et demandez-leur comment elles vont. Ou écrivez-leur une note pour leur faire savoir à quel point elles sont importantes pour vous. Soyez disponible pour les personnes qui sont disponibles pour vous lorsque vous en avez besoin.

Dans les années 40 et 50, les parents haïtiens n'avaient pas d'appareils photo portables pour documenter la vie de leurs enfants. La première photo était prise dans un studio photo par un photographe professionnel à l'occasion de la première communion de l'enfant. Lors de cet événement, une fillette était vêtue comme une petite mariée et consacrait sa vie au Christ.

Ambroise ne mesurait pas plus de 1,50 mètre et souffrait du « complexe de Napoléon ». Ma mère, une femme très grande, mesurait 5 pieds 4 pouces.

Ma mère et ses deux sœurs. Toutes les trois ont contribué à notre éducation.

Les enfants d'Ambroise et de Francesca, excepté Gérald décédé avant que cette photo ne soit prise en 1979

Gerald, jeune garçon

Reginald à l'adolescence

Je suis retournée en Haïti pour dire au revoir au premier-né de mon père qui avait reçu un diagnostic de cancer (stade quatre), et j'ai été présentée à ma dernière sœur, Gladys, née de la femme de ménage de ma mère. Elle me ressemblait.

Les six filles de Francesca.

Ma nouvelle cousine Josiane et son mari Jacques à Paris, France

Chez les Silverman, je me sentais comme une princesse, même si j'étais nounou.

J'ai voyagé avec la famille et rencontré des acteurs et actrices comme Lulu du film *To Sir, with Love* avec Sidney Poitier.

Sur la route avec les Silverman

Notre mariage

Réception de Noël et mariage combinés

Jouer au tennis, notre passe-temps préféré

Célébration de la Saint-Valentin

Croisière avec mon mari Keith

La vie avec mon mari Keith et mon fils Kevin

Gloria et moi nous sommes rencontrées à l'école maternelle des garçons, et nous sommes amies jusqu'à ce jour.

La vie avec mon fils Kevin

Le Père Est bénit notre nouvelle maison.

Mon fils Kevin reçoit son diplôme de la faculté de droit. Maman est fière !

Je profite de la vie avec mon fils et sa famille.

Lors d'un congrès de l'AHCA, je suis devenue la première et la seule Afro-Américaine à avoir été élue vice-présidente de cette association nationale.

Ana et moi à notre premier gala AHCA.

Lors d'un autre congrès de l'AHCA, le conseil d'administration de la Coalition of Women a dévoilé l'image sous-titrée : « Les femmes prodiguent des soins de longue durée ». Pourtant, tous les postes de haut niveau étaient occupés par des hommes blancs.

Veronica et moi à l'une des célébrations après l'obtention de bons résultats, suite à l'enquête du Bureau de la Sénescence de Washington.

Je m'adresse à mes aînés et à mes invités avant de recevoir un appel téléphonique d'urgence.

Mes deux associés, Doc et Victor, qui croyaient en ma capacité à bâtir une entreprise solide.

Dans une atmosphère politiquement chargée, je promeus des soins de qualité pour les résidents des maisons de retraite.

Je rejoins mes aînés au Capitol Hill. Je lutte pour empêcher que la couverture Medicare ne soit éliminée pour les maisons de retraite.

Présidente et directrice exécutive de DCHCA.

Au Capitol Hill avec AHCA.

La seule fille haïtienne avec son propre billet de 300 $

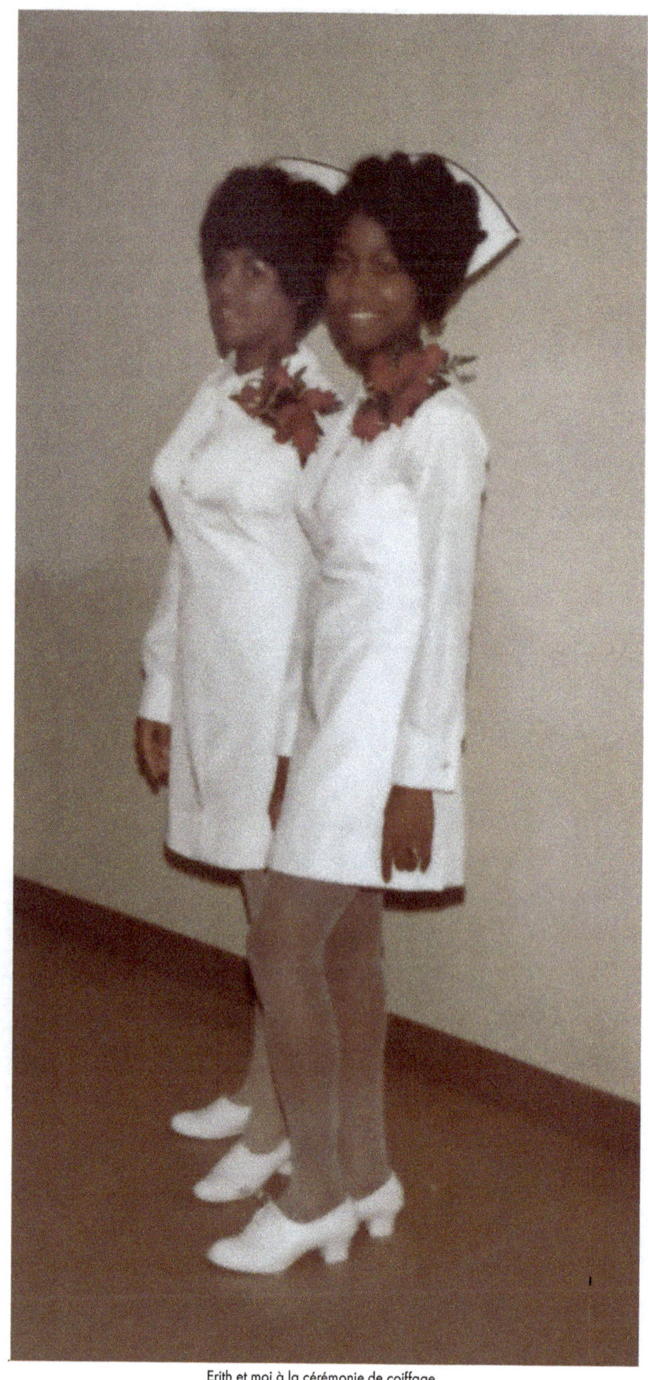

Erith et moi à la cérémonie de coiffage.

Étudiante à vie, j'ai obtenu mon doctorat.

RÈGLES POUR BIEN VIVRE

Avec une carrière et une vie familiale bien remplies, j'en avais déjà assez dans mon assiette. Pourtant, je suivis les conseils de mon mari et obtins un autre diplôme. C'était une période chargée, oui. Mais j'avais son soutien, et je savais que ce diplôme apporterait de meilleures opportunités pour moi et ma famille.

C'était aussi une période de ma vie où je devais me battre pour la justice, à la fois sur mon lieu de travail, où un administrateur semblait vouloir ma tête sur un plateau, et à l'école, où un professeur voulait que je « reste à ma place ». Je n'ai jamais été du genre à rester tranquille.

Et puis, un soir, j'ai trouvé une note sur mon oreiller avec un message qui me demandait d'appeler quelqu'un d'important, peu importait l'heure. Le lendemain, j'allai à une réunion que je n'oublierai jamais.

Règle n° 16 : Soyez intrépide et battez-vous pour ce qui est juste

La peur est un instinct vital. Elle nous avertit lorsque nous sommes en danger, mais il faut comprendre la différence entre une peur rationnelle et une peur basée sur le manque de confiance. Attention aux personnes qui utilisent leur pouvoir pour intimider les autres, comme par exemple l'administrateur de la maison de retraite où je travaillais (voir le chapitre 8, « L'expédition de pêche »). Certaines personnes prendront avantage de votre manque de confiance pour vous rabaisser et vous tourmenter. Ne vous laissez pas intimider. Vous êtes tout aussi importante que n'importe qui d'autre dans le monde. Ne gardez pas le silence. Quand j'ai su que je méritais une bien meilleure note que celle octroyée par mon professeur, Dr Smith, je me suis battue contre la mauvaise note (voir le chapitre 8, « L'expédition de pêche »). Même si je n'ai pas gagné la partie, j'ai ressenti une certaine satisfaction à faire entendre ma voix. N'ayez pas peur d'élever la voix pour vous défendre. Parfois, si vous parlez franchement et que vous êtes audacieuse, la personne à qui vous communiquez vos besoins deviendra un allié important. Surmontez votre manque de confiance et prenez une attitude positive ; vous gagnerez beaucoup plus que si vous restez effrayée et silencieuse.

Règle n° 17 : Maintenez votre réputation

N'oubliez pas que l'important ce n'est pas les gens que vous connaissez, ce sont les gens qui vous connaissent, vous. À plusieurs reprises au cours de ma carrière, ma réputation m'a aidée à surmonter l'adversité et m'a ouvert des portes qui auraient pu rester fermées si je n'avais pas travaillé pour prouver mon dévouement et mon sens de l'éthique en tant que leader dans le secteur de la santé. De façon cohérente, j'ai insisté pour que non seulement mon personnel, mais moi également, nous nous fassions un devoir de respecter certaines normes. Une fois que vous avez établi des normes élevées pour vous-même et pour les autres, les gens le remarquent. Ils prennent conscience que vous êtes une vraie professionnelle. À Washington, DC, où j'ai fondé mon entreprise, les carrières sont souvent détruites à cause d'une couverture négative dans la presse et à cause de conflits politiques. J'ai toujours été attentive à la publicité que mon entreprise recevait et je me suis fait un devoir de rester en dehors de la politique.

Mon entreprise a évité un scandale grave, qui aurait pu créer beaucoup de problèmes, mais heureusement une assistante sociale savait qu'elle pouvait me faire confiance pour gérer une situation délicate impliquant l'une de mes résidentes. Il s'est avéré qu'il y avait une explication raisonnable et nous avons résolu le problème rapidement et tranquillement (voir le chapitre 8, « L'expédition de pêche »).

Pour vous créer une solide réputation, prenez le temps de développer de bonnes relations ; ne vous croyez pas supérieure aux autres (voir le chapitre 10, « Une nouvelle réalité »). Les gens vous feront confiance si vous vous montrez digne de confiance, et si vous leur montrez que vous les respectez. Dans un cadre professionnel, le respect est quelque chose que vous gagnez en montrant votre meilleur côté.

Il est important que les gens vous respectent pour votre intellect, mais ils auront également une plus grande considération pour vous si vous prenez soin de votre corps et veillez à ce que vous soyez bien soignée et habillée. J'ai beaucoup appris sur la façon de me présenter car j'ai fait du mannequinat quand j'étais à l'université à New York (voir le chapitre 5, « École des sciences infirmières »). Soyez fière de votre apparence et assurez-vous de vous habiller d'une manière qui mène à la réussite. Une fois que j'ai commencé à encourager mon personnel en leur apprenant à s'habiller professionnellement, le moral s'est considérablement amélioré (voir le chapitre 9, « Créer une dynastie »).

CHAPITRE 8

L’Expédition de pêche

J’avais assez de quoi m’occuper, mais Keith m’encouragea à retourner à l’école.

Sa phrase préférée était : « Si tu penses qu’un hôpital t’embauchera sans une maîtrise, tu te trompes. »

Mon assiette était déjà pleine. J’étais responsable de près de 200 personnes âgées à la maison de retraite et de plus de 200 membres du personnel qui les soignaient. Mais, parce que Keith était implacable à ce sujet, je m’inscris à l’Université de Georgetown, dans un programme de maîtrise sur l’administration des services de santé. Étant donné que je travaillais déjà à titre de leader en soins infirmiers, ce programme du soir était essentiel à ma croissance professionnelle. De plus, les cours s’inscrivaient dans mon emploi du temps exigeant.

Je dus balancer simultanément plusieurs facettes de la vie et j’appris à porter plusieurs chapeaux, en compartimentant les différents aspects de ma vie afin de bien les organiser. À quatre heures de l’après-midi, j’enlevais mon chapeau de directrice des soins infirmiers pour me métamorphoser en étudiante. En rentrant de l’école, je devenais mère et épouse. Telle fut ma routine pendant deux ans alors que je tentais d’obtenir ce diplôme. Je n’oubliai jamais que j’étais avant tout une mère et une épouse, deux responsabilités que je prenais encore plus au sérieux que l’avancement professionnel. Je dus cependant sacrifier le temps de qualité que j’aurais pu passer avec ma petite famille pour atteindre mes objectifs éducatifs, sachant que je pouvais compter sur Keith, qui était mon plus grand « cheerleader ». Il attendait à la maison que Kevin revienne de son programme parascolaire pour qu’ils puissent faire ensemble les devoirs. Il préparait le dîner, faisait la lessive, nettoyait la maison et, oui, pressait mes vêtements et cirait mes chaussures. Il lisait même tous mes livres de classe pour que j'obtienne un « A » : il lisait mes rapports et me faisait des commentaires ; il critiquait de façon constructive mes dissertations. Keith était l'ange que Dieu avait chargé de prendre soin de moi. Plus je progressais, plus Keith en devenait fier.

Ambitieuse et motivée, j'en voulais toujours plus. Certaines infirmières auxiliaires conduisaient des Mercedes-Benz et des BMW, tandis que je conduisais une Pacer verte, vieille et défoncée. Je voulais une nouvelle voiture, mais la seule façon de m'en offrir une était de travailler dur pour elle. Tous les vendredis et samedis, de 11 heures du soir à 7 heures du matin, je travaillais dans l'unité de soins intensifs de l'hôpital universitaire de Georgetown pour économiser assez d'argent pour une nouvelle voiture. Entre temps, j'écrivais et je publiais plusieurs articles sur le vieillissement et l'administration des services de santé. Je devins une conférencière recherchée.

Tout comme pendant mes années d'écolière en Haïti, de bonnes notes m'importaient énormément. Lorsque j'obtins un « D » injuste pour l'un de mes cours, j'étais déterminée à contester cette note. Dans mon inimitable « style Solanges », je remis cette note en cause, allant jusqu'à m'adresser au doyen de la division des sciences infirmières de l'Université de Georgetown.

J'étais la seule étudiante noire du programme et, pendant mes deux années à l'université, je n'avais eu qu'un seul professeur de couleur. J'étais une étudiante de niveau A et B faisant montre de curiosité et de dévouement. La plupart des professeurs m'aimaient, à l'exception du Dr Smith qui vivait à New York. Une fois par semaine, elle montait à bord d'un avion-navette qui faisait l'aller-retour de l'aéroport LaGuardia à l'aéroport national (rebaptisé depuis lors « Aéroport Ronald Reagan ») pour donner un cours d'éthique et de droit, puis elle retournait à New York le même soir. Elle essayait d'être cordiale mais gardait le plus souvent une expression dédaigneuse en salle de classe, et je sus tout de suite que je ne tarderais pas à la prendre à rebrousse-poil.

Au cours de la première semaine du semestre, certains de mes camarades de classe apportèrent des exemplaires d'un journal des sciences infirmières dans lequel j'avais été publiée, et me demandèrent de leur dédicacer l'article. Bien que la session de classe n'eût pas encore commencé, je vis le Dr Smith froncer les sourcils. Alors que les étudiants se rassemblaient autour de moi, impressionnés par l'article et émerveillés par moi - une femme noire qui avait « réussi » en tant que directrice des soins infirmiers et qui fréquentait maintenant l'Université de Georgetown - je pouvais sentir le poids de l'aversion profonde de mon professeur. Je pouvais lire son langage corporel, le rictus amer de sa bouche. Les étudiants, ce soir-là, s'intéressaient trop à moi et leur manque de concentration sur le cours la mettait en colère. Même lorsque le Dr Smith présenta le matériel qu'elle avait préparé, la conversation des étudiants ne portait pas sur l'éthique ; elle s'arrêta à plusieurs reprises pour demander aux étudiants de se concentrer sur sa conférence. Elle n'était pas contente de leur enthousiasme face à mon succès. Je sentis qu'une sombre fureur s'emparait de cette femme.

« Elle est jalouse, chuchota Sandy, une brune.

– Oui, dit Caroline.

– Et tu es noire, fit Suzy qui disait toujours ce qu'elle pensait. »

Je ne gagnai jamais la sympathie du Dr Smith, malgré mon zèle dans mon travail. Lorsque l'Université de Georgetown publia une brochure qui me mettait en vedette parmi mes camarades de classe blancs, elle fut la seule à ne pas commenter sur le sujet. Nous étions au début des années quatre-vingt. Une femme de couleur photographiée dans une publication de l'Université de Georgetown pour annoncer un programme d'études supérieures ? C'était rare ! Et, apparemment, selon le Dr Smith, cela dépassait les bornes. J'étais noire, intelligente, et motivée – tels étaient mes crimes.

Le Dr Smith n'avait pas comme réputation d'être une correctrice sévère, alors, quand je reçus un « D » pour le cours, je sus qu'elle utilisait son pouvoir pour essayer de me « garder à ma place ». Quelle ironie ! Le professeur d'un cours axé sur l'éthique et l'équité violait les principes de non-discrimination dans la façon dont elle corrigeait mes devoirs. Après avoir lu ma dissertation, le doyen convint que le « D » était une note injuste. « Votre devoir n'est pas parfait, dit-il, mais, selon la rubrique, vous devriez obtenir au moins un B. » Cependant, selon la politique de l'Université, seul le professeur était autorisé à changer la note, et le Dr Smith n'était pas disposée à retourner à Washington, DC, pour s'occuper de la paperasse. Heureusement, la note n'affecta pas ma capacité à obtenir mon diplôme, donc, à la fin, j'obtins ma maîtrise. Mais cette note injuste m'irrite toujours.

Keith était implacable dans sa quête pour s'assurer que je réalisais mon potentiel. Il me poussa à étudier plus fort que je ne l'aurais fait seule et, grâce à mon travail assidu, je passai les examens nationaux et ceux de Washington, DC et obtint ma licence d'administratrice de maison de retraite. À peu près à la même époque, Jim démissionna et un nouvel administrateur fut embauché.

Lors de notre toute première réunion, Garrett, le nouvel administrateur, me lança : « On me dit que si j'espère exercer mon autorité en tant qu'administrateur, je devrais vous congédier. On me dit que vous fourrez le nez partout, dans tous les départements, et que vous mineriez mon pouvoir. Vous semblez penser que vous êtes l'administratrice. »

Je restai imperturbable. J'étais habituée aux défis. Avec un grand sourire, je répondis : « Pourquoi ne travaillons-nous pas ensemble ? Vous pouvez évaluer mes performances, puis décider par vous-même si vous devez vous débarrasser de moi. Votre évaluation personnelle doit être votre guide, pas ce que les autres vous ont dit à mon sujet. »

Nous travaillâmes ensemble pendant un certain temps, mais, au bout de trois mois, les rumeurs incessantes dans l'immeuble - et les commentaires racistes - commencèrent à affecter l'environnement de travail ; je réalisai que les ragots pouvaient devenir destructeurs pour la maison. Les conflits, réels ou perçus, peuvent nuire à la qualité des soins et, à leur tour, avoir un impact négatif sur les résidents d'une maison de retraite. Quand j'arrivai à la prochaine réunion des directeurs de département, armée de champagne et de jus d'orange pour des mimosas, j'étais décidée à confronter la situation de plein fouet. Je voulais mettre un terme à la communication triangulaire entre dirigeants et managers et à la désinformation malveillante qui pourrait à terme enflammer la situation. Je voulais arrêter les potins. Je portai un toast à Garrett pour le féliciter d'avoir réussi à passer la période probatoire. « Selon la rumeur, vous prévoyez de vous débarrasser de moi, dis-je. Je veux que les directeurs et les gestionnaires sachent que vous et moi avons une excellente relation de travail. N'est-ce pas, Garrett ? »

Mettre fin aux rumeurs était plus important pour moi que même mon poste de directrice des soins infirmiers. J'étais une infirmière autorisée qui avait une maîtrise de l'Université de Georgetown ; j'avais également beaucoup d'expérience en soins infirmiers et dans la gestion de ces soins ; j'avais un permis pour l'exercice du rôle d'administratrice au sein d'une maison de retraite. Je savais que j'étais commercialisable, mais je luttais toujours contre l'anxiété de la séparation, alors je restais dans mon poste de directrice des soins infirmiers, tolérant l'attitude de Garrett. J'étais bien consciente que la plupart des rumeurs à mon sujet provenaient de l'administrateur lui-même. Il n'aimait pas mes compétences en leadership et mon autorité perçue dans l'immeuble. Il était jaloux de mon statut dans la communauté, car la plupart de nos employés et collègues (à l'intérieur et à l'extérieur de l'établissement) me considéraient avec égard et respectaient mon opinion. J'avais des connaissances et du pouvoir, et je savais comment les utiliser pour mon développement personnel et professionnel.

Lorsque le poste d'administrateur adjoint devint vacant, j'aurais dû être immédiatement promue. J'avais prouvé que j'étais apte pour le poste grâce à de nombreuses années de travail acharné. Malgré mes excellentes qualifications, mes diplômes et licences, et ma connaissance du personnel et des résidents de la maison de retraite, ma demande fut refusée. En tant que femme noire intelligente et motivée, je constituais une menace pour Garrett, qui offrit le poste à une candidate blanche moins qualifiée, qui était infirmière autorisée mais non autorisée en tant qu'administratrice de maison de retraite dans le District de Columbia. Même si le permis d'exercice n'était pas une condition préalable au poste, dans toute autre circonstance, il aurait représenté un atout et un facteur déterminant dans la sélection. Jen avait travaillé avec l'administrateur dans un autre établissement, et de plus elle faisait partie de « l'équipe » : en d'autres mots, elle avait la peau blanche.

Garrett était déterminé à trouver une raison de me virer. Désespéré, il se lia d'amitié avec Sarah, la directrice adjointe des soins infirmiers, qui était sous ma supervision, dans l'espoir d'obtenir des informations exclusives ou de découvrir du linge sale pour justifier son plan. Je connaissais Sarah depuis des années. Lorsque j'étais directrice adjointe des soins infirmiers pour l'équipe du soir, Sarah était infirmière en charge de l'une des équipes de jour. Quand je devins directrice, je promus Sarah au poste de directrice adjointe. Ce que Garrett ne savait pas, c'est que Sarah et moi étions plus que des collègues. Nous étions de si bonnes amies que Kevin l'appelait « Tante Sarah ». Lorsque Sarah acheta sa première maison, elle nomma avec amour la balançoire de son jardin « la balançoire de Kevin », car elle n'avait pas d'enfants à elle. À la fin, elle avait offert la balançoire à Kevin.

Nous nous fîmes une promesse : nous n'allions pas permettre à l'administrateur de rompre notre amitié. En alliée fidèle, Sarah me révéla tout ce que Garrett disait à mon sujet ou semblait planifier dans ses efforts pour se débarrasser de moi. Cependant, au fur et à mesure que la situation empirait, l'administrateur se rendait compte que Sarah n'allait pas se retourner contre moi. Il joua une nouvelle carte : il embaucha une consultante afro-américaine de sa ville natale de Philadelphie. La tâche de Mme Clara était d'évaluer le département des soins infirmiers, puisque Garrett lui-même n'était pas infirmier. Elle passa quelques semaines dans l'établissement, où elle passa en revue les politiques et les procédures, et interviewa les familles, les résidents et le personnel. Elle analysa les rapports antérieurs du ministère de la Santé et appela même l'ombudsman qui confirma que le service des soins infirmiers ne présentait qu'un très faible nombre de lacunes. Tous les postes d'infirmiers étaient pourvus et l'établissement n'utilisait les services d'aucune agence de dotation extérieure. Il n'y avait pas eu de poursuites judiciaires contre l'établissement et les familles n'avaient aucune plainte, ce qui aurait été les raisons habituelles pour licencier un directeur des soins infirmiers.

Avant de quitter l'immeuble, Mme Clara me rencontra dans le cadre de sa collecte de données et se montra très aimable, me fournissant un rapport verbal sur son évaluation. Ses conclusions étaient bénignes et elle complimenta mes compétences en gestion. Cependant, elle ne me rencontra jamais en présence de l'administrateur et je ne reçus aucune copie du rapport du consultant, ce qui m'aurait permis de répondre à ses préoccupations. Malgré les résultats positifs de l'évaluation, Garrett joua une dernière carte. Il me donna la pire évaluation que j'e n'eusse jamais reçue au cours de mes dix années de travail à la Maison Washington.

J'étais livide, oui, mais j'étais en avance sur son jeu : l'intention de l'administrateur avait été claire pour Keith et moi depuis le début. J'apportai une copie de l'évaluation à la maison à mon mari et à mon conseiller et, ensemble, nous élaborâmes un plan. Garrett ne pouvait pas savoir ce que signifiait être noir aux États-Unis d'Amérique dans les années soixante-dix et quatre-vingt : nous avions été confrontés à la discrimination et à l'injustice pendant la majeure partie de notre vie. Nous n'étions pas étrangers aux défis. Nous étions des professionnels intelligents et fiers qui, à son insu, avaient documenté ses actes et ses propos malveillants qui auraient pu nuire non seulement à ma position mais aussi à ma réputation professionnelle.

Sarah m'avait prévenue de l'expédition de pêche de cet homme, et Keith et moi étions prêts. Cette bataille n'était pas la mienne seule, mais aussi celle de Keith. Parce qu'il se considérait comme mon défenseur, c'était personnel. Personne n'allait faire du mal à sa femme. Il semblait plus touché que moi par ces développements, même si c'était moi qui devais affronter Garrett quotidiennement et gérer un département malgré la tension. Keith s'inquiétait pour moi. Il appelait mon bureau fréquemment, ce qui confirmait que ce problème le tourmentait. « Quel culot, cet homme ! dit-il à propos de Garrett. Attaquer ma femme, mon ange du soleil, mettre en question sa valeur et son intégrité. » Il était furieux et déterminé à se venger. Je jurai de ne pas permettre à ces événements d'affecter ma performance, ni la prestation des soins à mes résidents. La situation me rendit plus forte et plus concentrée.

Nous contactâmes Dominic, l'un de nos amis, qui était également avocat en droit civil, pour obtenir des conseils sur la façon de procéder. Il nous encouragea à envoyer une simple lettre aux membres du conseil d'administration de la maison de retraite. « L'un des membres est un collègue, déclara Dominic. Il recevra le message. » Il écrit la lettre en mon nom, en prenant compte de nos commentaires. Il fallut quelques semaines pour obtenir les informations requises, toutes factuelles. « Il ne faut pas que tu sembles subjective, biaisée ou émotionnelle, expliqua-t-il. » Il était également important que la lettre soit claire afin que le conseil d'administration puisse prendre une décision fondée sur des faits. Il promit que si cette stratégie ne fonctionnait pas à notre satisfaction, il déposerait officiellement une plainte contre la maison et contre Garrett pour harcèlement.

Le conseil ne me rencontra jamais pour discuter de la lettre. Un avocat du conseil fut désigné par le président pour s'occuper de l'affaire. Lui et Dominic négocièrent un règlement. Dominic fit plusieurs recommandations : que l'évaluation injuste soit supprimée de mon dossier personnel et remplacée par une réévaluation impartiale qui représente fidèlement ma performance ; que je continue à travailler dans l'établissement sans aucune représailles, tant que je maintenais le même niveau de performance ; que je sois indemnisée pour défaut de promotion, puisque j'étais bien qualifiée pour le poste qui m'avait été refusé ; que je reçoive également une compensation substantielle pour les dommages-intérêts punitifs à la lumière de l'abus de pouvoir de l'administrateur. Enfin, il recommanda que le conseil paie ses honoraires d'avocat.

Le conseil accepta toutes les recommandations. Mon honneur, mon respect et ma fierté furent rétablis.

Pendant que le règlement était en cours de finalisation, j'étais à l'extérieur de la ville, pour une présentation à une convention annuelle tenue par la Gerontological Society of America. Quand j'arrivai à la maison vers minuit, je trouvai une note sur mon oreiller : je devais appeler Mme Veronica, la directrice du Bureau de la Sénescence, tout de suite, peu importait l'heure. Son numéro de domicile était également inscrit sur le bloc-notes.

***

Dans les années soixante-dix, la ville de Washington, DC, comptait une importante population de personnes âgées fragiles ayant besoin de soins. Comme il y avait plus de patients que de lits disponibles dans les maisons de retraite, les personnes âgées étaient souvent transférées à des endroits aussi éloignés que Boston ; les quelques chanceux restaient plus près de chez eux, en Virginie ou dans le Maryland. La plupart de ces personnes âgées, cependant, encombraient l'hôpital général de la ville et plusieurs hôpitaux privés. Bien que ces patients - dont beaucoup dépendaient des services du gouvernement - étaient prêts pour l'exéat, aucune maison de retraite n'était accessible pour les soins de longue durée. Cette situation créait un surpeuplement dans les hôpitaux et un manque de lits dans le département des urgences, ce qui affectait les services ambulanciers. Les ambulances étaient souvent réacheminées, car il n'y avait pas de lits disponibles pour les patients qu'elles transportaient ; ces lits étaient occupés par des personnes âgées en attente d'admission dans une maison de retraite.

Le maire était dans une situation délicate. Les défenseurs de l'AARP écrivaient dans les journaux des articles d'opinion passionnés sur la pénurie de lits, et les nouvelles du matin et du soir rapportaient la situation plus fréquemment que l'industrie ne l'aurait souhaité. Le Bureau de la Sénescence surveillait la situation de près et travaillait avec diligence pour trouver une solution. Le bureau abritait le programme Ombudsman, qui s'occupait des doléances des familles dont les proches avaient été transférés hors du District de Columbia, dans des maisons de retraite souvent trop éloignées pour permettre des visites régulières.

Enfin, une lueur d'espoir : un complexe de maisons de retraite, grand mais délabré, était vacant dans la partie nord-est de la ville. Les propriétaires de cet espace privé, confrontés aux coûts prohibitifs des rénovations, suivirent les conseils de leurs consultants et déménagèrent dans le Maryland. La Maison D.C., maintenant vacante, pourrait être la réponse aux prières du gouvernement, car elle avait le potentiel de fournir plus de 250 lits. Le Bureau de la Sénescence demanda l'approbation du maire pour acheter le bâtiment. Le besoin de lits dans les maisons de retraite était si pressant que le maire autorisa l'acquisition, malgré le coût élevé. L'achat des immeubles coûta approximativement 80.000 dollars ; les rénovations coûteraient plusieurs millions de dollars. La maison de retraite, la solution que la ville attendait, était un complexe de trois immeubles interconnectés, chacun construit une année différente. L'immeuble le plus ancien couvrait près des quatre coins d'un pâté de maisons ; il était en suffisamment bon état pour répondre à certaines exigences au niveaux fédéral et étatique, mais pas à toutes. La cuisine commerciale, encore en rénovation, était si délabrée que les cuisiniers utilisaient une petite kitchenette au premier étage, qui aurait dû être réservée à des fonctions spéciales.

Ce complexe était la deuxième maison de retraite à appartenir au gouvernement de Washington, DC. La première maison, spacieuse également, se trouvait dans le quadrant sud-est de la ville et était en proie à des lacunes, ce qui expliquait sa mauvaise réputation. Les journaux et les présentateurs de nouvelles télévisées dénonçaient souvent le fait que le gouvernement ne disposât pas de personnel agréé possédant suffisamment de connaissances et d'expérience pour gérer la maison. Pour cette raison, le Bureau de la Sénescence décida d'embaucher un entrepreneur ayant de l'expérience dans la gestion des maisons de retraite pour gérer l'établissement nouvellement acquis. Dick, le directeur, et Karen, la coordonnatrice des soins de longue durée, lancèrent un appel de propositions, puis interviewèrent et embauchèrent une entreprise à Indianapolis pour gérer la maison de retraite du Bureau de la Sénescence. Cependant, la Commission des opportunités d'affaires pour les minorités du District de Columbia (ou MBOC) exigeait que tout entrepreneur majeur, non certifié en tant que société minoritaire, sous-traite un pourcentage de sa charge de travail et engage des entreprises minoritaires agréées. Malheureusement, les entrepreneurs minoritaires étaient mal préparés et manquaient d'expérience pour mener à bien la tâche à accomplir. Dès le départ, cette maison de retraite fut confrontée à de nombreuses citations en raison de problèmes structurels (la principale raison pour laquelle les anciens propriétaires avaient quitté le bâtiment).

Ce programme MBOC en était à ses débuts. D'un côté, il ouvrit les portes aux petits entrepreneurs minoritaires qui, autrement, n'auraient jamais eu la chance d'obtenir des contrats lucratifs. D'un autre côté, bon nombre de ces petits entrepreneurs minoritaires n'avaient pas les ressources nécessaires pour mener à bien des projets à grande échelle et avaient des difficultés à coordonner les services dans un immeuble de cette taille. Il y avait un besoin urgent de formation du personnel pour accueillir les résidents entrants, mais, malheureusement, il n'y avait pas de temps pour régler le problème de la formation. Les personnes âgées devaient quitter les hôpitaux immédiatement. Les transferts vers la maison de retraite n'étaient pas bien planifiés ; les membres du personnel ne connaissaient pas bon nombre des politiques et procédures et ne savaient pas comment travailler en équipe. C'était un cauchemar logistique.

L'entreprise d'Indianapolis était située trop loin pour gérer efficacement la myriade de problèmes qui se posaient. En quelques années, cette maison de retraite confrontait un cas majeur de maltraitance des résidents et une réputation de fournir des soins de qualité inférieure, tout comme elle l'avait fait dans la première maison de retraite appartenant au gouvernement, située dans la région sud-est de la ville. Au cours d'une de ses visites, l'Administration des soins de longue durée du district releva plus d'une centaine de lacunes au sein de l'établissement. Les inspecteurs fédéraux ajoutèrent d'autres lacunes à la liste et menacèrent de fermer la maison si le district ne faisait pas en sorte que l'immeuble se conforme aux règles dans les quatre-vingt-dix jours.

Mme Veronica, la nouvelle directrice du Bureau de la Sénescence, qui avait suivi de près les événements, convoqua une réunion d'urgence pour tenter de sauver la maison de retraite. Elle et son équipe de confiance travaillèrent dur sur un plan visant à éliminer les lacunes notées par l'État et le gouvernement fédéral, dans le but de maintenir l'immeuble en fonctionnement.

« Appelle Solanges, lui dit quelqu'un. »

Il était minuit lorsque je rentrai à la maison après ma conférence sur la côte ouest et je trouvai le mot sur mon oreiller. Lorsque je contactai Mme Veronica, elle était encore éveillée, attendant impatiemment mon appel téléphonique. « On me dit que vous êtes la seule personne à pouvoir m'aider, dit-elle. »

Nous parlâmes pendant environ une heure et j'écoutai ses inquiétudes. J'acceptai de l'aider.

Le lendemain matin, à huit heures, dès mon arrivée au travail, la réceptionniste me remit un nouveau message de la directrice du Bureau de la Sénescence. « Elle a dit de l'appeler dès votre arrivée, déclara Madeleine. »

« Je peux vous rencontrer après le travail, » dis-je à Mme Veronica lorsqu'elle essaya de me convaincre de la rencontrer immédiatement. « J'étais absente la semaine entière. J'ai du rattrapage à faire. »

Mme Veronica était persistante. « De combien de temps avez-vous besoin pour cela ? » demanda-t-elle, insistant toujours sur l'urgence de la réunion.

Nous convînmes finalement de nous rencontrer à sa maison de retraite, à sept heures le lendemain matin, pour quelques heures. Je n'avais jamais eu le plaisir de rencontrer Mme Veronica en tête-à-tête auparavant. J'étais cependant une admiratrice de cette femme très éloquente. Je l'avais vue prononcer un discours passionné lors d'une réception, sans jamais regarder ses notes. Je l'avais également regardée à la télévision, témoignant devant le conseil municipal. Toujours bien habillée, généralement en rouge, elle pouvait parler pendant des heures et, pourtant, rester nette et précise, dégageant une belle et forte aura qui exigeait le respect. Alors, le lendemain, j'étais excitée d'être en présence d'une femme que je tenais en si haute estime. Je ne pouvais pas croire que Mme Veronica me demandait des conseils sur son établissement. J'étais honorée et je voulais créer une bonne impression.

Je reçus une copie de leur rapport sur les lacunes de l'immeuble. Ayant exercé dans le domaine des soins de longue durée depuis environ dix ans maintenant, je lus rapidement le rapport et j'examinai les pratiques déficientes. Je décidai de rester plus longtemps que je ne l'avais prévu pour une réunion à neuf heures. Mme Veronica avait convoqué l'administrateur, le directeur des soins infirmiers, tous les gestionnaires et autres directeurs de département à la salle du conseil pour notre réunion. La salle était remplie de gens d'humeur sombre qui avaient peur de se retrouver au chômage. Ils étaient clairement intimidés par la présence de la directrice du Bureau de la Sénescence.

C'était le moment pour moi de mettre en valeur mes connaissances et mes compétences mais, surtout, de prouver mon désir d'aider cette femme très respectée au sein de notre communauté, ainsi que les résidents âgés de l'établissement. J'identifiai les problèmes mis en évidence dans le rapport et proposai des moyens de combler les lacunes. J'offris de revenir dans l'établissement à une autre occasion pour examiner les mesures correctives planifiées, avant que l'administrateur n'envoie une mise à jour aux organismes de réglementation des soins de santé.

Il était onze heures et j'avais hâte de retourner travailler dans ma propre maison de retraite. Alors que je quittais l'immeuble, Mme Veronica me suivit.

« Je vous veux ici, dit-elle.

– Vous me voulez ici ? À quel titre ? demandai-je, abasourdie.

– Celui que vous voulez, dit-elle fermement et calmement. »

J'y réfléchis un instant.

« Travailler sous la supervision de votre administrateur actuel m'empêcherait de transformer cette institution, dis-je avec un froncement de sourcils. Je devrais agir en tant qu'administratrice et…

– D'accord !

– Que voulez-vous dire, d'accord ? D'accord quoi ? demandai-je.

– Vous pouvez être l'administratrice, répondit-elle. »

J'étais choquée. J'avais tellement de préoccupations concernant mon poste actuel, et voilà qu'arrivait cette proposition inattendue.

« Cette institution n'est-elle pas gérée par une compagnie privée sous contrat ? » J'étais intriguée par la décision de la directrice de changer d'administrateur avant même d'en parler à la société de gestion.

« Ne vous inquiétez pas pour ça, dit-elle. Je leur ai donné le contrat. Je peux le reprendre. »

Quand je montai dans ma voiture, elle se tenait toujours sur le portique de la maison de retraite. Je me mis en route pour le travail, excitée. Une si grande position…offerte sur place. Un million de pensées me traversèrent l'esprit. Peut-être n'aurais-je plus à faire face à Garrett. Peut-être que je n'aurais plus à être directrice des soins infirmiers dans un environnement hostile et raciste. Peut-être pourrais-je devenir administratrice et apporter de véritables changements qui amélioreraient la vie des résidents âgés et de leurs familles.

Quand j'arrivai au travail, bien que je fusse déjà en retard, je restai assise dans la voiture, tremblant d'étonnement. Je dus me reprendre, de peur que les autres ne s'aperçoivent de mon trouble, bien que, de toute façon, ils ne sauraient rien de ce qui se passait. J'étais déconcertée mais aussi inquiète. Je réfléchissais à voix haute. « Je n'ai jamais été administratrice, même pas en formation. Comment puis-je prendre en charge une institution aussi fragile, et en faire ma toute première expérience ? » À ce moment, j'entendis ma voix intérieure : *Pourquoi pas ? Tu es un ange, après tout, l'ange du soleil. Dieu a veillé sur toi toutes ces années. Qu'est-ce qui te fait penser qu'Il t'abandonnerait, maintenant que tu as le plus besoin de Lui ?* En un éclair, je sortis de mon état de panique et ma confiance revint.

***

Le harcèlement secret et l'attitude désagréable de Garrett se poursuivirent jusqu'à la résolution de ma plainte de harcèlement. Je devais continuer à lui faire face. Plus il me tourmentait de façon implacable, plus ma maîtrise de soi se fortifiait. Son sarcasme affectait mon esprit, mais je restais posée et gracieuse en sa présence. Je refusai de lui permettre de remporter une quelconque victoire sur moi, et je ne lui permis certainement pas d'affecter mon travail.

Dominic, notre avocat, nous informa finalement que l'affaire était réglée – un succès majeur. Heureux de la façon dont l'affaire avait été résolue, Keith et moi acceptâmes les conditions. Une condition majeure du règlement, assez importante pour le conseil d'administration, était que les deux parties s'abstiennent de discuter des détails de l'affaire avec d'autres employés. Une autre condition exigeait que nous maintenions la confidentialité concernant le montant du règlement. C'était la plus grosse somme d'argent que nous ayons jamais eue entre nos mains. Keith et moi l'utilisâmes sagement comme acompte sur notre première maison.

Je m'attendais à ce que Garrett rende ma vie professionnelle encore plus misérable qu'elle ne l'avait été, maintenant qu'il avait non seulement perdu l'affaire, mais avait également été réprimandé par le conseil d'administration. Keith et moi discutâmes du nouveau poste d'administratrice qui m'avait été offert, et je décidai d'accepter l'offre, en attendant une réunion avec la société de gestion, et le licenciement de l'administrateur qui dirigeait toujours l'institution à ce moment-là.

Quelques jours après, un représentant de l'entreprise vint d'Indianapolis pour me rencontrer. Il mena l'interview dans un restaurant de Wisconsin Avenue, près de mon bureau pour que je puisse profiter de ma pause déjeuner et rester discrète. Il expliqua les termes du contrat qui existait entre son entreprise et le gouvernement, ainsi que la philosophie, les objectifs et les valeurs de l'entreprise. Nous discutâmes également des questions de réglementation de la maison de retraite et des compétences en leadership et du style de gestion que j'utiliserais pour amener l'établissement à la conformité. Il partageait ma préoccupation : je n'avais jamais travaillé comme administratrice de maison de retraite, pas même comme administratrice adjointe.

J'expliquai toutefois que je dirigeais actuellement une maison de retraite. Je parlai des lettres que l'administrateur avait reçues de familles faisant l'éloge de mes compétences en gestion et de ma capacité à transformer le quart de soir en un meilleur environnement de travail pour le personnel et un environnement plus familial pour les résidents. Je lui rappelai que, depuis ma nomination comme directrice des soins infirmiers, j'agissais en tant qu'administratrice en l'absence de tous les administrateurs en exercice. Puis, je lançai, d'une voix neutre : « Après tout, monsieur, je suis une administratrice de maison de retraite agréée, ce qui prouve que je suis prête pour le poste. »

Il me fit un grand sourire et hocha la tête. Nous discutâmes ensuite du salaire et des avantages sociaux, de la structure des primes de l'entreprise et de l'encadrement et de la formation que je recevrais. Il était important pour le directeur du Bureau de la Sénescence que je commence à travailler immédiatement, en raison des besoins urgents de l'établissement. J'insistai pour donner le mois de préavis requis par mon employeur actuel. Avec une lettre d'offre en main, je démissionnai de mon poste de directrice des soins infirmiers, donnant à Garrett le préavis d'un mois selon le manuel des employés de l'établissement. Garrett, cependant, voulait accepter ma démission, avec effet immédiat.

Compte tenu de la pression de démarrer dans mon nouvel établissement, cette offre de démission « avec effet immédiat » aurait dû me convenir. J'aurais pu commencer à travailler quelques jours après l'offre, mais ce n'était pas acceptable pour moi. Je refusai poliment de partir brusquement comme si j'avais été renvoyée. Je ne donnerais pas à Garrett la satisfaction qu'il semblait tirer des chuchotements et des potins que cela pouvait provoquer. J'insistai sur le fait que j'avais besoin de temps pour dire au revoir à mon personnel et aux familles des résidents avec lesquels j'avais, au cours des dix dernières années, développé un lien fort. Plus important encore, j'avais besoin de temps pour préparer les résidents à mon départ.

Ces résidents étaient devenus ma famille élargie. Ils comblaient le vide créé par ma famille que j'avais laissée en Haïti et à New York. Je n'allais pas permettre à Garrett de me pousser vers la porte avant d'avoir correctement informé tout le monde de ma démission, selon mes propres conditions. Après avoir appelé mon mari, qui pensait lui aussi que je devais rester ferme, je marchai comme un sergent de l'armée vers le bureau du personnel et expliquai ma position. Le directeur du personnel servit d'arbitre et tel fut mon compromis avec Garrett : je travaillerais une semaine entière avant de quitter l'établissement. J'indiquai clairement que refuser ma demande serait considéré comme une mesure de représailles et que j'étais disposée à présenter mes doléances devant le conseil d'administration. Garrett savait à quel point je pouvais être déterminée, alors il céda. Je fixai la date de mon départ.

Le lendemain matin, j'annonçai lors de la réunion des directeurs de département que je partais. Compte tenu de l'animosité de l'administrateur à mon égard depuis sa nomination, ce n'était pas une surprise pour mes collègues que j'en avais finalement assez. J'avertis ensuite le personnel infirmier de mon départ, d'abord l'équipe du matin, puis l'équipe du soir. J'attendis minuit pour rencontrer les employés de nuit. Je passai la semaine à prévenir les familles que je rencontrais dans l'immeuble. Je me fis un devoir d'aviser les résidents qui, je le savais, seraient affectés par la séparation. Je passai également du temps avec certains des résidents à qui je n'allais pas forcément manquer, mais qui me manqueraient énormément. Enfin, je passai du temps avec les résidents qui me manqueraient mais qui étaient incapables de s'exprimer.

Travailler dans une maison de retraite, à tous les niveaux, requiert une personnalité particulière. Le travail peut être très éprouvant. En général, les employés d'une maison de retraite sont compatissants, compréhensifs et aimants. Ils peuvent devenir très attachés à certains résidents et pleurer le décès de certains résidents avec la même intensité qu'ils pleureraient la mort d'un membre de leur famille immédiate. Souvent, les employés d'une maison de retraite assistent aux funérailles des résidents avec lesquels ils se lient d'amitié.

Une résidente était très proche de mon cœur. Son nom était Mme Parnaby et elle avait presque quatre-vingt-dix ans. Elle avait été infirmière autorisée dans sa jeunesse et, dans ses délires, elle croyait encore pratiquer les sciences infirmières. Je l'avais surnommée « superviseur », un titre qu'elle chérissait en marchant aux côtés des infirmières qui distribuaient des médicaments. Je passai la semaine à bavarder, à rire et à verser beaucoup de larmes. La séparation avait toujours été une émotion difficile à gérer pour moi, et celle-ci était incroyablement douloureuse.

Lors de mon dernier jour en tant que directrice des soins infirmiers, mon personnel m'offrit la plus grande et la plus incroyable fête de départ à la cafétéria des employés. Comment cette fête avait-elle été organisée dans un délai aussi court ? Je ne savais pas. Mais j'étais contente de ne pas avoir permis à un homme cruel de nous priver de ce moment. Rétrospectivement, c'était une bataille qui valait la peine d'être menée, pour une conclusion réussie. J'avais passé dix années mémorables dans l'établissement. Comment aurais-je pu permettre à cet homme blanc partisan, sectaire et peu sûr de lui de me voler de bons souvenirs en m'éloignant sans dire adieu ? Je raffolai de la nourriture faite maison et des plats de Roy Rogers et d'Almonds Pizzeria. Il y avait des boissons non alcoolisées et, oui, il y avait même des cadeaux. J'ai gardé ces cadeaux pendant des années et je me souviens encore de ceux qui me les ont offerts. C'est avec fierté que je montre mes verres à vin à longue tige et que je dis : « Ceux-ci, oh ! Oui, un cadeau de Mme McAlvin, l'une de mes infirmières auxiliaires. » Ou je dis : « Ce vase m'a été offert par Mme Rio. Elle était infirmière auxiliaire. Nous avons travaillé ensemble il y a des décennies. »

Ma forte foi catholique m'avait dirigée vers cette maison de retraite et, comme une enfant obéissant à ses parents, je m'étais conformée. Je savais qu'un Esprit marchait à mes côtés et me guidait à travers toutes mes tribulations. J'étais entrée dans cette maison de retraite avec l'intention d'y travailler pendant seulement trois mois, en attendant que je trouve un poste en urologie dans un hôpital de soins actifs. Dix ans plus tard, j'étais experte dans un nouveau domaine. Keith prenait plaisir à me taquiner, disant que je n'avais aucune compétence en conversation, sauf pour le jargon des maisons de retraite. Je ne lisais que les lois et règlements concernant les maisons de retraite, les politiques et procédures concernant les maisons de retraite, les magazines concernant les maisons de retraite et tout ce qui se rapportait à la vie des maisons de retraite. J'étais devenue une experte dans mon domaine, en m'occupant des personnes âgées et fragiles. Prendre soin d'elles était devenu ma passion, ma vie. En tant qu'infirmière, j'aimais aider tout le monde, mais aider les personnes âgées m'apportait une sorte d'épanouissement sans pareil.

APPLIQUEZ LES RÈGLES !

Règle n ° 16 : Soyez intrépide et battez-vous pour ce qui est juste

Réflexion : Rien ne me gêne

Parfois, lors de leur voyage vers l'immense océan, les petites tortues de mer doivent traverser de profonds fossés dans le sable pour atteindre l'eau. Elles ne s'arrêtent pas dans leur course vers l'océan ; elles continuent à avancer en dépit de tout et sautent par-dessus les fossés dans leurs efforts pour atteindre leur destination. Et, si elles tombent en chemin et atterrissent sur le dos, elles se retournent et continuent. Elles ne s'arrêtent pas pour essuyer le sable de leur corps. Elles sont trop occupées à se battre pour se rendre dans l'eau pour s'en soucier. Continuez à vous battre pour atteindre vos objectifs, même si vous vous salissez un peu. Vous aurez le temps de vous rafraîchir une fois que vous aurez atteint votre destination.

- Identifiez les personnes dans votre vie qui vous intimident lorsque vous devez les confronter à travers un problème. Demandez-vous de quoi vous avez vraiment peur. Quel est le pire qui pourrait arriver si vous parliez et disiez comment vous vous sentez ? Trouvez un miroir et entraînez-vous à leur parler. Soyez sincère. Utilisez « Je ressens… » comme point de départ et dites ce que vous ressentez lorsque vous êtes près d'elles, et pourquoi. Ensuite, la prochaine fois que vous serez face à face avec l'une d'entre elles, regardez-la dans les yeux quand elle vous parle. Si vous n'êtes pas prête à parler, commencez par rencontrer son regard. N'oubliez pas qu'il est important de garder vos émotions sous contrôle. Ne montrez aucune peur.
- Trouvez une cause qui compte pour vous et impliquez-vous. Parfois, un engagement minimal de temps peut faire une grande différence. De quoi vous souciez-vous dans votre communauté ? Dans le monde ? Pouvez-vous trouver une heure ou deux par mois pour mettre l'énergie positive dans la bonne direction ?

Règle n ° 17 : Maintenez votre réputation

Réflexion : J'ai un représentant à protéger

La tortue serpentine a une mauvaise réputation en raison de sa mâchoire impressionnante et de son comportement défensif sauvage, mais voici son grand secret : elle veut surtout être laissée en paix. En fait, elle est assez timide. Dans l'eau, elle évite les humains et s'éloignera si les gens se rapprochent. Mais sur terre, lorsqu'elle se dirige vers son site de nidification ou s'en éloigne, une tortue serpentine est vulnérable, et si on la dérange ou la maltraite, elle grincera des dents et vous mordra. Malgré sa réputation, la morsure de la tortue serpentine ne fait pas très mal aux humains. Dans ce cas, cette mauvaise réputation est une bouée de sauvetage. La plupart des gens ne joueront pas avec une tortue serpentine, car la rumeur dit qu'elle est très féroce. Gardons cela secret, cependant ; nous ne voudrions pas nuire à sa réputation.

- Pensez à la façon dont vous voulez que les autres vous voient. Comment cela entre-t-il en conflit avec votre comportement ? Si vous voulez avoir l'air confiant, vous agiter ou vous ronger les ongles peut ne pas projeter cette image aux autres. Identifiez les domaines dans lesquels votre comportement ne correspond pas à ce que vous voulez que les gens remarquent à votre sujet, puis concentrez-vous sur la mise en valeur de vos meilleurs attributs. Par exemple, si vous voulez avoir l'air confiant, entraînez-vous à vous tenir droit et à parler clairement et avec force. Ces choses prennent du temps, alors soyez patient avec vous-même.
- Rendez-vous dans un salon de beauté et faites-vous plaisir. Trouvez un styliste qui vous aidera à trouver un look qui projette l'image que vous voulez que les autres voient. S'il est temps pour une nouvelle garde-robe et que vous ne pouvez pas vous permettre un placard complet rempli de nouveaux vêtements, rendez-vous dans un magasin de consignation et trouvez un ou deux articles qui sont élégants, qui vous vont bien et dites que vous êtes quelque chose qui vaut la peine d'être examiné deux fois.

RÈGLES POUR BIEN VIVRE

Dans le chapitre suivant, je prends officiellement la relève en tant qu'administratrice de la maison de retraite, et j'ai comme défi de transformer ce lieu. Je veux être fière du travail accompli et je m'acharne donc afin de redresser la mauvaise situation dans laquelle se trouve cette maison.

Mais il y a beaucoup plus que ma fierté en jeu. Le bien-être et la satisfaction de mes résidents deviennent une préoccupation majeure pour moi. De grands changements se produisent dans mon domaine, révolutionnant les soins reçus par les résidents, et je reste à l'avant-garde de la promotion de ce changement. Une fois que je vois les changements survenus dans cette première maison prise en charge, je jette mon dévolu sur un cheminement de carrière qui me donnera plus d'autonomie et me permettra de construire une dynastie.

Règle n ° 18 : Devenez un détective

Lorsque mon entreprise s'est chargée de la gestion des maisons de retraite du Bureau de la Sénescence, nous avons fait face à une situation inquiétante : la mauvaise gestion était le *modus operandi*, et les problèmes semblaient insurmontables. Souvent, les causes des problèmes n'étaient pas immédiatement apparentes. Je devais me convertir en détective pour trouver des moyens de mettre les maisons en état bon fonctionnement - et je devais agir vite. Il est important, quel que soit le secteur dans lequel vous travaillez, de toujours vous tenir au courant des changements de politique ou d'opérations. Mieux encore : faites des changements là où vous le pouvez ; rédigez une nouvelle politique ; trouvez de meilleures façons de fonctionner. Il est impératif d'être astucieux. Lorsque nous avons repris les reines au Johnson Home, mon mari Keith s'est entretenu avec tout le monde dans la maison de retraite, en partie pour établir des relations, mais aussi pour identifier les problèmes afin que nous puissions les résoudre plus facilement (voir le chapitre 11, « Comment avons-nous fait ? »). Faites attention à ce qui se passe autour de vous. Dans mon entreprise, nous avions un plan d'attaque pour les problèmes que nous avions identifiés :

1. Évaluation du problème.

2. Rédaction d'un plan pour sa résolution.

3. Mise en œuvre du plan.

4. Évaluation des résultats et quête d'une solution à tout problème persistant.

J'ai trouvé que le développement d'un style de gestion cohérent était efficace pour gérer les problèmes qui se posaient avec mon personnel (voir le chapitre 9, « Créer une dynastie »). Lorsque vous êtes cohérent avec la façon dont vous pratiquez la gestion, les gens vous font confiance, et ils vous suivent (voir chapitre 10, « Une nouvelle réalité »). Il est également important que vos employés se sentent autonomes.

Une grande partie de mon rôle dans mon entreprise consistait à identifier les faiblesses de mon personnel, à les rééduquer et à leur donner la responsabilité de gérer leurs tâches (voir le chapitre 9, « Créer une dynastie »).

Parfois, vous rencontrerez des problèmes qui surgissent de nulle part et nécessitent un contrôle des dégâts (voir chapitre 13, « Tout a une fin »). Que faites-vous alors ? Vous redevenez détective ; vous évaluez le problème, rédigez un plan, etc.

CHAPITRE 9

Créer une dynastie

Lorsque l'administrateur de la maison de retraite du Bureau de la Sénescence fut congédié, je jouai un rôle déterminant en m'assurant que lui aussi puisse jouir d'une semaine pour bien faire ses adieux. Je voulais que la transition soit aussi fluide que possible. Je passai cette semaine dans le bureau de Mme Veronica, à parcourir tous les documents provenant de la maison de retraite. Une fois que je devins l'administratrice officielle de l'institution, j'étais prête à relever le plus grand défi de ma vie professionnelle.

Lundi matin, j'accrochai fièrement ma licence d'administratrice de maison de retraite, nouvellement encadrée, sur le mur du hall de la maison de retraite du Bureau de la Sénescence. Ce n'est qu'alors que j'appelai ma meilleure amie Sarah, maintenant directrice intérimaire des soins infirmiers à la Maison Washington, mon ancien lieu de travail, pour lui faire part de mon nouveau poste.

Le lendemain, elle me rappela pour me raconter une anecdote :

Lors de la réunion des directeurs de département et des gestionnaires, quand ce fut son tour de prendre la parole, Sarah déclara : « J'ai une annonce à faire. » Elle fit une pause pour attirer l'attention de tout le monde. « Depuis hier, Solanges Vivens a été nommée administratrice de la maison de retraite du Bureau de la Sénescence. »

Sous le choc, mon harceleur dit : « Administratrice ! Vous voulez dire directrice des soins infirmiers ? »

J'imaginais le sourire narquois de Sarah. « Oh non ! Elle est l'administratrice là-bas. »

Garrett s'était presque évanoui.

Nous éclatâmes de rire.

Rira bien qui rira le dernier, dit-on. Je prends plaisir à raconter cette histoire. Cela me fait encore rire d'imaginer son rictus amer quand il reçut la nouvelle : j'étais devenue son pair.

J'avais été l'enfant la plus chanceuse du monde. Mon père avait raison : il y avait eu une étoile spéciale dans le ciel la nuit avant ma naissance. J'étais toujours au bon endroit, au bon moment, dans l'étreinte chaleureuse de l'ange du soleil. Je savais que l'ange ne me quitterait pas alors que je me préparais pour le défi à venir. Dieu seul savait ce à quoi j'allais être confrontée. Je n'avais aucune expérience en tant qu'administratrice de maison de retraite. L'établissement était sous un microscope, surveillé par l'Administration des soins de longue durée de DC, le bureau régional des inspecteurs fédéraux pour les maisons de retraite, le siège social de la société de gestion qui m'avait embauchée, la directrice du Bureau de la Sénescence, le programme Ombudsman, AARP, et le bureau du maire - sans oublier le *Washington Post* et les nouvelles du matin et du soir. Tous ces regards étaient extrêmement stressants.

Je ne fus pas intimidée. J'avais appris un système de valeurs fort de mes parents. J'avais appris à être dure en ayant à défendre mon individualité parmi mes nombreux frères et sœurs ; je devais ma sophistication à la famille Silverman avec laquelle j'avais vécu, et à l'influence de ma marraine. Quant à mon style de gestion, je l'avais acquis en travaillant comme infirmière autorisée à l'hôpital du Mont Sinaï. J'avais gagné en assertivité en travaillant indépendamment en tant qu'infirmière clinicienne au Centre de réadaptation Burk dans le nord de l'État de New York, et en persévérance à maîtriser toutes les règles et réglementations au cours de mes études à l'Université de Georgetown, et mes compétences en leadership en tant que directrice des soins infirmiers dans un environnement hostile. Je savais que je pouvais appliquer toutes ces qualités à la tâche à accomplir et redresser cet établissement, même lorsque les obstacles semblaient insurmontables.

Lors de ma première soirée dans l'établissement, je fus accueillie par une infirmière auxiliaire autorisée. Elle me regarda dans les yeux et dit : « Nous comprenons que vous ayez de la classe. Mais nous n'avons pas besoin de votre classe ici. Nous avons besoin d'argent. »

Le visage impassible, je répondis : « Je comprends. Mais l'argent viendra avec la classe. Vous devez d'abord être classe si vous voulez de l'argent. »

Je lui souris et continuai à faire ma tournée pour rencontrer les résidents et le personnel.

Je ne vais pas me laisser ralentir, me promis-je.

Et je gardai ma promesse. Je travaillais comme administratrice depuis quatre-vingt-dix jours lorsque je reçus un appel de ma collègue Mme Paula, directrice d'une autre maison de retraite.

Elle rigola :

« Je viens d'être payée.

– Pour quoi ? demandai-je, perplexe.

– J'avais parié sur toi, dit-elle. Je savais que tu parviendrais à tenir quatre-vingt-dix jours. »

Apparemment, beaucoup de gens dans la ville avaient parié que, compte tenu de mon inexpérience, je ne tiendrais pas longtemps à ma place. Certains avaient misé sur trente jours, certains sur soixante. D'autres, comme Mme Paula, qui connaissaient mes compétences cliniques et administratives, ma force, mon caractère et mes capacités de leadership, croyaient que je réussirais ; elle avait choisi le pari le plus long : quatre-vingt-dix jours.

« Ce que beaucoup de gens ne réalisent pas, dis-je, c'est que je ne sais pas comment épeler le mot échec. Ce mot ne fait pas partie de mon vocabulaire professionnel. »

J'étais tenace, ambitieuse et motivée. Je fonctionnais au mieux dans des situations extrêmement difficiles, ce qui avait fait de moi une bonne infirmière en soins intensifs. Dès le premier jour, j'avais exploité l'adrénaline du stress pour réussir. Au bout de six mois, l'homme qui m'avait interrogé pour le poste arriva d'Indianapolis pour me féliciter d'avoir transformé l'établissement. Il me fit deux cadeaux énormes : le premier fut une grande augmentation de salaire ; le deuxième fut la suggestion que je forme une société afin de soumissionner pour le contrat de gestion de l'établissement.

« Notre contrat expire l'année prochaine, expliqua-t-il, et mon entreprise n'a pas l'intention de soumettre une nouvelle application. Nous sommes trop loin pour réussir dans cette ville. »

Il était tellement impressionné par ma performance qu'il suggéra que je crée une entreprise et que je soumissionne pour le contrat. Il proposa de me guider dans cette nouvelle entreprise.

Le *Senior Beacon*, un magazine renommé pour les personnes âgées, publia un article qui récapitula l'histoire de l'établissement et tous ses progrès sous ma direction ; l'article inclut une photo de moi. Jusqu'alors, les médias n'avaient rapporté que les échecs et les lacunes des maisons de retraite médicalisées ; cet article représentait donc une victoire pour les actionnaires concernés.

***

Mettre les choses en ordre représentait un défi. Notre personnel médical était composé d'un consortium de trois universités. Ces médecins universitaires - des hommes aux grands égos - partageaient le même espace, se disputant le pouvoir dans une remarquable bataille pour le territoire. La situation était aggravée par la présence de trois infirmières praticiennes qui se battaient, elles, pour l'autonomie de pratiquer sans trop de surveillance. Pour redresser l'institution, je devins rapidement chasseur : je partis en quête de proies et je diminuai le troupeau en éliminant les traînards, les plus faibles. Mon objectif était de déceler toute mauvaise gestion dans cet établissement et de l'éliminer tout en veillant à ce que les résidents reçoivent des soins de qualité.

Je démantelai le consortium, ce que tout le monde pensait impossible en raison du pouvoir des universités et de leurs relations politiques dans la ville. Avec certaines données en main, je pus articuler certains problèmes et résilier immédiatement deux contrats universitaires ; j'en renouvelai un autre, et l'équipe médicale universitaire restante fut chargée de s'occuper de l'ensemble de l'établissement. À l'aide de mes connaissances approfondies en sciences infirmières, j'évaluai ensuite le département des soins infirmiers ; j'élaborai et mis en œuvre un plan d'action que seule moi, infirmière administratrice, aurais pu réaliser. Mon prédécesseur n'avait pas été infirmier. Sans le genre d'expérience que je possédais, il avait été mal équipé pour gérer ces changements.

En revanche, j'utilisai mes atouts de leadership et mes connaissances cliniques comme un avantage pour y arriver.

Cette maison de retraite comptait un directeur des soins infirmiers, trois directeurs adjoints des soins infirmiers, neuf infirmières autorisées (chacune affectée à l'une des neuf unités de soins infirmiers) et trois infirmières praticiennes autorisées. Je citerai ici un proverbe : « Plus on est de poux, plus on se gratte ». *Tant de professionnels agréés de haut niveau se font trébucher les uns les autres*, pensai-je, et pourtant l'établissement présentait plus d'une centaine de lacunes. Il y avait trop de médecins et d'infirmières, travaillant sans aucune coordination entre eux. Les infirmières praticiennes faisaient souvent fi des ordonnances des médecins, réécrivant même ces ordonnances si fréquemment que les unités de soins infirmiers ne pouvaient pas suivre les changements et administraient souvent le mauvais traitement ; les infirmières autorisées comptaient tellement sur les infirmières praticiennes qu'elles n'étaient plus des penseuses indépendantes. Soit par omission, soit par application excessive, cette situation avait créé des lacunes majeures. Ainsi, en plus d'annuler le consortium, je licenciai les trois infirmières praticiennes, ce qui permit à l'établissement d'économiser une grosse somme d'argent. Outre les problèmes de gestion et de soins, l'établissement affichait également un déficit énorme de près de deux millions de dollars, ce qui rendait difficile l'augmentation des salaires.

Malgré mes tâches exigeantes d'administratrice, je continuai à publier et j'acceptai des engagements supplémentaires en tant que conférencière. Je devins également infirmière enseignante afin d'aider mes infirmières à devenir le genre de leaders que j'imaginais. Je créai un plan éducatif et je le mis en pratique : chaque mercredi, je convoquais les infirmières autorisées qui laissaient leurs unités pour se réunir dans une salle de classe, où j'enseignais l'art du leadership. Une maison de retraite, soulignais-je, est une maison de soins infirmiers, et ce sont les infirmières qui sont les gestionnaires des soins, pas les médecins. Les résidents, je leur appris, devaient être le noyau, et les infirmières autorisées la première couche qui entoure le noyau. Tout le monde devait se présenter d'abord à l'infirmière autorisée responsable de l'unité avant d'approcher les résidents.

J'habilitai ces infirmières à faire preuve de leadership et, avant longtemps, elles commencèrent à prendre le contrôle de leurs unités de soins infirmiers. En l'espace de six mois, des changements dans l'établissement étaient perceptibles. Les résidents et leurs familles étaient heureux, tout comme les membres du personnel lorsqu'ils reçurent une augmentation après que j'eus mis fin aux postes inutiles. Ma philosophie dans le milieu des soins aigus a toujours été *un personnel heureux, des patients heureux* et des patients heureux guérissent plus rapidement. De plus, le bonheur des résidents causait le bonheur de leurs familles, et les familles heureuses ne poursuivaient pas l'établissement en justice. Le résultat final de cette équation était des actionnaires heureux. Une situation gagnant-gagnant pour tous.

Avec cette mentalité, je relevai tous mes défis, petits et grands, avec des résultats positifs. Dans le grand schéma des choses, le sureffectif, la mauvaise coordination des soins, le moral bas des employés et les conflits interpersonnels étaient les petites bêtes que je pus éliminer rapidement. Cependant, j'étais confrontée à une question plus difficile et plus subjective : l'établissement avait deux camps, les blancs et les noirs.

Le travail d'équipe n'était pas pratiqué par les employés, et les groupes se tenaient séparés les uns des autres, même pendant le déjeuner. L'animosité et le manque de respect existaient entre eux dans une culture « il a dit, elle a dit ». Dans un effort pour décourager les commérages rampants, je présentai ma pratique de la gestion circulaire : chaque fois qu'un conflit impliquait plus d'une personne, je réunissais toutes les parties en cercle pour discuter ouvertement de la question ; cela aidait à garder toutes les histoires droites et à éliminer également les cas de communication triangulaire et de pointage du doigt.

Avant que la gestion circulaire ne devienne le *modus operandi* officiel, le personnel essaya de m'impliquer dans les ragots de l'institution.

Un après-midi, une femme de ménage entra dans mon bureau, demandant à me parler. Je lui offris un siège poliment, prête à écouter ses inquiétudes.

La conversation, cependant, commença avec l'employée me disant : « On m'a dit que vous aviez dit ... »

Je l'interrompus rapidement. « Arrêtez. Si vous êtes ici pour répéter ce qu'un autre employé vous a dit, je vous demanderai de quitter mon bureau et de revenir avec votre collègue. Je veux que vous me disiez tout devant lui ou elle pour vous assurer qu'il n'y a pas de malentendus.

– Je ne peux pas faire ça, répondit-elle.

– Dans ce cas, ma chère, je ne peux pas vous aider. Je ne veux pas avoir d'ennuis. »

Je savais que je ressemblais à une demoiselle en détresse, l'un de ces personnages de films craignant pour leur vie.

« Vous ne voulez pas me causer d'ennuis, n'est-ce pas ? demandai-je.

– Comment ? Vous êtes l'administratrice. Comment pourriez-vous avoir des ennuis ? »

À ce moment-là, je lui expliquai la différence entre la gestion circulaire et la gestion triangulaire jusqu'à ce que l'employée comprenne le danger de répéter ce que les autres avaient dit. Je partageai avec elle les résultats de « l'expérience téléphonique », qui avait prouvé qu'une conversation pouvait complètement changer de sens, en passant de l'auteur d'une déclaration, à travers une chaîne de répétitions mal interprétées, pour arriver au dernier destinataire.

En peu de temps, les commérages se calmèrent considérablement dans l'immeuble et la confiance se développa en conséquence.

Le personnel était curieux de voir comment j'allais aborder les problèmes de couleur et de classes sociales. Au lieu d'aborder ces problèmes de front, je mis en œuvre de petites étapes avec d'excellents résultats.

Tout d'abord, je me concentrai sur le code vestimentaire. Une disposition du contrat gouvernemental prévoyait une indemnité pour les dépenses effectuées par les membres du personnel pour leurs uniformes. Cependant, dans de nombreux cas, leur apparence était encore déplorable. Un employé s'était une fois présenté au travail avec un t-shirt Mickey Mouse au lieu de son uniforme, pensant que c'était acceptable. Passant mon bras autour des épaules de l'employé, je lui avais discrètement murmuré à l'oreille qu'il n'était pas en uniforme. « Vous devez partir. Rentrez chez vous, revêtez l'uniforme de l'établissement, puis revenez au travail. »

Quand un employé s'habillait convenablement, je félicitais bruyamment son apparence professionnelle. Je le faisais si souvent que certains employés commencèrent à s'habiller à neuf, à la recherche de compliments de ma part. J'allai jusqu'à organiser un défilé de mode pour les employés, modelant des vêtements de travail appropriés.

Un jour, je complimentai Chikita, une ancienne aide infirmière qui travaillait maintenant comme commis d'unité et n'avait plus besoin de porter un uniforme. Je voyais qu'elle était très contente de sa promotion : son maquillage était impeccable ; elle portait un complet noir à fines rayures, une chemise blanche bien pressée et des escarpins noirs.

Alors qu'elle passait devant un groupe d'employés de la cafétéria, je l'interpelai. « Sensationnel ! Chikita, vous êtes si jolie ! Vous devez avoir un petit ami dans l'immeuble. »

Elle répondit fort, pour que tout le monde entende : « N'est-ce pas ce à quoi vous vous attendez ? »

À ce moment-là, je me dis : « Oui ! Ça marche. »

S'habiller bien devenait contagieux ; tout le monde était sur son trente-et-un. Même ceux en uniforme étaient fiers de paraître sous leur meilleur jour. En guise d'encouragement, je mis en place un « Prix de la Mode » mensuel, et la plaque flottait d'une unité à l'autre. Le désir de mériter la plaque était si grand que les unités concouraient pour remporter le prix. Quant à moi, j'ai toujours réussi à paraître plus jeune que mon âge. A cette époque, je tirais mes longs cheveux en queue de cheval, les retenant par une barrette. J'avais une barrette différente pour correspondre à chaque « tenue du jour ». À ma grande surprise, un matin, je réalisai que toutes les employées, à tous les niveaux d'emploi, avaient les cheveux tirés en arrière en queue de cheval, attachés avec une barrette. J'étais flattée. Ce geste était un signe d'amour et d'acceptation. Même si j'étais très dure avec mes employés, ils appréciaient mon leadership et les changements positifs que je mettais en œuvre.

Tous les mardis, je dirigeais la réunion hebdomadaire des directeurs de département, semblable à celle à laquelle j'étais habituée à la Maison Washington. Le deuxième mercredi du mois, je rencontrais les directeurs et, le troisième mercredi, le Cabinet, qui comprenait également les directeurs. Ces réunions visaient à favoriser une meilleure coordination et à réduire les problèmes de couleur et de classes sociales, car il y avait de nouvelles divisions entre le personnel blanc et noir, entre les mieux rémunérés et les moins bien payés. Je réussis à amener tous les employés sur le même terrain. Nous évoluions progressivement vers l'équipe cohésive que j'avais imaginée.

Je pris également tous les cas de démission très au sérieux, déterminée à découvrir la vraie raison de chaque départ. Lors d'une entrevue de résiliation volontaire, une infirmière autorisée expliqua que l'établissement ne payait pas suffisamment. Lorsque les employés avaient besoin d'argent supplémentaire, ils s'attardaient dans l'unité après l'heure de départ fixée, pour forcer les heures supplémentaires, sans travailler au besoin. Forte de ces connaissances, je créai immédiatement une nouvelle politique : les heures supplémentaires devaient être approuvées à l'avance par le supérieur immédiat de l'employé, sauf dans le cas des appels de dernière minute, quand les infirmières devaient rester parce qu'un collègue était malade. Lorsque je demandai aux employés et aux superviseurs de signer et de dater un formulaire d'heures supplémentaires, les frais payés par la maison pour les heures supplémentaires diminuèrent considérablement. Avant mon arrivée, les heures supplémentaires dépassaient le montant budgété. J'augmentai l'allocation pour mieux gérer l'institution, au lieu de laisser les employés gérer ce volet.

Lors d'une autre entrevue de départ, j'appris d'un récréothérapeute que les employés planifiaient souvent à l'avance quelles questions me poser lors des réunions mensuelles, car ils essayaient de déterminer si j'étais simplement rusée ou vraiment intelligente.

« Et qu'avez-vous conclu ? demandai-je. »

Elle répondit qu'ils étaient incapables de me décrypter, parce que je semblais avoir réponse à tout. La clé, je dis, était de travailler en réseau avec chaque membre du personnel interne, à tous les niveaux, et avec des collègues externes qui me portaient conseil et devenaient indirectement des participants actifs de ma croissance personnelle.

Parce que j'étais le mentor de plusieurs membres de mon personnel, chaque mot que je prononçais avait du poids et de la valeur. À un moment donné, beaucoup de gens partaient et nous organisions toujours une fête d'adieu. Un jour, lors d'une de ces soirées, j'attrapai le micro et je fis une blague : « À partir de maintenant, plus de fêtes d'adieu ; nos fêtes, nous les organiserons uniquement pour les nouveaux employés. » Je plaisantais, mais mes employés prirent mes paroles à cœur.

Peu de temps après, lorsque Mr. Peterson, du département de Provisions, démissionna, un employé vint me voir et me dit : « Je suis venu vous demander la permission d'organiser une fête, car Mr. Peterson a démissionné.

– Attendez une minute, lui dis-je. Depuis quand avez-vous besoin de ma permission ?

– Mais vous avez dit qu'il n'y aurait plus de fêtes, répondit l'employé. »

Bien sûr, on organisa une fête de départ pour Mr. Peterson, mais cela signifiait beaucoup pour moi que mes employés accordent une telle importance à ce que je leur disais. Je réalisai que j'avais construit une équipe solide et soudée, et que j'avais gagné leur respect. À l'avenir, je me fis un devoir de faire plus attention à ce que je disais en plaisantant.

Nous étions en novembre et maintenant, en équipe, nous planifions un dîner de Thanksgiving pour les résidents. Lors de l'une des réunions générales du personnel, j'annonçai que la cafétéria des employés serait fermée afin que nous puissions tous manger ensemble, en famille, dans la salle polyvalente.

Un employé lança du fond de la pièce : « Voulez-vous dire que nous devons manger avec eux ? Nous n'avons jamais mangé avec les résidents auparavant. »

Alors, je réalisai que je n'avais pas deux camps ; j'en avais trois.

Le visage impassible, je répondis : « À partir d'aujourd'hui, il n'y aura plus d'*eux* ; il n'y aura que *nous.* »

Avant mon arrivée à la maison de retraite, le personnel ne mangeait jamais avec les résidents. En fait, avant le milieu des années 1980 dans la plupart des maisons de retraite en Amérique, les résidents étaient traités comme des patients, séparés du personnel, avec très peu de choix.

J'étais intéressée par un changement dans le modèle de soins de longue durée, par une philosophie suédoise appelée « normalisation », adoptée plus tard aux États-Unis comme « changement de culture ». Ce modèle englobait les patients traités individuellement, et le personnel était encouragé à favoriser une plus grande indépendance de la population résidente. Je voulais que les repas familiaux deviennent la norme, pas seulement pendant les vacances, mais tout au long de l'année. La « normalisation » a par la suite révolutionné les soins résidentiels de longue durée et favorisé des changements radicaux dans le domaine de la santé, amenant au bonheur général des résidents, ce qui a conduit à moins de crises de comportement et a eu un impact radical sur l'industrie des soins de santé à long terme à l'échelle mondiale. C'était à peu près la même chose que de prendre quelqu'un qui était traité comme un spécimen de laboratoire et de lui donner une certaine dignité, et la différence que cela faisait dans leur vie était remarquable.

Le jour de la Thanksgiving, des bénévoles aidèrent les familles à amener les résidents à la salle polyvalente. Comme tout le monde mangeait ensemble, cela devint une occasion joyeuse. Nous servîmes le cidre de pomme pétillant de Martinelli dans des verres en plastique fantaisie. Cela rappela à l'employée qui avait dit que nous n'avions « pas besoin de classe » qu'elle travaillait maintenant dans une maison de retraite chic. Le lendemain matin, une résidente refusa de se lever. Lorsqu'une infirmière lui demanda pourquoi, elle affirma : « Je suis allée à une fête hier et j'ai bu trop de champagne. J'ai la gueule de bois. Je ne peux tout simplement pas me lever ce matin. » Je souris à l'idée d'un faux champagne et d'une gueule de bois imaginaire.

Cela avait été une Thanksgiving réussie et élégante. Bientôt, la camaraderie prit racine et commença à s'épanouir. Le dîner de Thanksgiving en famille devint une tradition au sein de l'établissement. Même si les soins infirmiers demeuraient au premier plan, quand on prononçait les mots « maison de retraite », je voulais être sûr que mon équipe comprenne que le concept de « maison » était tout aussi important ; ensemble, nous construisions une maison pour les résidents, et c'était notre travail de la rendre aussi belle que possible.

Parce que je n'avais aucune expérience préalable en tant qu'administratrice de maison de retraite et que j'étais étroitement surveillée, je passai la plupart de mes heures d'éveil au travail. Un réceptionniste remarqua ma présence constante dans l'établissement, même tard dans la soirée, après le départ de tous les employés de jour.

« Vous n'avez pas de maison ? demanda-t-elle. »

Mais je sentais que la maison de retraite avait besoin de ce niveau d'attention pour mettre fin aux regards insistants. J'investissais seize heures presque tous les jours et je passais même parfois le dimanche, après la messe au sanctuaire de l'Immaculée Conception. L'église était proche de l'établissement ; je pouvais donc rencontrer le personnel qui travaillait le week-end.

Une fois par mois, après le dîner avec Keith et Kevin, je retournais à l'établissement pour rencontrer les employés de nuit. Ces réunions furent importantes pour aider à redresser l'institution, car j'appris pourquoi ces employés n'étaient pas satisfaits. Un problème concernait la mise en œuvre de l'horaire de fin de semaine. En règle générale, tout employé travaillant le quart de nuit était libre en fin de semaine, y compris le samedi et le dimanche soir. Au lieu de cela, l'horaire actuel leur donnait les vendredis et les samedis soir libres, mais les employés devaient retourner au travail le dimanche - une épine dans les flancs. Les employés se plaignaient depuis des années, mais avant mon arrivée, personne n'avait trouvé comment réparer cette erreur d'horaire.

Je pris l'engagement de travailler pour leur rendre la vie meilleure.

Et c'est exactement ce que je fis.

Je travaillai avec les infirmières auxiliaires de nuit pour trouver un moyen de fournir une couverture suffisante, afin que les employés de nuit puissent être en congé le samedi et le dimanche soir. Les employés du soir devinrent mes plus grands partisans ; ils auraient fait n'importe quoi pour moi. Un soir, ils organisèrent une fête spéciale en mon honneur, juste pour dire merci. Et le bonheur des employés de nuit faisait le bonheur des résidents.

La partie nord-est de la ville, où se trouvait la maison de retraite du Bureau de la Sénescence, était criblée de prostituées. Je plaisantais parfois en disant que j'avais fait tout ce qui était en mon pouvoir pour transformer cette institution, « à part de vendre mon corps sur la 18e Rue ». C'était vrai : j'avais tout donné.

Mes efforts portèrent fruit. Quelques années après que je sois devenue administratrice, les Centres de Medicare et Medicaid classèrent l'établissement comme la meilleure maison de retraite du District de Columbia.

***

Depuis mon adolescence, en tant qu'ouvrière d'usine, j'avais travaillé pour d'autres, et toujours donné mon maximum, que ce soit en tant que nounou, infirmière auxiliaire, infirmière autorisée, directrice des soins infirmiers ou en tant qu'administratrice. Je restai fidèle et engagée envers ceux qui me payaient un salaire, et la perspective de posséder un jour ma propre entreprise de maison de retraite était un rêve lointain. Cela restait néanmoins un objectif, dont Keith et moi avions longuement discuté après l'offre qui m'avait été faite par le directeur de la société de gestion. Ensemble, nous élaborâmes une stratégie pour trouver la meilleure façon de démarrer une société pour prendre en charge la gestion de la maison de retraite. Nous pensions qu'il serait peut-être préférable de s'associer à une entreprise établie, plutôt que d'en créer une nouvelle sans aucun historique, car le gouvernement pourrait être réticent à accorder un contrat de plusieurs millions de dollars à une société nouvellement formée.

Ainsi, notre recherche d'une entreprise établie commença. Tout d'abord, je rencontrai trois messieurs - deux d'origine afro-américaine et un autre d'origine indienne - qui étaient propriétaires d'une société de gestion de la santé, sans aucune composante « maison de retraite » dans leur portefeuille. Je présentai une proposition qui ferait de moi une partenaire ; en retour, j'apporterais à leur entreprise mes diplômes d'infirmière, mes licences et mon expérience, ainsi qu'un contrat de plusieurs millions de dollars. Ils faillirent m'expulser de leur bureau : ils avaient travaillé très dur pour créer et maintenir leur entreprise, dirent-ils, et mon audace les sidérait. Comment osais-je demander un partenariat avant de prouver ma valeur pour leur entreprise ? Ma promesse d'un contrat ne suffisait pas. Ils m'offrirent l'opportunité de rejoindre leur entreprise en tant qu'employée et d'apporter le contrat à leur entreprise. Je comprenais leur position mais je déclinai l'offre respectueusement. Je quittai leur bureau, déçue mais pas vaincue. J'étais concentrée, patiente et déterminée à travailler pour moi-même. Je n'étais pas sur le point de baisser les bras. Je savais pertinemment que mes diplômes d'infirmière et d'administratrice étaient un bien précieux qui n'existait pas ailleurs dans la ville. Trouver le bon partenariat avec la bonne personne était essentiel à mon entreprise.

Si ce n'est pas eux, alors qui ? je me demandais.

J'appelai mon amie Myrtle, mon ancienne superviseuse à l'hôpital du Mont Sinaï de New York. Nous décidâmes de prendre un café la semaine suivante pour envisager d'unir nos forces pour cette nouvelle entreprise. Myrtle accueillit l'idée favorablement, « gagnant-gagnant », déclara-t-elle, car nous avions eu une relation de travail fructueuse dans le passé. Elle était l'unique propriétaire d'une agence de soins de santé à domicile, mais, tout comme le groupe précédent, elle n'avait pas la composante « maison de retraite » dans son portefeuille. Après le rejet des trois hommes d'affaires, l'enthousiasme de Myrtle créa la confiance, l'ingrédient le plus important pour forger une alliance. Je nous considérais comme le duo parfait : nous étions toutes les deux des infirmières professionnelles avec une expérience en gestion mais, surtout, nous étions amies. Après une réunion passionnante et productive, nous convînmes de rédiger un protocole d'entente, puis de former une entreprise sous l'égide de l'agence de soins à domicile de Myrtle.

« Nous aurons besoin d'autres partenaires, souligna Myrtle. Il nous faut répondre à tous les critères. »

***

En tant que leader, je crois que l'accessibilité est impérative pour ceux que nous servons. Sauf lorsque la confidentialité était de rigueur, je pratiquais une politique porte-ouverte à la maison de retraite, prête à accueillir dans mon bureau tout membre du personnel, membre de la famille, ou résident, pour une communication ouverte. Cette politique offrait aux membres de la famille insatisfaits la possibilité d'exprimer leurs frustrations directement à l'administratrice plutôt qu'à un avocat, ce qui réduisait le risque de poursuites. Les employés mécontents étaient autorisés à présenter leurs griefs individuels, une mesure qui était devenue un élément dissuasif pour les activités syndicales.

Ma politique porte-ouverte devint très bénéfique pour moi dans ma quête pour trouver un partenaire pour ma nouvelle entreprise. Un jour, Victor, le propriétaire et directeur de l'entreprise de réadaptation qui fournissait des services de thérapie à la maison de retraite, s'arrêta à mon bureau pour bavarder.

Il demanda avec désinvolture :

« Qu'est-ce que quelqu'un comme vous fait ici ?

– Qu'est-ce que ça veut dire ? » répondis-je sous le choc. Avant qu'il ne puisse ajouter un autre mot, je continuai : « Où devrais-je donc me trouver ? »

Avec toutes les bonnes intentions, il déclara : « Solanges, un professionnel de haut niveau comme vous, avec tous vos attributs et votre expérience, ne devrait pas être administrateur d'une institution. » Il poursuivit en expliquant que je pourrais être directrice régionale pour une grande chaîne de maisons de retraite. « Vous pourriez superviser plusieurs immeubles, pour un salaire beaucoup plus élevé. »

Je ripostai avec véhémence en disant à Victor que j'étais exactement là où je devais être à ce stade de ma vie. J'avais certains objectifs étalés sur un, trois et cinq ans.

« Veuillez préciser, dit-il. »

Je lui expliquai que, d'ici trois ans, j'avais l'intention de créer ma propre société de gestion et de reprendre la gestion des maisons de retraite médicalisées à travers les États-Unis. Dans cinq ans, je serais propriétaire de ma propre maison de retraite.

Il était stupéfait. « Et si je vous disais que mon partenaire et moi partageons les mêmes objectifs ? » Il fit une pause. « Sauf que nous n'avons pas quelqu'un comme vous pour compléter notre portefeuille et y arriver. »

Cette déclaration transforma une conversation informelle en une conversation sérieuse, nécessitant un niveau d'attention différent. Je fermai la porte pour accorder à Victor toute mon attention.

« Je voudrais organiser une réunion au dîner où nous pourrions discuter tous les trois, déclara-t-il. »

Victor était un chiropraticien, et son partenaire, « Doc », un médecin gériatrique. Ensemble, ils possédaient une entreprise de réadaptation qui fournissait des services à Washington, DC et dans plusieurs autres États. Leur portfolio comprenait tout ce dont Myrtle et moi avions besoin.

J'acceptai le rendez-vous dans un restaurant italien à Bethesda, Maryland, à une condition : que Myrtle et Keith soient autorisés à y assister. Lors de cette réunion informelle, nous partageâmes tous les cinq nos historiques de travail et discutâmes des affaires des maisons de retraite. Je leur soulignai la possibilité de ce contrat de plusieurs millions de dollars s'ils se joignaient à Myrtle et moi. Nous convînmes à l'unanimité de poursuivre l'idée de travailler ensemble.

En rentrant chez nous, Keith et moi discutâmes de l'entreprise, de l'identité des joueurs et du pourcentage d'actions par mandant. Mon mari dit :

« Je ne suis pas sûr d'aimer ce type, Doc. Je pense que vous devriez simplement ajouter Victor à l'équipe.

– J'ai bien peur que nous ayons besoin de lui, dis-je. J'ai examiné les exigences du contrat. Il apporte beaucoup à la table. »

Tôt le lendemain matin, je reçus un appel de Victor. Doc demandait une réunion urgente, sans Keith ni Myrtle. Ce soir-là, nous nous rencontrâmes au même restaurant à Bethesda. L'ordre du jour de Doc comprenait un seul point : il était prêt à former la société ; cependant, parce qu'il n'aimait pas Myrtle, il refusait de travailler avec elle. *Comme il est prévisible*, pensai-je. Mon mari m'avait mis en garde contre Doc.

« Je pensais avoir clairement indiqué dès le départ que je formais ma propre entreprise avec Myrtle, dis-je. L'exclure est un facteur non-négociable. »

Après la réunion, j'appelai Myrtle pour partager ce qui s'était passé la nuit précédente.

Très calmement, Myrtle répondit : « Solanges, je ne vais pas te barrer la route. C'est une bonne opportunité pour toi, et je pense que tu devrais la saisir. Ne t'inquiète pas pour moi. J'ai déjà mon entreprise. Vas-y et forme l'entreprise avec eux. »

Avec la bénédiction de Myrtle, je poursuivis l'affaire, car Victor et Doc pourraient être la seule chance d'obtenir le contrat.

Comme d'habitude, Keith avait raison sur un point : Doc s'avéra difficile. Il insista pour que son avocat personnel nous représente tous dans la formation de la société. Keith s'opposa avec véhémence à l'idée et insista sur le fait que chacun devrait avoir son propre avocat. Après de nombreux allers-retours, je gagnai cette partie du débat, mais le drame venait de commencer. Vint ensuite une série de réunions sur les pourcentages de propriété. Il y avait des disputes entre Doc et moi, entre les deux avocats et, oui, Keith était au milieu de tout cela avec ses propres opinions bien arrêtées. Et pendant tout ça, Victor était le parfait gentleman, essayant de maintenir la paix.

Lors de ce qui devait être notre dernière ronde de négociations, je ne fus pas surprise lorsque Keith se leva au milieu d'une vive dispute. Sans me consulter, il annonça que lui et sa femme partaient. Il s'excusa, confiant que je suivrais. Mon mari me regarda et je me levai. Il se tourna alors vers Doc et dit : « Ma femme n'est plus intéressée à poursuivre une entreprise commerciale avec vous. » Il attrapa mon manteau, posa sa main sur le bas de mon dos, et me guida vers la porte.

Keith avait toujours été mon rocher. J'étais sa chère femme des Caraïbes, et c'était mon cher homme des Caraïbes, qui avait nettoyé mes chaussures, m'avait aidée à rédiger mes rapports, et m'avait trouvé de nouvelles opportunités d'emploi. Maintenant, il me défendait contre deux « partenaires » blancs et deux avocats blancs qui, croyait-il, n'avaient pas mon meilleur intérêt en tête. Il était là pour prendre soin de moi, et il n'allait pas permettre à quiconque de manquer de respect à sa femme, une femme de couleur et une professionnelle de haut niveau. Il savait ce que sa femme apportait à la table et n'allait pas permettre à quiconque de profiter d'elle.

***

J'étais en Caroline du Nord, chez mon amie Gloria pour des vacances bien méritées quand la ligne fixe sonna. Gloria me tendit le téléphone. « C'est pour toi, ma chère. »

Je supposais que c'était Keith qui appelait, mais c'était Doc en ligne.

Cela faisait exactement un mois depuis mon départ brusque de la réunion. Surprise, je pris tout de suite un ton professionnel.

« Doc, quelle surprise ! À quoi dois-je cet appel ?

– Chérie…, dit-il. »

Et c'était là : le mot que Keith détestait le plus. Il pensait que lorsque Doc m'appelait « chérie », il se montrait condescendant et inapproprié. Je me fichais vraiment de savoir comment il m'appelait. Je tenais avant toute chose à créer la société de gestion des maisons de retraite.

Il poursuivit : « Vic et moi avons décidé que votre avocat devrait nous représenter tous les trois. »

Je ne pouvais pas y croire. Pourquoi ce changement ? Je lui expliquai poliment que je ne serais pas à la maison avant dimanche soir. Nous pouvions nous rencontrer la semaine suivante, après avoir programmé une réunion avec l'avocat. Après que Doc eut accepté le plan, j'appelai Keith, qui contacta immédiatement l'avocat pour reprendre les négociations là où nous nous étions arrêtés. Le temps pressait, car la ville était sur le point de publier son appel à propositions.

Lors de notre prochaine réunion, je sensibilisai l'équipe à la loi actuelle : dans les années 1980, sous l'administration du maire Barry, un pourcentage de tout contrat gouvernemental remporté par un vendeur majoritaire devait être attribué à une société minoritaire. Si le contractant majoritaire était déjà certifié minoritaire, il n'était pas nécessaire de recourir à des sous-traitants minoritaires. À la lumière de cette mise en garde, j'insistai pour que je reçoive 51% des actions et que la société soit enregistrée en tant que petite entreprise appartenant à des femmes, et certifiée en tant qu'une minorité dans le District de Columbia. Doc et Vic étaient tous deux d'accord avec les termes.

Keith était un homme brillant et bien éduqué avec une maîtrise en finance. En tant qu'expert-comptable agréé, il était très progressiste dans son processus de réflexion - un homme clairvoyant. À sa suggestion, nous utilisâmes un acronyme et évitâmes complètement les noms de famille ; il voulait que le nom de l'entreprise survive aux fondateurs.

VMT Long Term Care Management, Inc., L'Équipe de Gestion Vitale des Soins de Longue Durée (VMT LTC) fut créée en 1988, constituée dans le seul but de soumissionner pour le contrat du gouvernement. Nous ouvrîmes un bureau sur la rue M, dans la partie nord-ouest de la ville, embauchâmes un directeur exécutif, et obtînmes notre numéro d'identification fiscale et une assurance. Je devins chef de la direction de l'entreprise, mais je continuai à travailler comme administratrice à la maison de retraite du Bureau de la Sénescence, jusqu'à ce que nous puissions soumettre l'offre et, nous l'espérions, remporter le contrat.

Il y avait beaucoup d'obstacles à franchir et de nombreux autres en cours de route. Dans un premier temps, Mme Maudine, la directrice du bureau du MBOC (Minority Business Opportunity Committee) refusa la demande de certification de l'entreprise en tant que société minoritaire, car elle craignait que l'entreprise ne soit en fait une entreprise de blancs. J'étais une femme de couleur et je n'étais pas riche. Alors, comment pourrais-je être un partenaire majoritaire ? Elle ne prit pas en considération mes multiples diplômes et la vaste expérience que j'avais soulignée au cours de ma candidature. La directrice essayait seulement de maintenir l'intégrité du programme mais, cette fois, elle avait tort : j'étais, en fait, propriétaire majoritaire de l'entreprise. Encore une fois, Keith dut intervenir en demandant à son ami Ron, un CPA, d'assister à une réunion avec moi au MBOC. Avec l'aide de Ron, l'entreprise obtint sa certification en tant qu'entreprise minoritaire dans la ville. J'étais d'autant plus proche d'atteindre mon objectif de trois ans. VMT LTC répondit à l'appel de propositions du gouvernement pour gérer l'institution, et l'attente commença.

Le gouvernement n'avait pas assez d'employés pour exécuter les contrats rapidement ; il y avait donc un retard après l'autre. Dans l'intervalle, une série de contrats à court terme furent attribués à la société de gestion actuelle. Les professionnels de l'industrie m'interrogeaient constamment sur mon avenir à la maison de retraite.

« J'adore mon poste d'administratrice, dis-je. Je prévois de rester, quelle que soit la société de gestion en charge, si on me le demande. »

Un jour, à la fin d'un rassemblement mensuel organisé par la District of Columbia Healthcare Association (DCHCA) pour tous les administrateurs de maisons de retraite, un de mes collègues me demanda :

« Solanges, pour qui voulez-vous travailler ?

– Pour moi-même, répondis-je. »

J'avais créé une entreprise, et j'avais soumissionné pour un projet. Cette réponse était donc réelle pour moi, mais risible pour mon collègue qui ne pouvait pas imaginer qu'un jour je travaillerais pour moi-même.

J'étais dans un niveau de stress insondable, mais je continuai à gérer l'institution avec très peu de lacunes. Nous n'attirions plus l'attention des médias et, surtout, il n'y avait aucune plainte des résidents, des familles, ou du personnel. C'était particulièrement important car nous attendions l'attribution du nouveau contrat. Quelle lourde tâche pour un nouvel administrateur ! J'avais toujours visé la perfection, et l'atteindre avait été particulièrement difficile, compte tenu de l'infrastructure de l'immeuble. J'avais travaillé avec succès dans une institution appartenant au gouvernement, où tout nécessitait une approbation et fonctionnait sous de nombreux yeux vigilants. Un contrat attribué à VMT LTC signifierait moins de restrictions sur mes tentatives de faire briller la maison. Ce serait la cerise sur le gâteau, bien sûr, après tous mes efforts pour redresser l'institution. Je serais fière d'améliorer cette maison et démontrerais avec encore plus de force que j'étais apte à être son administratrice.

***

Avant mon arrivée à la maison de retraite médicalisée, le Bureau de la Sénescence avait engagé un cabinet d'architectes pour mener un projet de rénovation d'envergure de ce très vieil immeuble, vieux de plus de cent ans. Au nom du gouvernement, le Département des travaux publics de la ville avait chargé Rufus, un ingénieur, de superviser la rénovation de l'immeuble. En plus du grand nombre de pratiques déficientes à mettre en conformité, je faisais face à un important projet de rénovation de plusieurs millions de dollars.

Mon mari me rappelait constamment : « Ne pas se préparer, c'est se préparer à l'échec. » Grâce à Keith, c'était devenu mon mantra. Chaque fois que nous nous embrassions avant de quitter la maison pour le travail, il disait : « Ne pas se préparer, c'est se préparer à l'échec. » Il disait cette phrase de motivation depuis les jours où il me harcelait pour obtenir ma maîtrise. Il s'était avéré que ses conseils étaient toujours pertinents.

Dans le cadre du programme de maîtrise, l'Université de Georgetown exigeait que les étudiants effectuent un stage dans un domaine spécialisé de la gestion des soins de santé. J'avais choisi de développer des compétences dans la conception et la décoration de logements pour personnes âgées. Pendant mon mandat en tant que directrice des soins infirmiers à la Maison Washington, le conseil d'administration avait prévu de construire une nouvelle maison de retraite sur un terrain vacant jouxtant l'immeuble actuel. Le plan était de démolir l'immeuble actuel et d'ériger le nouvel immeuble à sa place. Mon implication dans ce projet avait été le catalyseur de mon choix de stage. J'avais passé plusieurs mois au cabinet d'architectes Oudens & Knoop pour répondre à l'exigence. J'avais également travaillé en étroite collaboration avec un éco-psychiatre, embauché pour assister le conseil d'administration dans la conception de leur nouvel immeuble. J'avais été membre d'une équipe qui avait développé une résidence pour personnes âgées de la conception à la construction ; mon interaction avec ces professionnels distingués me donnait un certain avantage sur de nombreuses autres infirmières de premier plan de la ville.

Je m'assurai que l'aspect « construction » de mon CV était clairement articulé dans l'offre de VMT LTC de gérer la maison de retraite, car j'étais certaine que j'étais qualifiée de façon unique à DC à l'époque. Avec mes connaissances et mon expérience, j'étais la personne idéale pour diriger cette institution et son projet de rénovation vers un avenir meilleur.

APPLIQUEZ LES RÈGLES !

Règle n° 18 : Devenez un détective

Réflexion : Soyez toujours à l'affût

Les petites tortues de mer ont beaucoup d'ennemis. Ce sont, après tout, de petites pépites de protéines savoureuses pour les prédateurs affamés, tels que les ratons laveurs, les crabes, et les oiseaux. Et, une fois qu'elles sont dans l'eau, il y a une foule de prédateurs dans l'océan qui adorent la viande de tortue douce et tendre. Les tortues de mer qui atteignent l'âge adulte le font, en partie, parce qu'elles apprennent à garder les yeux ouverts pour éviter tout danger. Soyez à l'affut.

- Essayez ma méthode avec vos propres problèmes :

3. Évaluez un problème auquel vous êtes actuellement confrontée. Quel est le degré de dégradation de la situation ? Exige-t-elle votre intervention ou se résoudra-t-elle d'elle-même à temps ?

4. Rédigez un plan sur la façon dont vous allez résoudre le problème. Trouvez une solution qui vous convienne.

5. Mettez en œuvre votre plan.

6. Après la mise en œuvre, laissez-lui un peu de temps pour que la solution fonctionne, puis réévaluez le plan. Y a-t-il des problèmes en cours qui y sont liés ? Revenez à la première étape et répétez jusqu'à ce qu'elle soit résolue.

- Entraînez-vous à chercher des solutions plutôt que des problèmes. Les problèmes se présentent tout le temps, mais c'est la façon dont nous y réagissons qui fait la différence. La prochaine fois que vous rencontrerez un problème au travail ou à l'école, demandez-vous comment il pourrait être mieux géré. Si cela ne relève pas de votre compétence (par exemple, un problème de service client avec une autre compagnie), confiez votre solution à la personne responsable de la gestion du problème. Soyez courtoise mais proposez une nouvelle méthode pour éviter que le problème ne se reproduise. Soyez polie. Remerciez cette personne d'avoir prêté attention à votre préoccupation et à la solution proposée. Au fur et à mesure que vous vous entraînez à trouver des solutions, les problèmes deviendront plus faciles à gérer et les solutions vous viendront plus facilement.

RÈGLES POUR BIEN VIVRE

Lorsque ma nouvelle entreprise a remporté le contrat, je suis devenue la première femme afro-américaine à Washington, DC, à posséder une entreprise de soins infirmiers certifiée minoritaire dans la ville. Parfois, c'était comme si tous les regards étaient braqués sur moi. Je me bâtissais une réputation dans mon industrie et j'apprenais à gérer des problèmes inattendus, comme les efforts de syndicalisation. Nous élargîmes notre entreprise et fondâmes une autre division dans le domaine des soins de santé à domicile. Et puis le téléphone sonna avec une opportunité d'élargir encore plus notre portefeuille. Bien sûr, je répondis à l'appel.

Règle n ° 19 : Soyez prêt pour l'inattendu

Comme disait toujours Keith : « Ne pas se préparer, c'est se préparer à échouer » (voir le chapitre 9, « Créer une dynastie »). Ses sages paroles m'aidèrent à éviter un tas d'ennuis au fil des ans. Il est important de se suffire à soi-même autant que possible, mais des problèmes peuvent survenir malgré notre vigilance (voir chapitre 10, « Une nouvelle réalité »). Vous pouvez faire certaines choses pour surmonter les difficultés : rester positif, planifier autant que possible et rechercher un résultat positif. Si vous parvenez à trouver quelque chose de positif au sein d'une terrible calamité, laissez-lui vous donner la force d'avancer.

Il est extrêmement important de savoir quand demander de l'aide. La vie de mon amie Ana a été tragiquement affectée par les attentats terroristes du 11 septembre 2001. Ce n'était pas une situation qu'elle pouvait contrôler ou aurait pu prédire. La seule consolation dans certaines circonstances est de savoir que vous avez un(e) ami(e) qui sera là pour vous (voir chapitre 12, « Vie et perte »). Il est normal de demander de l'aide lorsque la situation est si grave qu'il n'y a plus rien à gérer. Je sais d'expérience que c'est beaucoup plus facile en théorie qu'en pratique. J'étais là quand Ana avait besoin de moi après le 11 septembre. Je n'ai pas hésité à intervenir et à la laisser s'appuyer sur moi. Mais, quand mon mari est tombé malade, j'ai dû apprendre très rapidement comment ravaler ma fierté et faire savoir aux gens que j'avais besoin d'eux (voir le chapitre 13, « Tout a une fin »). C'est alors que j'ai appris que je ne devais jamais me sentir impuissante.

Si jamais je me trouve dans une situation de désespoir que je ne peux pas gérer seule, il ne me reste plus qu'à demander de l'aide. Il n'y a pas de honte à solliciter le soutien des autres. J'ai appris à utiliser mes ressources.

CHAPITRE 10

Une nouvelle réalité

Après plusieurs mois de suspense, le contrat de gestion de l'institution fut finalement accordé à VMT. Ma compagnie dirigeait maintenant le même établissement ou j'étais administratrice ; je devins indépendante : la première afro-Américaine à posséder une entreprise de maison de retraite certifiée minoritaire dans la ville.

Lors de la réunion suivante de la District of Columbia Health Care Association, c'est avec joie et beaucoup de fierté que j'annonçai que mon entreprise avait obtenu le contrat du gouvernement. Il fallut une bonne minute avant que la première personne prenne assez de courage pour me féliciter ; toute la pièce était en état de choc. Ils ne pouvaient pas y croire. Personne ne savait que j'avais créé une entreprise, placé une offre, et obtenu le contrat. C'était le secret le mieux gardé de la ville. Après la réunion, je me fis un devoir d'approcher le collègue qui m'avait harcelé à presque chaque réunion mensuelle au sujet de mon avenir dans l'établissement. « Vous souvenez-vous de m'avoir demandé pour qui je voulais travailler ? demandai-je. J'avais répondu : moi-même. Vous savez maintenant que je disais la vérité. Je travaille pour moi. Je suis le propriétaire et PDG de l'entreprise et je reste dans l'établissement en tant qu'administratrice. » Je parlai avec éloquence, sachant que j'affichais un sourire narquois rappelant celui de mon mari.

Il était temps de montrer jusqu'où je pouvais aller, après que tant de mes collègues se soient rabaissés. Lorsque j'avais été nommée administratrice, je n'avais pas bien été accueillie par cette association, en particulier par les administrateurs blancs - et il y en avait beaucoup. Je ne m'attendais pas à autre chose : l'un de ces administrateurs était le meilleur ami de l'homme que j'avais remplacé, et mon arrivée l'embêta, ainsi que ses amis au sein de l'association.

« Nous devons empêcher ces directeurs des soins infirmiers de devenir des administrateurs, avait-elle dit sarcastiquement lors de l'une des réunions. Avant que nous le sachions, ils occuperont tous les postes administratifs de la ville. » Cette remarque, bien sûr, était dirigée contre moi. Mais cela constituait aussi une menace pour d'autres directeurs qui avaient cette même ambition de devenir administrateurs. Les règlements du district stipulent qu'il doit y avoir au moins un administrateur autorisé en exercice au sein du conseil chargé de la délivrance des permis. Si ce commentaire reflétait l'attitude des administrateurs actuels, les candidats désireux de devenir directeurs des soins infirmiers pourraient être empêchés d'obtenir un permis, rien que par dépit.

Plusieurs années plus tard, Garrett, devenu administrateur d'une maison de retraite des îles Vierges, était en visite aux États-Unis. Il mentionna lors d'une réunion de la DCHCA qu'il était aux États-Unis pour recruter un directeur des soins infirmiers. Assis à la table d'honneur, un membre du conseil lança : « Pourquoi n'engagez-vous pas Solanges ? » Par sa remarque, il tentait surtout de me rabaisser, même si j'étais chef de direction, propriétaire de ma propre entreprise, et administratrice de la maison de retraite du Bureau de la Sénescence. Je me contentai de me gratter la gorge. Alors que d'autres étaient occupés à être sarcastiques et méchants, j'étais occupée à améliorer l'institution, à développer tranquillement mon entreprise, et à m'enrichir au niveau professionnel et financier. Je ne leur prêtai pas attention et je refusai de les laisser voler ma joie si durement gagnée.

Étant donné que la maison de retraite appartenait au gouvernement, le contrat exigeait que nous tenions une journée portes-ouvertes annuelle - un grand évènement auquel assistaient souvent le maire, la plupart des membres de son cabinet, les membres du conseil, et les membres de la communauté vieillissante. L'événement était toujours festif : une occasion de jouissance pour le gouvernement et une fête pour les actionnaires, les résidents, la famille et le personnel. Lors de l'une de ces journées portes-ouvertes formidables et amusantes, un employé s'approcha de moi discrètement et me demanda de me présenter immédiatement à la réception pour un appel téléphonique. Je refusai d'abandonner mes invités et j'ordonnai à l'employé de prendre un message ou de demander à l'un de mes directeurs de répondre à l'appel de ma part.

J'étais assise à la table d'honneur lorsque l'employé revint une fois de plus et me chuchota à l'oreille : « Je suis désolé, madame. L'appelant ne parlera qu'à vous. »

Victor, mon partenaire commercial de soutien, et le membre le plus attentionné de mon conseil d'administration, avait observé les allers-retours de l'employé, notre échange tranquille, et mon expression agacée. Quand je quittai la pièce brusquement, il me suivit dans le hall, où le réceptionniste confirma : « Je suis désolée, madame ; cette personne insiste pour vous parler. » Je décrochai un téléphone dans le couloir. Victor, présageant des ennuis, me suivit. Sans cesser de me regarder, il écouta attentivement pendant que je conversais avec l'appelant.

« C'est l'administratrice, dis-je en portant le récepteur à mon oreille. Comment puis-je vous aider ? »

La voix à l'autre bout du combiné répondit : « Je suis une travailleuse sociale à l'hôpital, et j'ai l'une de vos résidentes avec moi. Elle dit qu'elle a été violée dans votre maison de retraite la nuit dernière par un homme vêtu d'une blouse blanche. Je voulais vous informer, car, conformément au protocole de l'hôpital, je dois immédiatement informer la police - ainsi que le programme de l'Ombudsman et les services de protection des adultes. »

C'était comme si on arrachait mon cœur de ma poitrine. J'imaginais la douleur que ressentait la résidente et l'atrocité de sa situation. J'étais également inquiète pour ma propre situation. J'avais un immeuble plein d'invités et de membres des médias. La police enquêtant sur une affaire de viol au milieu de tout cela ? Je ne pouvais qu'imaginer l'ampleur de l'horreur que cela créerait.

« Voulez-vous me donner le nom de la résidente ? demandai-je. Avant d'appeler la police, permettez-moi de consulter son dossier pour voir qui s'est occupé d'elle hier soir.

– Son nom est Mme Jambiyas, déclara la travailleuse sociale.

– Oh, je la connais, dis-je. Elle habite au deuxième étage. Puis-je avoir quelques minutes pour accéder rapidement à l'unité ? »

Je la suppliai pour gagner du temps. « S'il vous plaît, donnez-moi un numéro de téléphone pour vous joindre. Je vais vous rappeler tout de suite. »

Victor sortit un stylo et un calepin pour écrire le numéro pendant que je le répétais à haute voix. Quand je raccrochai le téléphone, avant que je ne puisse prononcer un mot, Victor dit :

« Mon Dieu ! On dirait que vous venez de voir un fantôme.

– C'est pire que ça, Victor, répondis-je. »

Je le suppliai de retourner à la fête et de ne dire mot à personne. Je demandai alors à la réceptionniste de téléphoner au plus vite au directeur des soins infirmiers du deuxième étage. Je courus en haut, priant la Vierge Marie de m'aider à traverser ce cauchemar. Le directeur des soins infirmiers et moi nous précipitâmes vers l'unité de soins infirmiers où vivait Mme Jambiyas. Nous attrapâmes le dossier, et feuilletâmes les notes de l'infirmière, puis les ordres du médecin. « Elle a eu de la fièvre la nuit précédente en raison d'une impaction intestinale, soulignai-je. »

Le médecin avait ordonné qu'on aide manuellement Mme Jambiyas à excréter les selles, et la procédure avait été effectuée par un infirmier de sexe masculin.

« Cela explique les accusations, déclara le directeur des soins infirmiers. Elle a cru probablement qu'on était en train de la violer. »

Nous étions tous deux soulagés par les résultats. Le directeur des soins infirmiers appela rapidement la travailleuse sociale de l'hôpital et lui faxa les pages pertinentes du dossier médical de Mme Jambiyas. L'hôpital confirmerait plus tard qu'il n'y avait aucun signe d'agression. Le désastre fut avorté.

Toujours tremblante, je retournai aux festivités. La partie oratoire du programme était terminée, mais la réception était toujours en cours et de nombreuses personnes mangeaient, buvaient, partageaient des idées et commentaient le discours d'ouverture et les progrès réalisés par l'établissement. J'étais déconcertée par ce qui venait de se passer. Encore une fois, mon ange gardien avait été à mes côtés et, encore une fois, j'avais esquivé une balle. Avant de contacter la police, la travailleuse sociale de l'hôpital n'avait eu aucune obligation de me contacter directement. Si elle n'avait pas appelé, les conséquences auraient pu être catastrophiques, surtout si les médias avaient repris l'histoire. Cela aurait pu devenir un fiasco total. La situation aurait pu être démesurée avant l'arrivée des résultats de l'examen, justifiant les actions de mon infirmier, et les dommages auraient été dévastateurs pour la maison de retraite, l'infirmier qui avait pratiqué la procédure sur Mme Jambiyas, et pour moi, personnellement, comme représentante de VMT.

La travailleuse sociale m'avait appelée, car j'avais acquis une excellente réputation dans le milieu du travail social. C'était le résultat de l'établissement de relations. Le réseautage est un outil de gestion puissant, et j'ai eu la chance d'en avoir reconnu la valeur dès le début de ma carrière. La directrice des services sociaux de l'établissement parrainait un déjeuner annuel pour célébrer la Semaine du travail social. Elle invitait généralement des travailleurs sociaux de diverses maisons de retraite et hôpitaux. J'assistais à l'événement religieusement, souvent en tant que conférencière principale. J'avais personnellement accueilli les invités dans l'établissement. J'avais parlé avec éloquence d'un sujet d'intérêt dans leur domaine et j'étais à l'amiable avec tout le monde, même si je ne connaissais le nom de personne. Le secret du réseautage est qu'en partageant soi-même, nous multiplions ce que nous recevons en retour : des bénédictions. Ce fut une véritable bénédiction que la travailleuse sociale de l'hôpital m'ait appelée ce soir-là, et elle me fit preuve de courtoisie parce qu'elle me connaissait.

Je me sentis protégée par mon ange gardien et, grâce à ma foi en Dieu, je réussis à survivre à une autre adversité.

L'institution atteignait progressivement le potentiel que j'avais envisagé pour elle. Je devenais de plus en plus une experte dans la prévention des catastrophes presque quotidiennement. Dans ma quête de perfection, j'attendais le meilleur de mes directeurs et managers qui, à leur tour, imposaient des attentes élevées à leur personnel. Dans l'établissement, tout le monde travaillait de longues heures. Je savais que les employés faisaient de leur mieux pour répondre à mes normes. La pression était forte : la construction avait commencé et, pour faire place aux rénovations, on fermait systématiquement les unités de soins, plusieurs à la fois. Certains résidents étaient transférés dans diverses unités internes, tandis que d'autres étaient transférés dans d'autres maisons de retraite. Des murs furent érigés pour séparer le personnel, les résidents, et les visiteurs des zones de construction. Lorsque de l'amiante fut découvert dans certaines parties de l'immeuble, j'embauchai un hygiéniste environnemental, et le niveau d'amiante dans l'immeuble était mesuré et affiché quotidiennement.

Je pensais que je gérais plutôt bien ces circonstances - avec détermination et prudence, et menant une évaluation fréquente. Je réalisai cependant que certains employés se mettaient en colère tandis que d'autres semblaient contrariés par l'interférence continuelle provoquée par la construction. Je continuai à planifier des réunions régulières du personnel et je maintins ma politique porte-ouverte, en écoutant de tout mon cœur un bon nombre de plaintes d'employés et de membres de la famille. Mis à part les désagréments occasionnés par la construction, il ne semblait pas y avoir de problèmes majeurs. Du moins, je le pensais…jusqu'à ce qu'un jour, à ma grande surprise, un syndicat campait sur le trottoir de la maison de retraite, scandant que les employés voulaient se syndiquer.

J'avais déjà travaillé dans un environnement syndiqué, à l'hôpital du Mont Sinaï de New York, mais pas au niveau de la haute direction. J'avais également assisté à des réunions syndicales en tant qu'infirmière-chef adjointe lorsque mes actions avaient été contestées par le syndicat au nom d'une infirmière auxiliaire que j'avais sanctionnée. Désormais, en tant que PDG de VMT et administratrice de la maison de retraite, j'étais clairement visée par ce syndicat, et le moindre échec à bien gérer les interactions avec ses membres pouvait coûter cher à VMT. Avec une liste de tâches déjà interminable, je savais que l'activité syndicale dépassait ce que je pouvais raisonnablement gérer moi-même. Il devint impératif que j'obtienne l'aide d'un avocat spécialisé en droit du travail, et notre conseil accepta d'embaucher Littler & Mendelsohn, un cabinet d'avocats qui avait vaincu une campagne syndicale lorsque j'étais directrice des soins infirmiers à la Maison Washington.

Ces nouveaux organisateurs syndicaux avaient lancé une campagne de dénigrement contre moi personnellement. Pendant plusieurs mois, alors que l'entreprise était en négociations juridiques, des membres du syndicat campèrent devant l'immeuble, portant des banderoles et des pancartes représentant une photo de moi dans un manteau de fourrure. D'autres photos montraient ma Mercedes Benz, et les hommes et les femmes scandaient que j'avais volé un dollar sur le chèque de paye de chaque employé pour acheter des fourrures et des voitures coûteuses. Quel mensonge ! J'avais travaillé dur et j'avais tout gagné honnêtement. Quatre-vingt-dix pour cent de ceux qui campaient devant l'immeuble n'étaient même pas employés par la maison de retraite. En fait, la plupart de mes employés étaient visiblement contrariés par les tactiques des organisateurs syndicaux. Ils venaient en masse à mon bureau, s'excusant pour les actions du syndicat et exprimant leur consternation face aux quelques employés mécontents qui s'étaient joints à la manifestation. Ils savaient que les membres du syndicat criaient de faux slogans. « Nous ne partageons pas leur opinion, dirent-ils. Nous savons que votre fierté caribéenne ne vous permettrait pas de nous voler. »

Lorsque les bulletins de vote syndicaux furent comptés, le résultat prouva que nos employés avaient voté non à la syndicalisation - une grande victoire pour notre société nouvellement formée, bien qu'au coût de plus de $40.000. Une fois de plus, avec joie, je me suis tenue droite : je ne pouvais pas être vaincue. J'avais remporté ma première victoire syndicale en tant que chef de la direction.

La maison de retraite fut inspectée par le District de Columbia et par des inspecteurs fédéraux, indépendants de la ville, et, finalement, des enquêtes conjointes furent menées par des inspecteurs du district et des inspecteurs fédéraux. En général, les enquêtes conjointes sont les plus difficiles pour toute maison de retraite, car les inspecteurs fédéraux évaluent et critiquent rigoureusement les processus de l'État dans la mise en œuvre des réglementations fédérales. Au lieu d'une inspection d'état, notre institution fut soumise à une enquête de la ville, car le District de Columbia n'est pas considéré comme un état. Le gouvernement fédéral paie pour l'inspection de milliers de maisons de retraite aux États-Unis, dans les îles Vierges et à Porto Rico, si ces maisons reçoivent des fonds Medicare et Medicaid. Essentiellement, les enquêtes conjointes et indépendantes sont les moyens pour le gouvernement fédéral d'évaluer les services que les États fournissent en leur nom.

L'un des objectifs les plus importants d'une maison de retraite est de passer l'inspection lors de ces évaluations annuelles. Les enquêtes sont très stressantes pour les administrateurs de maisons de retraite, car des résultats insatisfaisants peuvent avoir des conséquences désastreuses, telles que des pénalités civiles en vertu desquelles l'établissement est censé payer une amende quotidienne jusqu'à ce qu'une pratique déficiente ait été corrigée et devienne conforme aux exigences des règlements fédéraux et / ou municipaux. Cela peut signifier un gel des admissions. De mauvais résultats peuvent devenir le catalyseur du licenciement d'un directeur des soins infirmiers, de l'arrestation d'un administrateur, d'une couverture médiatique négative et de la résiliation du contrat d'une société de gestion. Cela peut aussi signifier l'embauche d'une administration intérimaire pour reprendre la gestion d'un établissement ou, dans les pires cas, la fermeture définitive d'une maison de retraite. J'étais vigilante pour assurer une institution bien gérée, sans drame.

VMT passa plus de vingt ans à gérer cette institution pour le compte du gouvernement. Pendant ce temps, la maison de retraite subit des dizaines d'inspections. Mon objectif avait été de combler toutes les lacunes d'une institution qui en avait plus d'une centaine. Je réussis à atteindre cet objectif à plusieurs reprises et notre maison de retraite fut reconnue par le gouvernement fédéral comme étant la maison de retraite la mieux gérée de la ville. Pour célébrer cette victoire, nous payâmes pour une grande publicité dans le *Washington Post*, exprimant notre gratitude envers le personnel et félicitant les employés pour leur travail acharné. Je dois admettre que je jouissais de la reconnaissance publique. J'avais géré l'établissement si efficacement que de nombreux fonctionnaires du gouvernement admettaient maintenant leurs proches dans notre établissement - un signe certain que nous nous étions bâti une solide réputation en matière de soins exceptionnels. À de nombreuses reprises, le maire tint les réunions de son cabinet à la maison de retraite. La situation financière de l'établissement avait également radicalement changé. Ne gérant plus un déficit vertigineux, nous avions commencé à fonctionner avec un profit.

Entourée de résidents, de familles et de membres du personnel heureux, j'étais maintenant prête - et impatiente - à recueillir les meilleurs fruits dans ma quête de la perfection. Je n'étais jamais satisfaite ; je n'en avais jamais assez. Je croyais que la satisfaction était un précurseur de la complaisance, qui conduisait à un manque de dynamisme et se manifestait par des obstacles à la croissance et au développement. Si mon fils, Kevin, rapportait à la maison un bulletin avec un « A », je me plaignais qu'il aurait pu obtenir un « A+ » s'il s'était mieux appliqué. J'étais fermement convaincue que le maximum de succès devrait être l'objectif final de toute entreprise. Cette conviction fut la clé de mon passage des haillons aux richesses.

Mon entreprise avait hérité d'un litige qui existait dans l'établissement sous la direction précédente. C'était un écart de quatre millions de dollars que Medicaid demandait à l'établissement de rembourser. La position de la société de gestion était que Medicaid n'avait pas payé les soins prodigués à ses bénéficiaires. La société affirmait que ces sommes impayées étaient en partie la raison pour laquelle l'institution fonctionnait avec un tel déficit. Déterminée à aller au fond des choses, j'engageai un cabinet de CPA externe pour effectuer une vérification des registres de facturation et d'autres documents. Je demandai qu'ils présentent leurs conclusions au gouvernement et au conseil d'administration de VMT. La recherche révéla qu'en fait, Medicaid avait fait preuve de négligence dans le remboursement des frais. C'était un point discutable, puisque Medicaid était une agence gouvernementale et que la maison de retraite appartenait au gouvernement. En tout cas, nous parvînmes à résoudre l'écart et mimes fin à un différend de longue date, marquant, une fois de plus, un chapitre couronné de succès dans l'histoire de la gestion de VMT. C'était une grande victoire pour l'établissement. Les revenus appartenaient à la maison de retraite, et non à l'entrepreneur qui gérait l'entreprise, de sorte que l'afflux de fonds inattendu servit à la rénovation du bâtiment. L'argent contribua également à augmenter les salaires des employés, ce qui nous permit de rester compétitifs dans le recrutement des candidats les plus qualifiés pour les postes vacants.

En raison de ce genre de succès, pendant environ vingt ans, le contrat de gestion de l'institution fut attribué à plusieurs reprises à VMT. D'autres entreprises de la ville étaient curieuses de savoir ce que nous faisions pour remporter continuellement le contrat. Eh bien, le gouvernement faisait confiance à l'entreprise, car nous avions toujours fourni des soins de qualité à nos résidents ; nous étions également responsables sur le plan financier et connaissions très bien le règlement. Les concurrents, qui souhaitaient obtenir le contrat, m'appelaient d'abord pour voir si VMT soumissionnait, pour éviter de gaspiller leur argent et de perdre leur temps. Au cours d'une discussion sur le contrat, une autre compagnie de gestion déclara : « La ville serait stupide de résilier son contrat avec VMT. » Même un concurrent pouvait apprécier la qualité du travail de mon entreprise - tout comme le gouvernement. VMT géra l'établissement pendant de nombreuses années sous différentes administrations municipales, ce qui était très inhabituel. Je continuai à gérer la maison de retraite tout en supervisant simultanément le directeur général du siège social de VMT. Mes partenaires étaient principalement des investisseurs qui assistaient aux réunions du conseil et fournissaient à la fois un soutien moral et un capital intellectuel, en particulier lors de l'activité syndicale dans l'établissement. Ils jouèrent un rôle déterminant en me conseillant sur les questions financières et juridiques, ainsi que sur les questions d'assurance. Sans interférence, je pus développer librement les objectifs de l'entreprise et les mettre en œuvre, gérer et réévaluer continuellement l'entreprise selon mes spécifications rigides.

En 1990, un règlement fédéral - l'Omnibus Budget Reconciliation Act - exigea la certification de tous les infirmiers auxiliaires travaillant dans les maisons de retraite aux États-Unis. Pour devenir infirmier auxiliaire certifié, il fallait fréquenter une école publique agréée, suivre un cours préparatoire et passer un examen d'état pour la certification. Compte tenu de ce nouveau règlement et des complications qu'il entraînerait pour les infirmiers auxiliaires de notre personnel, je décidai d'élargir notre entreprise. Je comprenais parfaitement le coût d'une occasion manquée, alors j'ouvris immédiatement une école des sciences infirmières pour former des infirmiers auxiliaires et les préparer à l'examen de licence. Je fus la première de la ville à créer une école dans le seul but de remplir ce mandat fédéral. Une fois mes propres employés formés et certifiés, l'admission à l'école fut ouverte à tout candidat qualifié. En peu de temps, l'école grandit pour devenir un centre d'éducation accrédité, offrant des programmes pour les infirmiers auxiliaires, les techniciens en pharmacie, les massothérapeutes et les aides à domicile, le tout en plus du programme d'infirmiers auxiliaires.

Comme je me mettais constamment au défi avec de nouvelles entreprises, j'ajoutai une division supplémentaire à l'entreprise : VMT ouvrit une agence de soins à domicile certifiée par Medicare et Medicaid, qui se développa pour fournir des services de santé à plus de trois-cents clients confinés chez eux. Réussir est un choix ; la clé du succès est d'apprendre à vivre en dehors de votre zone de confort. La peur de l'inconnu peut être paralysante, mais je ne la laisse jamais m'empêcher d'essayer. J'ai toujours été une preneuse de risque et je n'ai jamais eu peur d'être une tortue et de sortir la tête. J'ai travaillé très dur et maintenu une attitude positive. Alors que tout semblait aller bien pour moi, mes partenaires, en revanche, n'avaient pas cette chance. Doc fut contraint par le gouvernement fédéral de fermer ses entreprises (ce qui, heureusement, n'eut pas d'incidence sur la réputation de VMT puisqu'il n'avait jamais pratiqué la médecine à VMT) ; d'autre part, Vic vendit son entreprise de réadaptation à un fournisseur de soins de santé comme VMT, ce qui lui interdit de détenir des actions dans une entreprise concurrentielle. Keith et moi rachetâmes les parts des deux partenaires et devinrent les seuls propriétaires de VMT et de nos deux nouvelles entreprises : le VMT Education Center et la VMT Home Care Agency.

Une fois qu'il obtint son diplôme de premier cycle à l'Université de Syracuse, mon fils devint mannequin professionnel à New York. Après un certain temps, cependant, il rentra chez lui pour étudier à l'Université George Washington pour sa maîtrise en administration des affaires (MBA). Au cours de ses études supérieures, il travailla au VMT pour mettre en pratique ce qu'il apprenait à l'école. Il était fier de travailler sous la direction de sa mère : l'adolescente haïtienne naïve francophone qui était entrée aux États-Unis d'Amérique sans aucune connaissance de la langue anglaise mais avait réussi à bâtir son propre empire grâce à sa détermination et à son travail acharné.

J'avais réussi à transformer mon monde pour devenir une véritable force. De secrétaire, je devins trésorière, vice-présidente, puis présidente de la même association de santé du District de Columbia qui avait hésité à m'accueillir en tant que nouveau pair administratif lorsque j'avais pris la relève en tant qu'administratrice de la maison de retraite du Bureau de la Sénescence. Je n'avais toujours pas fini de construire notre entreprise et un nouveau défi s'était présenté en un rien de temps.

***

Avant d'acheter la maison de retraite du Bureau de la Sénescence que VMT gérait, le gouvernement avait dans son portefeuille une autre maison de retraite (qui finirait par fermer ses portes). Cette maison était connectée à un hôpital général et un hôpital psychiatrique ; lorsqu'elles recevaient un double diagnostic, les personnes atteintes de troubles mentaux et de troubles du développement n'avaient pas besoin d'interventions psychiatriques aiguës à l'hôpital, cependant. Le gouvernement fédéral avait ordonné au maire de transférer cette maison de retraite dans un environnement plus approprié, où les résidents se sentiraient chez eux, et non à l'hôpital. Dans le quadrant nord-ouest de la ville, il y avait le bâtiment Johnson qui avait été saisi par le Bureau du logement et du développement urbain (HUD) et était resté inoccupé pendant environ trois ans. HUD avait fait don de ce bâtiment à la ville, en signe de bonne volonté pour héberger des personnes souffrant de maladies chroniques et mentales, en provenance de l'hôpital psychiatrique. Ce cadeau du gouvernement fédéral n'était qu'un petit geste, mais un geste important pour la ville, en particulier compte tenu de tous les inconvénients associés au fait d'être un district, par opposition à un état. C'était un grand bâtiment pouvant accueillir plus de 240 personnes. On l'utilisait pour héberger des patients transférés de l'hôpital psychiatrique et pour admettre les membres de la communauté qui souffraient de maladies physiques, chroniques et mentales. Tous ces patients étaient indigents et avaient désespérément besoin de soins institutionnels. Dans le passé, environ 150 personnes âgées atteintes de maladies chroniques avaient été transférées de l'hôpital psychiatrique à cet immeuble.

Aux États-Unis, les codes de sécurité sont très stricts pour les maisons de retraite, plus que pour tout autre type d'établissement de santé. On dit que les maisons de retraite suivent des réglementations plus strictes que celles des centrales nucléaires. Il fallut beaucoup de temps pour que le bâtiment soit prêt à répondre à certaines de ces règlementations, mais pas à toutes les réglementations fédérales et municipales, en plus de répondre aux exigences de certification de Medicaid, la seule et unique source de paiement pour les patients qui peuplaient le nouvel immeuble. À l'origine, ce grand édifice n'avait pas été conçu pour être une maison de retraite, ce qui présentait des défis uniques. De plus, l'établissement était confronté à de nombreux problèmes, certains plus complexes que d'autres. Le maire avait judicieusement embauché une société de gestion pour gérer l'institution, au lieu de compter sur l'autogestion.

Chaque startup fait face à son lot de défis, certains plus difficiles que d'autres. Le degré de difficulté est mesuré par le niveau de préparation dédié au projet. Le bâtiment du HUD devint un exemple classique du fait que le manque de préparation conduisait à l'échec. Un plan bien élaboré aurait dû être mis en œuvre afin de transférer convenablement dans le nouvel établissement un si grand nombre de personnes âgées atteintes de maladies chroniques. En raison de la fragilité de cette population, il était de la plus haute importance d'assurer une transition aussi douce que possible. Très tôt dans le processus, cependant, bon nombre de mes collègues et moi prîmes conscience des épreuves, des tribulations, et des obstacles qu'avaient à surmonter les membres de ce personnel nouvellement formé. Alors qu'ils se débattaient avec leurs nouvelles tâches, on me demanda à plusieurs reprises de participer à la préparation des enquêtes brutales de la ville et du gouvernement fédéral. La presse reportait des nouvelles négatives, encore une fois, sur une autre maison de retraite en faillite appartenant au gouvernement.

Comme je l'avais fait dans le passé pour d'autres maisons de retraite qui m'avaient contactée pour obtenir de l'aide, je passai en revue leurs politiques et procédures, je lus les rapports d'inspection antérieurs et je visitai tous les recoins de l'immeuble pour signaler les parties où l'établissement était défaillant - des problèmes qui pourraient être corrigés avant les évaluations officielles. En examinant l'institution, je pris conscience des défis auxquels la société de gestion était confrontée. Je partageai mon point de vue, mais la société de gestion actuelle avait déjà trop de difficultés. De nombreux membres du personnel avaient cessé de se présenter au travail ; plusieurs fournisseurs refusaient de livrer des biens et des services parce qu'ils n'étaient pas payés ; et les chèques de paye des employés étaient refusés dans les banques en raison de fonds insuffisants. Pour aggraver les choses, la société de gestion avait rapidement écrit une lettre au maire, mettant fin à leur contrat avec le gouvernement, avec effet immédiat. Ils abandonnèrent l'établissement, les impôts, et les prestations de santé des employés non payés.

Cela devint une crise majeure pour la ville.

Par un jour ensoleillé du milieu des années 1990, vers dix heures du matin, je reçus un appel du directeur du Département des services humains de la ville, me demandant de me présenter à son bureau à 14 heures pour discuter de la gestion de la maison de retraite Johnson. À cette époque, VMT, au nom du gouvernement, gérait déjà la maison de retraite du Bureau de la Sénescence depuis plusieurs années. Sous ma direction, cette institution était totalement hors du radar des médias et fonctionnait sans problème, tant sur le plan financier que sur le plan de la gestion.

« Monsieur Hawk, dis-je, comment voulez-vous que je me présente à votre bureau à quatorze heures alors qu'il est déjà dix heures ?

– Je ne sais pas, répondit-il. On me dit que vous êtes la seule à pouvoir m'aider dans cette crise de maison de retraite à laquelle fait face le gouvernement. Je vous verrai à deux heures cet après-midi, d'accord ? »

Je n'avais pas d'autre choix que de dire « Oui, monsieur », sans même savoir où se trouvait son bureau.

En quelques heures, je parvins à constituer une équipe solide, composée du directeur exécutif de VMT, qui avait une formation juridique, de notre comptable, qui était CPA, de l'avocat de la société et, bien sûr, de mon bien-aimé Keith qui croyait en moi et qui s'était tenu à mes côtés dès la création de l'entreprise et à travers toutes nos tribulations. Après que Doc et Victor aient quitté VMT, mon mari Keith avait fermé son entreprise pour rejoindre la mienne. Ensemble, nous entrâmes tous dans le bureau de Mr. Hawk. Il fut surpris par le nombre - et le calibre - des personnes que j'avais pu rassembler en si peu de temps. Après les présentations, il dit avec un large sourire : « Toute personne dans cette ville pouvant réunir une équipe professionnelle de ce calibre en si peu de temps devrait faire partie de mon bureau. »

Au début, il y eut de petites conversations, et même des rires, jusqu'à ce que Mr Hawk s'arrêtât brusquement pour me regarder droit dans les yeux. Très sérieusement, il demanda : « Pourquoi ne vous ai-je jamais rencontré auparavant ? me demanda-t-il directement. Où étiez-vous ? Je pensais connaître toutes les entreprises de soins de santé dans cette ville. »

J'adoptai le sourire narquois de mon mari et répondit : « Je fais mon travail, monsieur. Je m'occupe de mes affaires et je reste à ma place. »

Mon mari, qui avait toujours été mon conseiller, et ma conscience, m'avait appris à ne pas me laisser prendre par la politique de la ville. Ce conseil m'avait bien servi et avait fait de moi « une gestionnaire honnête », un titre décerné par le président du Conseil de contrôle lors d'une audience.

Nous discutâmes des problèmes auxquels faisait face la maison et Mr. Hawk promit d'obtenir un contrat avec VMT pour prendre en charge la gestion au nom du gouvernement. Ce contrat ajouterait une deuxième maison de retraite au portefeuille de notre entreprise. Notre aide était urgente. Nous étions en novembre, la semaine de la Thanksgiving, et les employés de la maison de retraite en disgrâce n'avaient pas été payés. La société de gestion avait complètement abandonné la maison et, pendant la courte période précédant l'arrivée d'une nouvelle société de gestion, les employés étaient légalement sous la masse salariale du gouvernement. Déçus et en colère, les employés avaient envahi le bureau de l'administrateur de la ville, et celui du directeur des finances, exigeant de parler avec le maire et d'être rémunérés pour leur travail. Une fois de plus, les médias avait pris plaisir à rapporter cette manifestation d'employés, à la fois dans la presse écrite et à l'antenne.

Pendant cette période de troubles à l'institution, VMT négocia activement avec le bureau des finances du gouvernement. VMT formulait des demandes inhabituelles, mais nécessaires, afin de prendre le contrôle de l'institution et d'entamer le processus de réhabilitation consistant à mettre la maison en conformité et à résoudre les plaintes légitimes des employés. L'une des demandes était que VMT soit autorisée à facturer directement Medicaid et les autres payeurs. De plus, nous demandâmes que toutes les créances parviennent directement à l'établissement pour nous permettre de gérer la crise aussi efficacement que possible. En raison de la nature de l'entreprise de soins infirmiers, j'expliquai, l'établissement ne pouvait pas dépendre d'un chèque du Trésor de la ville pour rester à flot - nous devions accélérer le processus du bénéficiaire. Dans le cadre du contrat, VMT demanda également que le gouvernement avance suffisamment de fonds pour payer chaque employé, afin de ramener les employés qui avaient démissionné par frustration. Nous exigeâmes également des fonds pour payer certains fournisseurs, afin de les inciter à retourner ou à continuer de livrer leurs biens et services.

L'objectif était simple : si les employés savaient qu'ils seraient payés à l'avance, ils étaient plus susceptibles de retourner au travail. Ils n'avaient pas d'argent pour le transport, pas d'argent pour entretenir leurs uniformes et, dans certains cas, pas d'argent pour la nourriture. Un chèque de paye était non seulement nécessaire pour les remettre au travail, mais cela montrerait également la bonne foi et la confiance que la nouvelle direction faisait de leur bien-être une priorité. Le gouvernement accepta d'avancer de l'argent à VMT sous forme de prêt à la maison de retraite jusqu'à ce que les chèques Medicaid commencent à être déboursés pour soutenir l'établissement. Ce prêt fut finalement remboursé au gouvernement sur les revenus de la Maison Johnson.

Au cours de ces négociations, la Commission de contrôle demanda que je comparaisse à une audience de surveillance financière avant que l'attribution du contrat ne soit finalisée. Mon équipe assista à l'audience, et je témoignai devant le conseil d'administration - au sujet de l'entreprise, des mesures que nous avions prises qui avaient permis à la première maison de retraite de combler plus d'une centaine de lacunes, ainsi qu'un déficit de près de deux millions de dollars, pour devenir une institution cinq étoiles rentable. Je promis au Conseil de contrôle, aux résidents, aux familles et au personnel de l'établissement que nous ferions tout notre possible pour améliorer la qualité des soins et rehausser la réputation de l'établissement. En me basant sur certaines des questions, je me rendais compte que les députés voulaient savoir si j'avais des liens avec le cercle restreint du gouvernement. Ils apprirent que je n'étais connue d'aucun des principaux acteurs au pouvoir. Ils devinrent convaincus que j'étais une praticienne indépendante qui avait reçu des notes élevées du Bureau de la Sénescence pour avoir géré avec succès l'autre maison de retraite du gouvernement. En fin de compte, un contrat d'un an fut attribué à VMT pour reprendre les opérations quotidiennes de l'institution en pleine tourmente.

La société que j'avais créée et dont j'étais désormais l'unique actionnaire était sur le point de devenir un empire encore plus grand.

Tous les yeux étaient à nouveau braqués sur VMT - et donc sur moi. J'avais réussi une première fois. Étais-je capable de répéter ce succès ? Telle était la question dans la ville. En tant qu'administratrice de la maison de retraite du Bureau de la Sénescence, j'étais bien consciente que, selon la loi, je ne pouvais pas être simultanément administratrice de la Maison Johnson. Bien que Keith soit un homme intelligent à l'esprit analytique, il n'était pas un administrateur de maison de retraite autorisé et, par conséquent, il n'était pas qualifié pour servir d'administrateur officiel de la deuxième maison de retraite. Par conséquent, nous gardâmes l'administrateur actuel, principalement en raison de sa licence. En équipe, Keith travailla avec moi pour assurer la surveillance de la nouvelle maison, en s'assurant qu'il avait les yeux et les oreilles sur le terrain, en examinant, en observant, en posant des questions, en rencontrant les fournisseurs et en analysant tous les besoins de l'installation.

Je travaillais en tant qu'administratrice dans la première maison, puis je passais mes soirées dans la nouvelle institution. Mon premier ordre du jour à la Maison Johnson était de rencontrer les directeurs, puis les managers, et, finalement, je convoquai une réunion générale du personnel. Les réunions étaient instructives, mais parfois accablantes et même douloureuses, alors que le personnel discutait de leurs épreuves. Certains n'avaient pas été payés depuis plus d'un mois ; la société de gestion précédente avait omis leurs impôts et leur assurance maladie avait été annulée. Une employée pleura lors d'une réunion publique, déclarant que sa tension artérielle était dangereusement élevée mais qu'elle n'avait pas d'argent pour acheter des médicaments. En fait, on m'annonça le décès de cette employée quelques mois après qu'elle eut partagé cette information. Le personnel m'informa, puis je constatai par la suite, que l'établissement était infesté de rongeurs. J'appris également que les employés avaient intenté une action en justice contre le gouvernement. Alors que l'établissement était sous la direction de VMT, cette affaire fut réglée à l'amiable et les employés obtinrent une restitution par le gouvernement.

En raison de la tourmente, la nouvelle institution fut mise « sur la voie rapide » par le gouvernement fédéral, ce qui signifie que nous fûmes contraints à subir des inspections et des contrôles en plus de ceux qui se faisaient annuellement de façon régulière. Nous étions débordés, car l'établissement présentait une foule de lacunes pour lesquelles le gouvernement au niveau du district et au niveau fédéral avaient dressé un procès-verbal. Ces déficits devaient être corrigés rapidement, en plus des problèmes quotidiens auxquels nous étions confrontés dans la gestion d'une nouvelle entreprise. Un bourbier avait été tracé pour nous - une carte que nous n'avions pas dessinée mais à partir de laquelle nous devions naviguer maintenant que nous étions le nouvel entrepreneur.

L'administrateur idéal d'une maison de retraite a besoin d'une solide base clinique, d'une solide expérience en gestion et d'une compréhension du jargon de l'industrie. De plus, il doit être analytique dans la gestion des problèmes cliniques et, en général, posséder une vaste connaissance du système de santé. L'administrateur d'une maison de retraite n'est pas obligé d'être un infirmier. Toute personne titulaire d'un diplôme en travail social ou dans le domaine de la santé aura un avantage sur, disons, une esthéticienne, une secrétaire ou même un gourou de la finance qui possède également une licence d'administrateur de maison de retraite. L'administratrice agréée de la Maison Johnson était une spécialiste des finances et était très désavantagée, car elle n'était pas infirmière et n'avait aucune connaissance clinique. Elle était un nouveau titulaire avec une expérience minimale. Certains des problèmes auxquels cette administratrice dut faire face comprenaient des évaluations multiples, un manque général de fonds et une incapacité à contrôler le manque de personnel dans la maison de retraite. Elle n'avait aucune idée, par exemple, du nombre d'employés qui devaient se présenter au travail un jour donné pour s'occuper des résidents - et quels étaient ces employés. À la demande de VMT, cette administratrice ne pouvait pas produire le nombre d'employés affectés à un service donné ; lorsqu'on lui donnait un nom, elle ne pouvait même pas vérifier le statut d'emploi d'une personne. Le manque de soutien de la direction devint évident lorsque j'interagis avec cette administratrice. Elle avait fait de son mieux sans aucune aide d'un haut placé. En tant qu'administratrice en poste, elle avait légitimement peur de prendre des décisions, même de signer des chèques de paie. Elle avait peur de sa propre ombre. Je sympathisai avec elle et je me fis un devoir de travailler étroitement avec elle et de la soutenir alors que d'autres auraient pu prendre la décision de la remplacer immédiatement.

Parce que nous avions pu obtenir une avance sur les fonds du district, VMT put payer et réembaucher de nombreux employés qui avaient démissionné. Nous sûmes convaincre les fournisseurs à qui le gouvernement devait de l'argent de retourner, et ceux qui étaient restés furent récompensés pour ne pas avoir abandonné l'établissement. L'une de ces sociétés était le Nationwide Pharmacy Center qui avait continué à livrer des médicaments aux personnes âgées, même si on leur devait des milliers de dollars.

Je démissionnai de mon poste d'administratrice dans notre première maison et j'embauchai un administrateur de maison de retraite agréé comme mon remplaçant afin de mieux superviser les deux administrateurs et leur offrir le soutien dont ils avaient besoin. J'étais maintenant mieux en mesure d'assurer la surveillance des deux institutions.

Le personnel de la maison de retraite du Bureau de la Sénescence ne voulait pas que je parte. Cependant, les employés comprirent qu'il était préférable pour les deux établissements que je démissionne. Ils furent rassurés de mon attention continue et de mon soutien dévoué à l'établissement. Le personnel planifia une magnifique fête d'adieu en mon honneur. Des membres du conseil municipal et de nombreux autres fonctionnaires de la ville, comme des membres du Bureau de la Sénescence, y participèrent. Je fus honorée par une récitation du poème de Maya Angelou, « Femme Phénoménale ». Il y eut des performances du personnel et, oui, beaucoup de discours et de cadeaux de la part des membres de la famille, du personnel et même des participants au programme de jour pour les personnes âgées que VMT avait également géré pour le gouvernement.

Mon mari et moi ne prenions pas de vacances. Nous restions concentrés sur la tâche. Je n'avais pas de temps libre pour moi, pour mon mari, ni pour mon fils. Une fois de plus, je vivais au sens figuré dans ces deux établissements. Nous sacrifions l'intimité, car nous étions devenus des collègues plus que des amants, et notre fils, un jeune adulte, était épanoui, capable de gérer l'école et les loisirs personnels avec des amis, indépendamment de ses parents. Nous étions déterminés à réussir, et tel était notre choix. Aucun sacrifice n'était trop grand dans notre quête pour créer une entreprise minoritaire dont nous pourrions être fiers, un exemple brillant à Washington, DC.

APPLIQUEZ LES RÈGLES !

Règle n ° 19 : Soyez prêt pour l'inattendu

Réflexion : Je porte tout sur mon dos, mais quelqu'un d'autre me porte sur son dos

Les tortues sont assez autosuffisantes. Elles portent leur maison sur le dos et récupèrent ce dont elles ont besoin dans leur environnement. Jusqu'à récemment, les scientifiques pensaient qu'elles étaient également sourdes et ne pouvaient pas communiquer entre elles, car elles n'ont pas de cordes vocales. Mais Richard Vogt, un herpétologue, a découvert que les tortues de rivière géantes d'Amérique du Sud appellent leurs nouveau-nés une fois qu'ils ont atteint l'eau, pour les guider vers des colonies de migration où ils seront plus en sécurité que seuls. Selon les recherches de Vogt, avant même d'éclore, les bébés commencent à communiquer entre eux depuis l'intérieur de leur carapace. C'est une excellente leçon : alors que nous pouvons tous porter une lourde charge sur le dos, il est bon de savoir que quelqu'un peut vous aider à trouver votre chemin lorsque vous ne savez pas dans quelle direction aller.

- Regardez votre compte bancaire. Avez-vous assez d'argent pour vous couvrir en cas d'urgence ? Si vous n'avez pas planifié l'imprévu, il est temps d'ouvrir un compte d'épargne d'urgence avec suffisamment d'argent pour vous soutenir pendant six mois au minimum. Économisez autant que vous le pouvez, même si ce n'est que quelques dollars par mois. Pendant que vous y êtes, commencez à planifier votre retraite. Mettez de côté un peu d'argent à la fois et n'y touchez pas.

- Assurez-vous d'être vigilant à propos de vos soins de santé. Planifiez un bilan de santé annuel, un frottis vaginal et un examen des seins et planifiez un examen dentaire. Il est facile d'attendre d'être malade pour gérer vos soins de santé, mais l'identification précoce des problèmes de santé peut vous aider à rester en meilleure santé plus longtemps en évitant les maladies avant qu'elles ne deviennent chroniques.

- Établissez un testament de vie et un plan de soins pour vous-même au cas où vous deviendriez inopinément inapte. Identifiez quelqu'un qui puisse agir en tant que mandataire si vous vous trouvez dans une situation où vous ne pouvez pas prendre vos propres décisions médicales. La plupart des médecins généralistes ou des travailleurs sociaux peuvent vous aider à obtenir les documents nécessaires pour un testament de vie et une directive médicale préalable.

RÈGLES POUR BIEN VIVRE

Règle n ° 20 : Trouvez des moyens de mesurer le succès

Je me souviens de l'immense joie de vivre que j'ai ressentie la première fois que je me suis acheté une Mercedes. Je l'avais méritée ! Plus de Pacer verte pour moi. Je conduisais avec style (voir chapitre huit, « L'expédition de pêche »). C'était semblable au sentiment que j'avais ressenti lorsque j'avais signé les papiers d'hypothèque sur notre grande maison familiale (voir le chapitre 12, « Vie et perte »). Ces deux occasions marquèrent un certain succès pour moi ; elles signifiaient que j'allais quelque part. Mais les symboles de statut et les articles de luxe, bien que beaux, ne sont pas la seule mesure du succès. Il est également important de trouver des moyens de mesurer le succès de votre vie professionnelle.

J'avais quatre objectifs fondamentaux en tête lorsque mon entreprise prit en main la direction de la Maison Johnson :

1. Créer un environnement accueillant et chaleureux pour les résidents.
2. Améliorer le moral du personnel (voir le chapitre 11, « Comment avons-nous fait ? »).
3. Retrouver la confiance des fournisseurs qui avaient annulé leurs contrats avec la maison de retraite.
4. Embellir l'environnement.

Une fois ces quatre objectifs atteints, nous travaillâmes à la collecte de fonds pour l'obtention d'équipements et la planification d'activités de loisir pour les résidents, afin d'améliorer leur qualité de vie. Aucune de ces mesures n'était pour mon propre bénéfice, même si je tirai une certaine joie par procuration de voir les changements prendre effet. Les résidents, le personnel, les clients et les fournisseurs heureux sont synonymes de succès. Le bonheur se propage comme un virus. Assurez-vous de faire de votre mieux pour satisfaire les personnes avec lesquelles vous entrez en contact dans votre vie professionnelle - à tous les niveaux. C'est la clé du succès.

CHAPITRE 11

Comment avons-nous fait ?

En tant qu'entreprise, nous savions que notre première tâche dans le nouvel établissement était de veiller à ce que les résidents se sentent plus à l'aise, avant de pouvoir résoudre les problèmes les plus complexes. Le salon de beauté reçut une couche de peinture, de nouveaux miroirs, des peignes et des pinceaux neufs. Il devint immédiatement un endroit où les résidents pouvaient se faire dorloter, échanger des potins et rencontrer de nouveaux amis qui leur rappelaient les relations qu'ils avaient eues en dehors des murs de la maison de retraite. La modernisation du salon de beauté eut des résultats fructueux. Nous cochâmes notre très longue liste de choses à faire, et ce salon constituait un élément important sur cette liste, car le confort des personnes âgées de la maison devait passer en premier.

Mon prochain plan d'action était aussi une priorité : il était impératif que je rentre dans les bonnes grâces de l'exterminateur, la première entreprise à abandonner l'institution pour non-paiement. Vivre en ville s'accompagnait de sa part de souris, de rats, de ratons laveurs, d'écureuils et d'autres créatures, même dans les maisons privées. Les personnes âgées, en particulier, avaient du mal à garder leur environnement exempt de rongeurs, surtout lorsqu'elles vivaient seules. Les rongeurs dans une maison de retraite sont monnaie courante. Chaque fois qu'un nouveau résident est admis, une maison de retraite court le risque d'accueillir des cafards, des punaises de lit, des poux, et d'autres insectes. La Maison Johnson était envahie par la vermine et nous avions désespérément besoin de remédier immédiatement à ce problème. Une fois l'entrepreneur revenu, les rongeurs disparurent et je pus cocher un autre élément sur la liste des problèmes que nous avions à résoudre.

La propreté du bâtiment était un autre fruit à portée de main. Nous avions découvert que l'établissement ne disposait que de trois machines de polissage pour nettoyer l'ensemble du bâtiment. Cependant, deux de ces machines étaient en réparation et n'avaient pas été réclamées, faute de fonds, de sorte qu'une seule machine servait à nettoyer les huit unités de soins infirmiers ainsi que tous les espaces publics. Pas étonnant que les sols avaient l'air aussi négligés ! Une fois que les deux machines - désormais fonctionnelles - furent récupérées, nous achetâmes deux machines supplémentaires. Les sols scintillaient. Les murs intérieurs reçurent une nouvelle couche de peinture et toute la moquette fut désinfectée et shampouinée. Le bâtiment avait bel air et sentait bon.

Tels furent les problèmes les plus évidents que nous résolûmes pour donner une apparence tangible d'amélioration au bâtiment. Une fois ces objectifs atteints, nous entreprîmes de découvrir les problèmes plus profonds. Les problèmes évidents étaient les plus faciles à résoudre. Cependant, les vrais problèmes de l'établissement devaient être étudiés à fond et résolus efficacement afin de réhabiliter cette maison de retraite une fois pour toutes. Nous déclarâmes la guerre à la gestion « laissez faire ».

Mon cher mari, le nouveau président de VMT, dont les bureaux étaient maintenant situés à la Maison Johnson, devint mon détective. Il parcourait le bâtiment plusieurs fois par jour, conversant avec tous ceux qu'il rencontrait pour recueillir des informations. Il interviewa des fournisseurs, se mêla aux familles et fit la conversation avec les entrepreneurs travaillant dans l'immeuble. À la fin de la journée, il rédigeait un rapport que nous examinions ensemble pendant le dîner pour élaborer une stratégie. C'est grâce à ce processus et à l'utilisation de compétences analytiques que les problèmes plus importants furent découverts.

VMT savait que, par contrat, la société de gestion précédente dépendait d'un chèque mensuel du gouvernement pour gérer l'institution. Ce que nous ignorions avant de prendre en main la maison de retraite concernait les processus d'admission et de facturation : le personnel envoyait la facture à l'organe responsable des soins fournis par l'établissement ; celui-ci, cependant, envoyait le paiement au Département du Trésor du District de Columbia, et non à l'établissement. Au lieu d'être payée directement par l'organe responsable des soins fournis, la maison recevait un montant fixe du Département du Trésor du district. Dans de nombreux cas, le chèque émis par le gouvernement arrivait en retard, ce qui retardait la paye et dérangeait le personnel. D'après les conclusions de VMT, outre le retard du chèque mensuel, le montant remboursé était insuffisant pour couvrir les dépenses de l'institution. Pour cette raison, les banques refusaient les chèques des employés pour insuffisance de fonds. Maintenant, nous comprenions tout. Une fois le problème identifié, il nous revenait d'élaborer un plan d'action pour recouvrer le déficit auquel l'institution avait droit et dont elle avait besoin pour fonctionner efficacement.

D'après cette évaluation et une analyse approfondie menée par Keith, l'ancienne société de gestion - et son personnel - savaient bien que le montant du chèque émis chaque mois à l'établissement était insuffisant. Non seulement l'allocation était inchangeable, elle n'avait pas été fixée objectivement ; personne n'avait tenu des comptes, et aucun effort n'avait été fait pour collecter la somme manquante. La société de gestion précédente s'était assurée de recevoir ses propres honoraires contractuels, très généreux, mais ne s'était pas efforcée de s'assurer que les employés étaient payés et que l'établissement était correctement entretenu. Le bien-être du personnel et des résidents n'avait pas été une priorité. Si l'argent était un problème majeur, VMT trouverait une solution. La Maison Johnson appartenait au gouvernement, tout comme la maison de retraite du Bureau de la Sénescence - le même gouvernement qui payait toutes les maisons de retraite - mais l'établissement luttait pour les remboursements Medicaid, qui constituaient la principale source de fonds pour les résidents indigents sous nos soins.

L'autre découverte que nous fîmes fut encore plus choquante : l'institution n'était pas certifiée par Medicare. Quelle ironie ! Le directeur de l'Administration des soins de longue durée, qui réglementait cette maison de retraite, avait exigé que toutes les maisons de retraite du district soient certifiées par Medicare ; pourtant, bien après la date limite, cette institution appartenant au gouvernement était la seule sans certification appropriée. VMT remplit immédiatement le long formulaire de candidature. Quelques mois plus tard, nous admettions des résidents ayant besoin de services qualifiés et commençâmes à collecter des fonds Medicare pour compléter les revenus de Medicaid.

Dans les années 1990, les maisons de retraite étaient remboursées rétroactivement, en fonction des dépenses. Plus un établissement dépensait, plus le taux de remboursement était élevé l'année suivante. Parce que cette nouvelle maison ne disposait pas de suffisamment de fonds pour gérer ses activités, le taux de remboursement n'avait pas varié, créant un cercle vicieux qui ne pouvait être corrigé qu'en modifiant les pratiques de facturation et de paiement.

Lors de ma première réunion ouverte avec le personnel, je promis de faire tout ce qui était en mon pouvoir pour m'assurer que leurs chèques de paie ne soient jamais sans provision. Tenir cette promesse était important pour moi, donc obtenir un flux immédiat de fonds vers l'établissement devint ma priorité numéro un. Je réunis une équipe pour examiner l'historique de facturation de chaque résident de l'établissement, y compris ceux qui avaient reçu des soins avant la prise de contrôle de l'établissement par VMT, mais dont les services n'avaient pas été facturés. Nous commençâmes avec les fichiers les plus anciens et nous soumîmes les factures appropriées, jour après jour.

Tout comme VMT avait pu récupérer quatre millions de dollars auprès de Medicaid pour la maison de retraite du Bureau de la Sénescence, nous pûmes rapidement récupérer une grosse somme d'argent pour la Maison Johnson. Medicaid et d'autres organes responsables des soins fournis par l'établissement déboursèrent toute une série de chèques pour des services rendus qui étaient restés non facturés et non encaissés pendant longtemps. L'argent nous permit de rester à flot. Des millions de dollars rétroactifs furent versés à l'institution - dollars qui lui était légitimement dus. En raison d'une facturation adéquate et d'une amélioration des flux de trésorerie, le taux de remboursement de l'établissement commença à augmenter. Nous augmentâmes les salaires des employés actuels et offrîmes un meilleur salaire aux candidats, ce qui nous permit de concourir pour un personnel de plus haut calibre - des gens qui pourraient vraiment transformer l'institution. Nous licenciâmes tous les employés peu performants et embauchâmes de nouveaux employés qui reçurent un salaire compétitif.

Personnel heureux, résidents heureux. Nous travaillâmes activement à l'amélioration du moral du personnel. La fréquence des enquêtes diminua considérablement, au point que même les enquêteurs étaient joyeux. Nous reçûmes des éloges de la part des familles des résidents et, bien sûr, le gouvernement était satisfait du choix qu'il avait fait d'un entrepreneur capable de le protéger contre la médiatisation négative à laquelle ils avaient été confrontés à cause de la société de gestion précédente. VMT reçut des compliments de la part de toutes les parties impliquées, tout comme nous avions reçu des distinctions pour la gestion de la maison de retraite du Bureau de la Sénescence.

Cependant l'établissement était toujours confronté à des problèmes structurels nécessitant de grandes réparations, et aucun financement gouvernemental n'était immédiatement disponible - ni affecté - pour un projet de rénovation aussi important. Comprenant la situation, le maire affecta des fonds pour aider à ce projet au cours de l'exercice suivant. Malheureusement, lorsqu'il perdit les élections de novembre et dût renoncer à son siège de maire, l'établissement perdit un champion qui nous aurait aidés à mettre en œuvre le projet rapidement. Les réparations furent retardées indéfiniment. L'année suivante, un membre du Conseil, Allen, qui avait présidé le comité de la santé, s'assura que les fonds pour les réparations étaient sécurisés, mais, comme les budgets gouvernementaux sont élaborés bien avant l'exercice au cours duquel ils sont mis en œuvre, l'établissement dût attendre que les fonds soient disponibles avant de commencer les rénovations.

Dans une maison de retraite qui avait du mal à trouver les fonds dont nous avions désespérément besoin pour les opérations quotidiennes, nous dûmes trouver des moyens d'apporter de l'argent « de détente » au sein de l'établissement pour remonter le moral et améliorer la vie des personnes âgées vivant dans la Maison Johnson. Les résidents avaient besoin de plus d'activités récréatives, y compris des sorties communautaires plus fréquentes. Mais il y avait un manque de financement pour les événements de détente.

Je décidai de chercher un financement privé, comme je l'avais fait à la maison de retraite du Bureau de la Sénescence. Nous mîmes sur pied un Comité consultatif communautaire des résidents (appelé RCAB). Il était composé du président du Conseil des résidents, du président du Conseil de famille et de membres de la communauté. Un employé du Service des loisirs faisait partie du personnel du RCAB sur une base bénévole et je siégeai d'office au conseil du RCAB. La fonction première du RCAB était de collecter des fonds pour assurer la qualité de vie des résidents. En d'autres termes, les membres du conseil devaient apporter des fonds pour que les résidents puissent s'amuser.

Lors de la gestion d'une maison de retraite, la décision de dépendre exclusivement de Medicaid, sans financement provenant du secteur privé pour compenser les insuffisances de Medicaid et sans financement en provenance des services de réadaptation Medicare à court terme pour combler le déficit financier, peut mener à la catastrophe. La vie dans un tel établissement est de qualité minimale et peut semer le désespoir, étant donné que très peu de résidents ne retourneront jamais chez eux ou dans la communauté extérieure. La plupart de ces résidents avaient été transférés d'un hôpital psychiatrique et, ayant vécu dans cet établissement pendant longtemps - parfois des années - ils n'avaient pas de domicile où retourner et, dans de nombreux cas, pas de famille pour les accueillir à nouveau dans la communauté.

De plus, cet établissement était l'endroit où la plupart, sinon la totalité, des sans-abris de la ville étaient admis, chaque fois que des soins de longue durée dans une maison de retraite étaient nécessaires. Retourner dans la rue n'était pas une option. Pour la plupart de ces résidents, la Maison Johnson serait leur dernière demeure et, pour beaucoup, la meilleure maison qu'ils n'aient jamais eue. Je voulais que les hommes et les femmes sous notre responsabilité vivent une vie bien remplie pendant leur séjour dans la maison de retraite. Dès le moment où j'avais franchi les portes de la Maison Washington, ma toute première maison de retraite, j'avais été accueillie par des personnes âgées en fauteuil roulant, et je les avais associés à ma mère et mon père qui vieillissaient également, et j'avais décidé de les traiter comme s'ils étaient de la famille. Je m'étais promis de rehausser leur qualité de vie au mieux de mes capacités - une responsabilité qui me portait souvent à prier la Vierge Marie. Grâce aux activités de financement du RCAB, y compris un évènement en tenue de soirée, nous pûmes amasser suffisamment d'argent pour acheter pour l'institution un autobus accessible en fauteuil roulant. Nous organisâmes une grande cérémonie d'inauguration lorsque le bus fut livré. Ce fut une journée heureuse qui marqua le début de grands changements pour les résidents.

Avant l'acquisition du bus, les résidents ne pouvaient pas faire les emplettes dans leur communauté, alors le personnel faisait venir des vendeurs, créant un centre commercial dans la salle à manger des résidents pour leur permettre de faire leurs courses. Une fois qu'ils eurent leur propre moyen de transport, les résidents purent laisser le bâtiment. Chaque événement équivalait à une croisière - de nombreux résidents n'avaient pas quitté la maison depuis des années. Le voyage préféré des résidents était le centre commercial, afin qu'ils puissent faire leurs achats chez Wal-Mart, certains dans leurs scooters motorisés ou en fauteuil roulant manuel, avec l'aide de membres du personnel. Il ne faisait aucun doute que notre entreprise faisait une différence dans la vie de ces résidents. C'était évident à travers leurs grands sourires.

Alors que les deux maisons de retraite étaient florissantes et que l'entreprise était reconnue comme l'un des cent meilleurs employeurs de la ville, ma vie personnelle était en lambeaux. Mon temps avec Keith était principalement consacré à discuter de nos affaires et à nous inquiéter au sujet des responsabilités que nous partagions maintenant au travail. Je jouais très bien publiquement le rôle de la femme qui avait réussi, mais il y avait un côté sombre à ce succès : le stress. J'étais PDG en charge de deux maisons de retraite exigeantes, comptant plus de 500 résidents dont je me sentais responsable ; J'étais également responsable des centaines de clients de notre agence de soins à domicile, ainsi que d'une école d'infirmières comptant un grand nombre d'étudiants - un effectif total d'environ 800 employés. Le travail commençait à devenir ingérable, et l'anxiété faisait des ravages.

A longueur de journée, je sentais l'adrénaline dans mes veines. Quand je me réveillais le matin, je pouvais la sentir me parcourir le corps, et j'avais souvent l'impression de courir d'une obligation ou d'une réunion à l'autre sans avoir le temps de me reposer. La nuit, quand ma tête touchait finalement l'oreiller, je m'effondrais et je dormais jusqu'au matin, pour recommencer la course, et l'adrénaline coulait encore, me stimulant tout au long de ma journée.

J'attaquais souvent mon mari avec colère et frustration, mais Keith restait imperturbable. Il gérait mes crises avec prudence et était beaucoup plus compréhensif que ce à quoi je m'attendais. Il restait mon rocher, et ne ripostait jamais. Un jour, alors qu'il pensait que je dépassais les limites, il me prit par les épaules, me regardant dans les yeux avec une pitié exagérée, son sourire narquois pas trop loin, et me dit : « Attends une minute, Solanges ! Qu'est-ce qui t'arrive ? Tu es en colère, et tu me lances à tort et à travers des paroles tranchantes. As-tu avalé une…lame de rasoir ? » A ces mots, nous éclatâmes tous les deux de rire. Il me prit dans ses bras et me serra contre sa poitrine. Il m'embrassa et m'assura que tout allait bien. J'éclatai en larmes contre son épaule et je me sentis mieux, même si c'était juste pour ce moment. Il avait une façon spéciale de me ramener sur terre, peut-être à cause de la différence d'âge de dix ans qui existait entre nous.

Je faisais des cauchemars, marqués par des épisodes au cours desquels j'avais très chaud, puis soudain je grelottais de froid. Un ventilateur électrique était installé sur une chaise devant mon lit pour me rafraîchir si j'avais une bouffée de chaleur. Une épaisse couverture était posée sur le lit au cas où j'aurais froid, et elle était souvent jetée sur Keith au cours de la nuit. Il m'avait fait comprendre un jour qu'il me supportait uniquement parce qu'il m'aimait mais qu'il en avait presqu'assez de mon comportement maniaque. Je développai un ulcère d'estomac pour lequel je reçus un résultat positif du test de la bactérie H Pilori, qui dût être traitée avec une triple antibiothérapie. J'allais et venais chez mon médecin généraliste. Il avait fait tout ce qu'il pouvait pour m'aider. En dernier recours, je fus référée à un médecin spécialisé en obstétrique et gynécologie. À la fin de la trentaine, j'étais beaucoup trop jeune pour être ménopausée. Serait-ce le stress du travail se manifestant par de tels comportements erratiques ? Je m'inquiétais.

Lors d'une de mes visites gynécologiques, je fus consultée par une infirmière praticienne autorisée qui avait passé beaucoup de temps à revoir mon dossier médical. Elle savait que j'étais une professionnelle de la santé bien formée et elle était aussi parfaitement consciente que j'avais beaucoup à faire : j'étais trop engloutie dans ma propre situation pour me montrer rationnelle. « Je vais faire une expérience, même si c'est interdit par le système de santé, dit-elle. Je fais confiance à mon jugement et je pense que ma suggestion est dans votre intérêt. » Elle prononça les mots qui seraient le catalyseur d'un remède à ma maladie. « Je vais vous référer à un endocrinologue, dit-elle. »

Avant qu'elle n'ait eu la chance de terminer sa phrase, la lame de rasoir était sortie. « Endocrinologue ! Je ne cherche pas à tomber enceinte. Pourquoi aurais-je besoin d'un endocrinologue ? » Bien sûr, je savais que j'étais irrationnelle. Les endocrinologues traitent plus que les grossesses problématiques. Leur fonction principale est de réguler les déséquilibres hormonaux dans un large éventail de conditions telles que les troubles thyroïdiens ou le diabète.

« Chut, dit-elle en touchant ses lèvres avec son index. Écoutez. » Elle continua : « J'ai un plan pour vous. Nous avons un grand spécialiste que je veux que vous voyiez. Je ne suis pas autorisée à vous envoyer chez lui, mais je le fais pour vous, car je crois qu'il peut vous aider, Solanges. S'il vous plaît, allez le voir dès que possible. Je vais également vous référer à un psychologue. Je pense que vous subissez beaucoup de stress et de pression au travail. Avoir quelqu'un à qui parler en dehors de votre lieu de travail pourrait être bénéfique. »

Quand j'arrivai à la maison et que je partageai avec mon mari les recommandations de l'infirmière, Keith était furieux. « Si jamais on venait à apprendre que tu vois un psychologue, ce serait la fin de ta carrière. Te rends-tu compte de ce que cela signifierait pour l'entreprise ? » Il prit la prescription de mes mains et la déchiqueta en morceaux. Depuis toutes les années que nous vivions ensemble, je n'avais jamais vu Keith aussi catégorique à propos de quoi que ce soit. Il était mon ange gardien, mon conseiller et, parfois, même ma conscience. « Va voir l'endocrinologue, et nous verrons pour la suite, » dit-il pour mettre fin à cette discussion sur ma santé, qui le préoccupait beaucoup.

Je présentais d'autres signes et symptômes de stress troublants. J'avais développé un syndrome du canal carpien au poignet droit, j'avais eu une tachycardie avec quelques crises trans-ischémiques (AIT) et je visitais fréquemment les urgences. Tous ces problèmes de santé avaient conduit à de multiples rendez-vous chez le médecin, ce qui exacerbait mon stress, car je travaillais tard pour compenser le temps passé loin des établissements. J'avais développé des migraines et je reçus finalement un diagnostic de fibromyalgie.

L'endocrinologue était un médecin juif d'âge moyen qui me mit à l'aise. Le Dr Cohen portait son yamaka (ou kippa), ce qui me rappelait certains de mes collègues de New York. En tant qu'infirmière à l'hôpital du Mont Sinaï, j'avais eu l'occasion de pratiquer aux côtés de nombreux médecins juifs. Je me troublai en décrivant mes symptômes. Il se montra gentil et m'assura que tout irait bien une fois mon problème diagnostiqué et un plan de traitement élaboré. Nous discutâmes dans son bureau pendant assez longtemps, puis il me prescrivit une échographie, qu'il exécuta lui-même.

Quand je retournai à son bureau, le Dr Cohen dit : « Je sais que vous êtes assez jeune, cependant, après vous avoir examiné, je suis fermement convaincu que vous êtes ménopausée - et très avancée dans le processus. » Quand je commençai à pleurer, il m'expliqua que les pleurs étaient symptomatiques du syndrome ménopausique vécu par de nombreuses femmes.

« Ma mère avait 50 ans lorsqu'elle a eu son neuvième enfant. Comment puis-je être ménopausée à un si jeune âge ? lui demandai, toujours en larmes.

– Je vais vous prescrire un médicament qui diminuera et peut-être même arrêtera vos symptômes. »

Après que Premarin me fut prescrit, mes symptômes disparurent progressivement. J'étais à nouveau la personne dont mon mari était tombé amoureux de nombreuses années auparavant. Avec la disparition de mes comportements maniaques, ma vie conjugale se stabilisa. Je devins plus heureuse dans ma vie personnelle et l'entreprise continua à prospérer. Je pris ce médicament pendant plusieurs décennies, jusqu'à ce que des recherches effectuées par la Women's Health Initiative révèlent une corrélation entre le cancer du sein et l'utilisation intensive de Premarin. Sans consulter mon médecin, j'interrompus brusquement l'utilisation de ce médicament et, à ma grande surprise, aucun de mes symptômes ne réapparut. En tant qu'infirmière, je ne recommanderais à personne d'arrêter de prendre ses médicaments sans la supervision de son médecin. Dans ce cas, j'ai eu de la chance. Cependant, l'arrêt de certains médicaments peut entraîner de graves effets secondaires, y compris la mort.

APPLIQUEZ LES RÈGLES !

Règle n ° 20 : Trouvez des moyens de mesurer le succès

Réflexion : Faites le tour du monde...et revenez

Qui sait vraiment à quoi pense une tortue ? Elles font ce qu'elles font pour des raisons que nous ne comprenons pas vraiment. Mais il doit y avoir une certaine satisfaction à atteindre le rivage après des mois en mer et des milliers de kilomètres de voyage. Les tortues de mer femelles doivent avoir un grand sentiment de soulagement lorsqu'elles déposent leurs œufs dans le nid et retournent vers l'eau. Il est difficile de dire ce qui fait le succès d'une tortue, mais elles continuent à faire ce qu'elles font depuis que les dinosaures vivaient sur la planète, donc cela doit marcher pour elles. Si cela fonctionne, il vaut peut-être mieux ne pas se demander pourquoi.

- Demandez-vous ce que le succès signifie pour vous - pas pour personne d'autre. Trouvez ce qui répondra à votre définition du succès. Est-ce une grande maison dans un beau quartier ou un condo en ville ? Est-ce un diplôme universitaire ou l'apprentissage d'un métier ? Est-ce le solde de votre compte bancaire ou une vie de famille heureuse ? Quelle que soit la réponse, écrivez-la et, de temps en temps, vérifiez et voyez si vous travaillez pour répondre à votre définition. Et, ne vous inquiétez pas, vous pouvez toujours redéfinir ce qui compte le plus pour vous.
- Faites une liste d'objectifs. Divisez-les en objectifs à long terme et à court terme. Que voulez-vous accomplir demain ? La semaine prochaine ? Le mois prochain ? L'année prochaine ? Avez-vous un plan sur cinq ans ? Un plan sur dix ans ? Qu'attendez-vous de la vie ? Commencez petit, mais rêvez grand. Notez vos plans et cochez-les sur la liste au fur et à mesure que vous les accomplissez.

RÈGLES POUR BIEN VIVRE

Je parvins finalement à éviter les pièges du succès. J'avais une maison fabuleuse, souvent remplie d'amis, un mariage heureux et prospère, qui était aussi un partenariat d'affaires, et mon entreprise fonctionnait aussi bien qu'on pouvait s'y attendre. Je faisais des vagues dans les organisations professionnelles. Il y eut un voyage éclair pour moi et mon mari, puis, alors que tout semblait se dérouler à ma façon, le monde autour de moi devint fou, et une de mes plus chères amies se retrouva face à une perte que je ne pouvais pas imaginer.

Règle n ° 21 : Soyez patiente et humble

Il faut de la patience pour construire un empire. On dit que Rome ne s'est pas construite en un jour. Ni une carrière, ni une entreprise prospère non plus. Il faut des années de travail acharné, de planification, de patience et d'humilité pour voir les résultats. Il est parfois difficile d'avoir la prévoyance de reconnaître que vous construisez lorsque vous êtes au milieu d'une zone de construction, mais se rendre compte que tout est un processus est la clé pour atteindre vos objectifs. Brique par brique, vous y arriverez.

Comme la tortue, je bouge lentement, mais j'arrive toujours là où je vais finalement. Parfois, même pour des questions personnelles, il suffit de laisser les choses se passer et d'avoir confiance que tout fonctionnera à votre avantage. Je voulais désespérément épouser Keith, parce que le mariage est un principe fondamental de ma foi, et parce que je l'aimais, mais je ne pouvais pas être arrogante ou impatiente (voir le chapitre sept, « Les Cloches sonnent »). Je savais que la relation allait durer, en dépit de l'absence d'un anneau à mon doigt. Je savais que mon amour pour lui était fort et qu'il était le joyau le plus important dont j'avais besoin. Je fus patiente. Je restai avec lui et je lui montrai que je saurais être une bonne épouse. Et, quand il fut prêt à s'engager, il fit sa demande. Cela prit un certain temps, mais ça arriva quand je m'y attendais le moins. Notre mariage fut la récompense pour ma patience, et cela a bien valu l'attente.

CHAPITRE 12

Vie et perte

Un jour, à l'improviste, je dis à Keith que j'étais en proie aux envies qui viennent après vingt ans de mariage. Il eut beau se gratter la tête, Keith ne savait pas de quoi je parlais. Avec un visage impassible et sans hésitation, je dis :

« Je veux une maison plus grande.

– Qu'est-ce qu'une maison plus grande a à voir avec les envies des vingt ans ? demanda-t-il.

– Je sais que tu aimes tes vieilles habitudes : tu es à l'aise là où tu es et, très probablement, tu vas dire non à mon désir de déménager. Alors, je te fais savoir que tu as deux choix : soit tu me donnes une maison plus grande, soit tu t'en vas.

– Pour aller où ? demanda-t-il sans aucune émotion.

– Je ne sais pas, répondis-je en haussant les épaules. Puisque tu ne déménageras pas avec moi, je devrai déménager seule !

– Et elle repart avec ses hypothèses ! Comment sais-tu que je ne déménagerai pas ? »

À ces mots, je sautai dans ses bras en hurlant de joie. Je lui embrassai le visage et le cou. « Tu dis vrai ? » J'étais ravie - tout sourire, comme un enfant dans un magasin de bonbons.

Puis Keith dit : « Je déménagerai, tant que j'ai mon mot à dire sur le choix de la maison. »

Il me dit où il accepterait de déménager et où il ne vivrait absolument pas. Keith ne conduisait pas ; il était donc important que tous les moyens de transport en commun lui soient accessibles. Une fois qu'il eut accepté de déménager pour me rendre heureuse, il s'impliqua dans la sélection d'un agent immobilier et fixa ses propres limites quant à ce qu'il ferait et ne ferait pas.

Pour rechercher la maison de mes rêves, je contactai Sheila, une vieille amie et une de mes idoles dans la profession d'infirmière. Elle était administratrice du département des soins infirmiers de l'hôpital universitaire George Washington lorsque j'étais directrice des soins infirmiers.

Sheila avait démissionné de son poste à l'hôpital et était devenue agent immobilier agréé pendant ses années de transition. Elle m'emmena à la recherche d'une maison pendant des heures chaque week-end. Quand Sheila pensait avoir trouvé une maison qui répondait à nos critères, elle m'encourageait à la visiter après le travail, ce que je fis plusieurs soirs. Keith se joignait à nous à l'occasion, mais il n'était jamais satisfait. Pendant dix-huit mois, il bafoua toutes les options - jusqu'à ce que Keith trouve lui-même la maison de nos rêves.

Notre communauté distribuait un journal mensuel, le *Courant du Nord-Ouest*, qui comprenait des nouvelles du quartier et une vaste section de petites annonces. La couverture d'un des numéros du journal annonçait la vente d'une maison qui semblait parfaite. Après avoir lu la description de la maison, Keith m'appela au travail.

« J'ai trouvé ta maison, dit-il. » Pas *notre* maison, mais *ta* maison, car après tout, la seule raison pour laquelle il envisageait même de déménager était parce que c'était ce que je voulais. Me plaire avait toujours été sa priorité numéro un.

« Tu dis vrai ?

– Oui. Appelle donc Sheila pour voir si nous pouvons visiter la maison après le travail. »

Avant même de composer le numéro de Sheila, je reçus un message de la réceptionniste : je devais appeler Sheila immédiatement. Sheila croyait avoir enfin trouvé la maison de nos rêves. Et tel était le cas ! Elle et Keith avaient posé les yeux sur la même maison, sur la couverture du même journal. Nous nous rencontrâmes tous les trois à l'adresse, accompagnés de notre fils Kevin.

Faire la tournée de cette maison se révéla exactement ce que nous avions souhaité, prié et espéré trouver. C'était la maison parfaite pour nous. Elle comprenait un studio indépendant au rez-de-chaussée, ce qui octroierait à Kevin l'intimité dont il avait besoin en tant que jeune adulte. Kevin était excité. « Achetez-la maintenant, les gars. Achetez-la aujourd'hui pour que je puisse emménager demain. »

Depuis que Kevin était rentré chez lui après ses études de premier cycle à l'Université de Syracuse dans le nord de l'État de New York, il avait soif d'indépendance, nous poussant à lui louer un appartement sur Georgia Avenue. Nous avions catégoriquement refusé qu'il nous quitte. En ville, la vie d'un jeune homme noir n'avait aucune valeur : la police arrêtait et emprisonnait de jeunes hommes noirs pour des délits mineurs et, parfois, sans aucune raison. Des détectives en civil avaient une fois interrogé Kevin juste parce qu'il était assis dans sa voiture dans l'allée derrière notre maison, attendant l'arrivée d'un ami. Une autre fois, à Popeye's Louisiana Fried Chicken, Kevin et trois amis avaient été harcelés par la police parce qu'ils « correspondaient à la description » d'un groupe de jeunes hommes noirs qui venaient de cambrioler une banque. Keith et moi vivions dans la peur constante pour la vie de notre enfant unique. Quand Kevin sortait avec ses amis, quelle que soit l'heure, Keith attendait qu'il rentre sain et sauf, avant de se coucher pour la nuit.

La ville était infestée de barons de la drogue et le taux de meurtres était le plus élevé des États-Unis. Le District de Columbia avait été surnommé « la capitale du meurtre ». De jeunes athlètes, dont Len Bias et d'autres, avaient été retrouvés morts de surdoses de drogues illégales. Tous les jours, à la télévision, des parents comme nous partageaient la douleur des mères et des pères devant enterrer leurs fils ou leurs filles - la vie précieuse de ces adolescents et jeunes adultes interrompue par des meurtres insensés, des brutalités policières ou des surdoses de drogues illégales. Pas question de le laisser vivre seul en ville ! Nous lui avions promis de chercher une nouvelle maison avec un appartement qui lui assurerait son intimité mais qui le garderait également près de nous.

La maison avait six étages et des escaliers interminables. Elle était belle. De plus, elle avait également une piscine. Bien que la piscine ne fût pas une condition préalable à notre maison de rêve, nous acceptâmes d'acheter la maison, en partie, parce qu'elle rendrait Kevin heureux et proche de nous.

Nous acceptâmes d'acheter au prix fort, car cela valait la peine de dépenser de l'argent supplémentaire pour nous assurer que Kevin serait heureux dans un endroit où nous pensions qu'il pouvait être en sécurité. Nous finalisâmes le contrat la dernière semaine de décembre et Kevin commença à emménager ses affaires dès que nous prîmes possession des clés. Pendant trois mois, il vécut seul dans la maison. Les voisins de cette rue paisible s'inquiétaient des jeunes hommes et femmes noirs qui entraient et sortaient de la maison.

Nous étions la première famille noire dans cette section de Forest Hills, et nous fûmes accueillis avec suspicion dès le début. Lorsque les voisins portèrent plainte, je leur rendis visite après le travail pour les rassurer que mon fils n'était seul que de façon temporaire ; je leur expliquai que mon mari et moi déménagerions une fois les rénovations de la maison principale terminées. En effet, trois mois après, nous rejoignîmes Kevin dans notre maison de rêve.

À cause de Kevin, la maison était déjà étiquetée « la maison de fête ». Un dimanche matin, très tôt, la sonnette tinta. Un voisin se tenait à notre porte d'entrée, demandant que la musique soit interrompue.

« Quelle musique ? demandai-je, encore à moitié endormie. Nous ne jouons aucune musique !

– Quelle musique ? cria le voisin, visiblement bouleversé. Celle de la nuit dernière ! Vous êtes les seuls ici à jouer ce genre de musique ! Je n'ai pas fermé l'œil la nuit dernière à cause du vacarme ! »

Il me fallut une bonne minute pour réaliser qu'il faisait référence à la musique urbaine de mon fils. La nuit précédente, Kevin avait fait une fête à la piscine avec son genre de musique gogo diffusée par les haut-parleurs enfouis sur la colline, dans l'herbe au-dessus de la piscine.

« Je suis vraiment désolée, je veillerai à ce qu'il éteigne la musique après ses soirées, dis-je en fermant la porte. »

Je ne pouvais pas m'empêcher de me demander si les voisins n'aimaient pas toutes les fêtes ou seulement les nôtres.

Keith et moi aimions beaucoup inviter des amis et de la famille dans notre grande et belle maison. Il y avait des barbecues en été, des anniversaires et des fêtes de fin d'année. Une fois, nous avions organisé une pool party pour les employés. En fait, nous profitions de chaque occasion pour organiser une fête. Nous invitions toujours les voisins, qui ne venaient jamais, mais cherchaient plutôt des raisons de se plaindre. La vie privée, exclusive et tranquille du quartier était soudainement perturbée par cette nouvelle famille noire. Un week-end du 4 juillet, Keith et moi étions au Canada pour assister à un festival de jazz avec nos amis Carl et Sheila. De retour chez nous, alors que nous sortions d'un taxi, avant même que nous ayons la chance d'atteindre notre porte d'entrée, trois voisins approchèrent. L'un d'eux décrivit l'ivresse des fêtards du 4 juillet. « Une fille, dit un autre voisin, a vomi sur ma pelouse. » Il était visiblement très contrarié par l'incident.

Ils n'aimaient pas Kevin, mais montraient également de l'animosité envers Keith et moi. Un voisin entra dans notre arrière-cour pour se plaindre du projecteur à l'arrière de la maison, nous demandant de le changer de direction. Il nous apporta également le type spécifique d'ampoule qu'il pensait que nous devrions utiliser pour réduire l'éblouissement, qui interrompait le sommeil de sa femme. Je lui offris poliment un escabeau. Il monta, changea la direction de la lumière et procéda au changement de l'ampoule. Je le remerciai. Après tout, la taille et le type d'ampoule ne faisaient aucune différence pour moi, ni la trajectoire de la lumière, tant que nous répondions aux exigences légales pour fournir suffisamment d'éclairage dans la cour pour la sécurité de la piscine. En descendant l'échelle, il dit d'un ton pédant : « Je ne suis pas sûr que vous soyez au courant du genre de quartier dans lequel vous avez emménagé. » Je devais lui donner l'apparence d'un cerf aux yeux brillants et à la queue touffue, les yeux grands ouverts, l'écoutant attentivement, alors qu'il délirait et déclamait à quel point Forest Hills était grandiose. « La maison blanche au coin était la demeure de Dwight Eisenhower. »

Avant qu'il ne puisse nommer une autre célébrité ou un personnage bien connu qui avait autrefois honoré le quartier, je l'interrompis. « Vous savez, un jour quelqu'un comme vous dira à un nouveau voisin : *Vous voyez cette maison en briques rouges sur la colline ? Les Archers y vivaient.* » Et, sans un mot de plus, je l'accompagnai jusqu'à la porte que je fermai derrière lui.

Mais je savais que ce n'était pas la fin.

Cette famille alla encore plus loin avec leurs plaintes en nous écrivant une lettre demandant que nos soirées en semaine se terminent à dix heures du soir et nos soirées le week-end à minuit - ce qui était déjà le cas, car nous étions bien au courant de cette ordonnance assez standard sur le bruit. Dans l'éventualité où nous ne respecterions pas ces règles, nous prévinrent-ils, la police serait appelée. La lettre fut reçue mais nous n'accusâmes jamais réception, et les fêtes continuèrent. Ce voisin n'appela jamais la police ; il prit finalement sa retraite avec sa famille dans le nord de l'État de New York. Le reste des voisins finirent par accepter notre famille quand ils réalisèrent que nous étions là pour rester, et le harcèlement prit fin.

Le fait que Kevin arrêta d'organiser des fêtes arrangea aussi les choses. Il devint mannequin professionnel et déménagea à New York pour poursuivre une carrière dans le mannequinat. En homme d'éducation caribéenne, Keith n'aimait pas l'idée que son fils puisse être mannequin ; il saisissait toutes les occasions pour essayer de le convaincre de poursuivre des études en physiothérapie à la place. Il espérait que le mannequinat n'était qu'une phase - un intérêt passager né de la vanité, car tout le monde disait à Kevin qu'il était un beau jeune homme, qui ressemblait à un mannequin. Mon mari discutait du sujet avec notre fils à chaque occasion, sans franchir les limites, jusqu'à ce qu'il réussisse finalement à convaincre Kevin de rentrer chez lui après quelques années à New York et de poursuivre une maîtrise.

Je rentrai du travail un soir pour trouver un mot de Keith, me demandant de libérer mon calendrier : un pamphlet décrivant un voyage à Londres et à Paris était également posé sur mon bureau. Je lus les détails de l'annonce au moins deux fois, cherchant de haut en bas des indices sur les raisons pour lesquelles il voulait m'emmener en voyage. C'était la première fois qu'il prenait l'initiative de même proposer un voyage. Nous avions déjà voyagé mais toujours à ma suggestion. En attendant que Keith rentre à la maison, je pensai à un moment, au début de notre relation, où nous commencions à peine à sortir ensemble. Pour fêter l'anniversaire de Keith, j'avais invité un très bon ami à lui et sa femme dans un restaurant. Je m'étais arrangée pour que les serveurs apportent un gâteau et lui chantent « Joyeux anniversaire ». Je fus gênée quand il dit avec un peu de sarcasme : « Tu t'es trompée, ma chère. Aujourd'hui n'est pas mon anniversaire. » Avec ma compréhension limitée de la langue anglaise et de son accent britannique, j'avais cru que son anniversaire était le 20 août. C'était le 28 août.

Étant une personne très privée, il était mal à l'aise avec ce niveau d'attention porté sur lui. Il me fit promettre que je ne lui ferais plus jamais subir ce genre d'embarras, même si j'avais la bonne date de naissance, et j'avais tenu cette promesse. Je ne lui avais jamais organisé de fête d'anniversaire, ni au restaurant, ni même chez nous. Lui, par contre, avait organisé des fêtes surprises pour moi à de nombreuses reprises, y compris un évènement en tenue de soirée chez nous. Il s'était arrangé pour que mes copines Sarah et Irma m'emmènent faire du shopping dans un centre commercial situé à plus d'une heure de la maison. Il m'avait demandé le matin de préparer des hors-d'œuvre pour une réunion d'affaires qu'il aurait à la maison pendant que je faisais du magasinage, et, en tant que bonne épouse, j'avais magnifiquement préparé et réfrigéré tous les hors-d'œuvre.

Mes amis vinrent me chercher ce jour-là. Nous fîmes du shopping pendant plus de cinq heures. Sur le chemin du retour, à moins d'un mile de chez moi, Irma - qui conduisait la voiture de Sarah - s'arrêta soudainement à une station-service pour passer un appel. (C'était avant que tout le monde n'ait de téléphone portable.) Je commençai à me disputer avec elle, car nous étions très fatiguées et impatientes de rentrer à la maison à la fin d'une longue journée.

« Pourquoi t'arrêtes-tu ici ? demandai-je avec colère. Nous sommes presque chez moi.

– Je dois appeler Michael, dit-elle en parlant de son mari. Je dois lui faire savoir que nous sommes proches, afin qu'il puisse être prêt à partir quand j'arriverai. Je suis fatiguée et je ne veux pas avoir à l'attendre chez toi. »

Elle sauta alors de la voiture et se dirigea directement vers la cabine téléphonique. Sarah était silencieuse tout le temps, et je décidai de faire de même, brûlant toujours à l'intérieur.

Quand nous arrivâmes à la maison, j'avançai la première, les clés en main. Soudain la porte s'ouvrit, les lumières s'allumèrent et des voix crièrent à l'unisson. « Joyeux anniversaire ! » Je ne pouvais pas croire que Keith avait fait tout cela pour moi. Tous les meubles du salon et de la salle à manger attenante avaient été enlevés et, au milieu du brouhaha, je remarquai les hors-d'œuvre que j'avais préparés le matin, étalés pour nos invités. Le reste de la nourriture était servi par un traiteur, et il avait embauché un barman. Les femmes portaient de belles et longues robes et les hommes des smokings. Quand je me remis finalement du choc, je me précipitai dans ma chambre pour me changer. Je réapparus quelques instants plus tard dans une superbe robe à bretelles spaghetti ivoire, avec paillettes et strass, qui comportait une ouverture plongeante dans le dos, en forme de cœur. La belle robe m'attendait dans le vestiaire : fidèle à lui-même, Keith était même allé jusqu'à choisir ce qu'il voulait que je porte à la fête. Je ne pouvais que sourire de la prévenance de Keith. Les maris de Sarah et Irma avaient également apporté leurs robes chez moi, et elles se changèrent rapidement aussi.

Je reportai mon attention sur les brochures de voyage. *Comme c'est malin*, ai-je pensé. *Le 65e anniversaire de Keith coïncidera avec ce voyage en Europe*. Pour la première fois, j'avais fait des plans pour célébrer l'occasion. Avait-il prévu ce voyage fin août pour éviter une fête d'anniversaire ? Être loin de ses amis le jour de son anniversaire ? En tout cas…un voyage en Europe ! Quelle belle façon de célébrer une étape importante. Un bien meilleur choix qu'une fête.

Nous prîmes l'avion pour le Manhattan où une limousine noire nous emmena à l'embarcadère afin que nous puissions monter à bord du Queen Elizabeth (le QE2) depuis le Cunard, l'une des compagnies de croisière les plus luxueuses de l'époque. Nous traversâmes l'océan Atlantique en six jours. Chaque soir, nous assistâmes à un dîner en tenue de soirée et dansâmes toutes les nuits au rythme d'un groupe musical antiguais. Nous plaisantâmes et flirtâmes l'un avec l'autre comme si nous étions deux jeunes amoureux en lune de miel. Nous achetâmes chaque photo prise de nous par le photographe de la croisière.

En Angleterre, nous rendîmes visite à Owen - et à sa femme Helen - un ami d'enfance de Keith de la Barbade. Pour célébrer l'anniversaire de Keith, ils préparèrent un vrai dîner maison, à la Barbade, composé de cou-cou (semoule de maïs et gombo), de poisson volant et de gâteau noir, et oui, nous chantâmes « Joyeux anniversaire ». Keith était tout sourire. Il fêta son 65e anniversaire tout comme notre mariage : comme il le voulait - en privé, et non pas au milieu d'un grand groupe. Nous étions tous les deux heureux.

Joueur de tennis passionné et amoureux du jeu, Keith me prévint que nous passerions une journée à Wimbledon. Nous prîmes des photos et discutâmes avec des joueurs professionnels et des entraîneurs. Le lendemain, nous montâmes à bord de notre cabine de première classe dans le train Eurostar en direction de Paris, en France, où nous devions rendre visite à ma cousine Josiane.

***

Au début de l'année 2000, j'avais reçu une lettre d'une femme qui habitait la France, qui affirmait m'avoir trouvée sur Internet en recherchant sa généalogie familiale. Son nom était Josiane Vivens et elle croyait que nous étions apparentées. À sa lettre était jointe sa photo et celle de son mari Jacques. En regardant la photo, il était clair pour moi que cette femme était aussi blanche que moi j'étais noire. J'étais donc un peu surprise qu'elle puisse penser que nous étions parents. Mais dans l'enveloppe, elle m'avait également fourni l'arbre généalogique qu'elle avait créé à partir de ses recherches, et sa lettre m'ouvrit la porte pour une véritable aventure en famille et en amitié.

Au fil des années, Josiane et moi continuâmes à communiquer par Internet, par téléphone et par correspondance, et échangeâmes de nombreuses photos, jusqu'à ce qu'elle vienne en Amérique pour rendre visite à sa famille nouvellement découverte.

À l'insu de Josiane, j'avais contacté plusieurs autres membres de la famille, les invitant chez nous à Washington, DC, pour une fête de bienvenue. Josiane et son mari Jacques arrivèrent avec des cadeaux pour toutes les personnes qu'ils espéraient rencontrer. Mon cadeau était une bouteille de vin français étiqueté avec le nom Vivens d'une cave Vivens à Bordeaux, en France, et cette histoire du lien de la famille avec le vin devint une autre connaissance intéressante. D'après les recherches généalogiques de Josiane, nous étions descendants de trois frères français. L'un des frères, ingénieur, avait été envoyé en Haïti pendant la possession française d'Haïti pour construire des routes et des ponts. En Haïti, il avait épousé une femme noire et ils avaient fondé la famille dans laquelle j'étais née. Josiane était la descendante de l'un des deux autres frères restés en France et liés d'une manière ou d'une autre à la cave qui portait encore notre nom.

L'amour et la bonne humeur furent partagés entre tous ceux qui assistèrent à la fête. Keith et moi restâmes en contact avec elle et notre voyage transatlantique comprenait une visite de leur charmante maison à la périphérie de Paris. Nous restâmes avec eux pendant quelques jours. Nous dégustâmes la cuisine française faite maison, et Jacques prit Keith sous son aile pour lui apprendre à jouer au golf.

***

J'étais très active, au niveau local en tant que membre et dirigeante de la District of Columbia Health Care Association (DCHCA) et, au niveau national, en tant que membre de l'American Healthcare Association (AHCA).

Depuis sa création, 100% des officiers de l'AHCA étaient des hommes blancs avec suffisamment d'argent pour se rendre à des réunions dans différents États. À chaque élection ouverte, les femmes se présentaient, mais les bons vieux garçons trouvaient toujours un moyen de remporter les sièges. Le chemin vers le leadership était long et fastidieux : il fallait servir au niveau de l'État, puis au niveau régional, avant de devenir éligible pour un poste national. Ma meilleure amie Ana, qui était également administratrice de maison de retraite, et moi voyagions souvent ensemble pour assister au congrès national annuel. Nous étions toujours étonnées du manque de représentation des femmes au conseil. Afin d'accroître notre influence, nous avions joint la Coalition des femmes en soins de longue durée (COWL), le sous-ensemble d'une association nationale créée par des femmes membres pour préparer d'autres femmes à occuper des postes de direction. Nous devînmes très actives au sein de l'association, atteignant des postes au niveau du conseil exécutif.

En septembre, après notre charmant et romantique voyage en Europe, je me rendis à Memphis, Tennessee, pour assister à une conférence COWL. J'étais seule cette fois, car Ana n'avait pas pu me rejoindre. Tôt un matin, alors que je me préparais dans ma chambre d'hôtel pour une des conférences, une nouvelle inattendue et tragique fut annoncée à la télévision : un avion avait percuté l'un des immeubles du World Trade Center à New York. Je me figeai un instant, fixant l'écran avec incrédulité et, un instant plus tard, je vis un autre avion percuter le second immeuble. La voix du présentateur de nouvelles se troubla alors qu'il annonçait que les États-Unis avaient été attaqués. J'appelai immédiatement Keith qui me demanda de prendre le prochain avion pour rentrer.

Quand je me présentai à la salle de réunion, tout le monde discutait des événements qui, bientôt, deviendraient connus comme la tragédie du 11 septembre. Certains des participants étaient collés devant la télévision tandis que d'autres étaient au téléphone, appelant leurs proches. Compte tenu des circonstances, la conférence avait été annulée, la priorité des membres étant passée à trouver des moyens de rentrer chez eux le plus rapidement et en toute sécurité.

Avant longtemps, il fut rapporté qu'un autre avion, en route pour la Californie, avait frappé le Pentagone à Washington, DC. Je rappelai Keith immédiatement, tremblant à l'idée d'une attaque si près de chez moi alors que j'étais si loin de mon mari, de mon fils, et des deux maisons de retraite sous ma direction. Je me sentais coupable de ne pas être là pour prendre en charge la situation et d'être incapable de faire quoi que ce soit pour aider. À ce stade, tous les avions étaient cloués au sol et le seul moyen de rentrer chez soi était de louer une voiture.

Ce n'était que le début de ce qui allait se transformer en une horrible tragédie qui nous toucha à un niveau profondément personnel. « Je suis désolé, Solanges, dit Keith. Le mari d'Ana, Ian, était dans l'avion qui a frappé le Pentagone. Il était en route pour son bureau en Californie. Il est mort à l'impact. »

Nous étions le 11 septembre, et l'anniversaire d'Ana était le 13 septembre, quelques jours seulement après la mort tragique de son mari. Quand j'ai appelé ma meilleure amie, elle sanglotait au téléphone.

« Ian est parti. Nous avons perdu ton deuxième mari ! »

C'était une terrible perte. Ian et moi nous aimions tellement qu'il m'appelait sa « seconde femme ». Il avait l'habitude de dire : « Après Ana, le seul appel auquel je répondrai toujours est un appel de Solanges. » Il était urgent que je rentre à la maison pour retrouver ma famille, ma meilleure amie et mon entreprise. Un collègue à la réunion qui vivait dans le Maryland accepta à contrecœur de rentrer avec moi, puis de continuer seul jusqu'à sa maison. Cela nous prit quatorze heures, conduisant chacun à tour de rôle, deux heures à la fois. Quand j'atteignis DC, Keith était soulagé. Je rendis visite à Ana tout de suite. Nous vivions à quelques minutes à pied l'une de l'autre.

Keith et moi étions tous les deux là pour Ana. Nous lui rendions visite tous les jours et sa maison était toujours remplie de parents et d'amis qui voulaient lui présenter leurs condoléances et l'aider de toutes les manières possibles. Mais tout ce qu'elle voulait, c'était son Ian, et aucun de nous ne pouvait satisfaire ce désir. Keith et moi choisîmes un jour avant les funérailles pour préparer un repas caribéen pour tous les visiteurs d'Ana. Nous avions disposé une grande quantité de nourriture sur sa table de salle à manger, assez pour nourrir tous ceux qui venaient présenter leurs respects et leurs condoléances.

Ana et moi étions catholiques et nous fréquentions toutes les deux l'église du Saint-Sacrement. J'étais devenue membre de l'église après avoir déménagé dans la ville, et la première cérémonie de communion de mon fils fut célébrée dans cette église. Je faisais souvent du bénévolat, préparant chaque semaine des sandwichs pour les pauvres dans la cuisine de l'église. Pourtant, je ne m'étais jamais sentie acceptée par la congrégation. Un dimanche matin, je m'assis sur un banc, attendant la messe. Avant que je ne puisse m'agenouiller pour la prière, une très vieille dame blanche assise sur le banc directement derrière moi s'agenouilla pour s'assurer que ses lèvres étaient près de mon oreille. Elle chuchota : « Tu ne vois pas que tu n'es pas à ta place ? »

Je tournai la tête, la regardai dans les yeux et soupirai pour m'assurer qu'elle savait que j'avais clairement entendu sa question. Ensuite, je m'agenouillai, fis ma prière, et quittai l'église avant le début de la messe. Je ne retournai jamais au Saint Sacrement après ce jour - pas avant les funérailles de Ian. J'eu l'honneur de lire une prière en hommage à mon bon ami. À ce moment-là, malheureusement, le père Duffy, le prêtre responsable, n'avait toujours fait aucun effort pour désagréger l'église. Des minorités sans méfiance devenaient membres, Ana commenta plus tard, pour finalement abandonner l'église - pour des raisons, je supposais, similaires à celles qui m'avaient poussée à ne plus y remettre les pieds.

Je restai un soutien pour mon amie Ana tout au long de sa période de deuil - et tout au long de notre amitié. Je ne pouvais qu'imaginer sa douleur à la perte d'Ian ; je ne pouvais pas m'empêcher de me demander, si dans son cas, je pourrais jamais surmonter la mort de Keith.

APPLIQUEZ LES RÈGLES !

Règle n ° 21 : Soyez patiente et humble

Réflexion : « La course n'est pas toujours rapide. » -Ésope

Le lièvre, ce cousin terrestre de la tortue, en sait une chose ou deux sur la patience et l'humilité. Dans la fable bien connue d'Ésope, la pauvre tortue a été intimidée par le lièvre pour ses mouvements lents et laborieux.

« Vous vous déplacez si lentement, vous n'arriverez jamais nulle part, se moquait le lièvre.

– Oh, oui, j'y arriverai. J'arrive là où j'ai besoin et je pourrais te battre dans une course, répondit la tortue. »

Le lièvre pensait que c'était une farce et accepta le défi. Le jour de la course arriva, et le lièvre s'élança à toute vitesse. A mi-chemin, il regarda en arrière et vit la tortue se déplacer lentement et régulièrement - mais surtout lentement. Voyant à quelle distance elle était, le lièvre en profita pour s'allonger sur le bord de la piste et faire une sieste. Mais il sous-estima la tortue et dormit trop longtemps. Quand le lièvre se réveilla de sa sieste, il vit que la tortue était presque à la ligne d'arrivée, alors il se précipita aussi vite que possible pour battre la tortue dans la course.

Mais aussi rapide qu'il était, le lièvre ne put tout simplement pas dépasser la tortue lente et régulière qui traversa la ligne, triomphante.

- Trouvez un pot vide. Chaque jour pendant un an, écrivez une chose positive que vous avez faite pour enrichir votre vie, même si elle est petite, et déposez-la dans le bocal. À la fin de l'année, examinez tout ce que vous avez accompli. C'est beaucoup, n'est-ce pas ? Parfois, nous devons attendre de voir les résultats de nos efforts.

- Identifiez certains éléments déclencheurs qui mettent votre patience à l'épreuve et demandez-vous de quoi il s'agit. Pourquoi êtes-vous si anxieuse ? Trouvez un moyen de pratiquer la patience lorsque vous savez que cela pose un défi. Certaines personnes sont énervées par de longues attentes dans un embouteillage intense ou des files d'attente au magasin. Si tel est le cas pour vous, la prochaine fois que vous vous sentirez impatiente d'avancer, pratiquez une respiration profonde et regardez les gens autour de vous. Ils attendent tous aussi. Si vous êtes en ligne, engagez une conversation. Cela fera passer le temps plus rapidement. Si avoir affaire à une certaine personne vous dérange, essayez de regarder les choses de son point de vue. Elle n'essaie probablement pas de vous contredire. Elle souffre juste d'une douleur imperceptible.

RÈGLES POUR BIEN VIVRE

Pour moi, ce chapitre a été le plus difficile du livre à revivre. Ma famille a subi une terrible perte qui nous a tous obligés à mettre le travail de côté pendant que nous y faisions face. Mon entreprise s'est retrouvée en péril ; ma réputation était menacée ; tout ce que j'avais travaillé si dur pour construire semblait être sur le point de s'effondrer. Mais cela m'a fait repenser à ce qui compte dans la vie, et, quand tout semblait perdu, je me suis battue encore plus.

Règle n ° 22 : Priorisez

J'ai dû apprendre à jongler avec un tas d'obligations pour devenir entrepreneur dans mon secteur. Grimper au sommet de mon domaine m'a obligée à remplir de nombreux rôles différents : épouse, mère, présidente, propriétaire, PDG, etc.... Et, dans chacun de ces rôles, j'ai dû apprendre à hiérarchiser les tâches afin de gérer ma charge. Sinon, j'aurais été dépassée. Lorsque nous avons réorganisé la Maison Johnson, nous avons commencé avec ce que je considérais comme prioritaire : les éléments qui étaient importants et qui auraient également l'impact le plus immédiat sur la qualité de vie de nos résidents et le moral de notre personnel et des fournisseurs (voir chapitre 11, « Comment avons-nous fait ?»).

Connaître vos priorités vous permettra de prendre plus facilement des décisions lorsque vous atteindrez des points de crise tout au long de votre cheminement vers le succès. Il y avait des moments où je poursuivais mes études dans le but de me faire une carrière, et je ne pouvais pas passer du temps de qualité avec mes proches, car je savais que l'éducation me permettrait d'accéder à un meilleur emploi et à une meilleure qualité de vie pour ma famille. Je suis devenue passionnée par ma carrière une fois que je suis entrée dans mon domaine et que j'ai fait une différence dans la vie des gens et dans mon industrie. Mais, lorsque mon mari est tombé malade, j'ai su que me concentrer sur son bien-être et son confort devait être ma priorité, quitte à mettre ma carrière en attente pendant une courte période (voir le chapitre 13, « Tout a une fin »).

CHAPITRE 13

Tout a une fin

Nous avions eu une grande aventure pour fêter le 65e anniversaire de Keith : Nous avions embarqué le QE2 en Europe et nous avions dansé toute la nuit. Pendant ce temps, quelque chose de troublant lui arrivait, quelque chose qui menaçait notre bonheur conjugal. En l'espace de six mois, Keith avait progressivement perdu beaucoup de poids. En décembre 2001, sa perte de poids était devenue un sujet de préoccupation et, malgré de fréquentes visites chez son médecin généraliste au Kaiser Permanente, cela continuait. Pour la première fois depuis toutes les années passées ensemble, d'abord en tant qu'amis, puis en tant qu'amants et conjoints, Keith était malade et, parce qu'il avait toujours été en bonne santé et en pleine forme (cet homme faisait de l'exercice religieusement et jouait au tennis à l'intérieur de la maison pendant l'hiver, par amour du jeu et pour se tenir en forme), cette maladie me secoua. Personne ne pouvait comprendre pourquoi il dépérissait - de près de cinquante livres à ce stade - et devenait de plus en plus faible de jour en jour. Nous étions une famille en crise.

La semaine avant Noël, je le convainquis finalement de voir un spécialiste, une de mes connaissances qui travaillait en gastro-entérologie, pour écarter la probabilité d'un cancer, puisque son médecin généraliste n'avait pas pu établir de diagnostic, encore moins élaborer un plan de soins et de traitement. Je contactai le Dr Hall par désespoir et par amour pour mon mari ; j'étais convaincue qu'il serait en mesure d'aider Keith. J'eus du mal à demander le rendez-vous, car le Dr Hall m'avait fait à diverses reprises des avances sexuelles qui m'avaient contrariées. Cependant, je savais qu'il était le meilleur gastro-entérologue disponible ; ça valait la peine d'essayer de trouver une solution aux problèmes de santé de Keith. Pendant mon mandat en tant que directrice des soins infirmiers à la maison de retraite, lorsque le Dr Hall rendait visite à ses patients, il ne pouvait pas s'empêcher de me toucher avec ses mains. Je n'avais jamais rien dit à Keith. Comme beaucoup de femmes dans cette situation - bien avant le mouvement #MeToo - j'avais gardé le silence. Qui me croirait ? Je n'allais certainement pas en parler au milieu d'une grave crise de santé. Sans hésitation, il accepta le cas et admit mon mari, ce pour quoi je lui fus très reconnaissante. Après plusieurs tests et procédures, le cancer fut exclu de la liste des causes, mais nous n'avions toujours aucun diagnostic. La perte de poids se poursuivit.

Encore une fois, sans attendre l'approbation de mon mari, je pris les choses en main. Je devins compulsive. C'était à mon tour d'être son ange gardien et, pour la première fois, son porte-parole. Je contactai la clinique Mayo, prête à envoyer mon mari n'importe où pour un diagnostic et un traitement. Enfin, je fus référée à un spécialiste de l'hôpital universitaire John Hopkins. Au téléphone, j'expliquai les symptômes de Keith et je suppliai le médecin, le Dr Parker, de l'examiner. Plus il essayait de me repousser (son emploi du temps ne lui permettait pas d'avoir un patient de plus), plus j'insistais. « Vous ne comprenez pas, docteur, dis-je fermement. Vous devez le voir aujourd'hui. Nous avons besoin de votre aide. » J'étais désespérée, pleurant au téléphone mais toujours attentive à ne pas laisser Keith entendre l'inquiétude dans ma voix.

Il céda à mon insistance.

« Êtes-vous disponible demain ?

– Génial, répondis-je avec gratitude. À quelle heure, docteur ? »

Le lendemain matin, je conduisis mon mari à Baltimore, Maryland, à plus d'une heure de chez nous, et il fut immédiatement admis à l'hôpital. Après dix longs jours, il n'avait toujours pas reçu de diagnostic définitif, même de John Hopkins. « Peut-être une hypervitaminose, » déclara le médecin après avoir appris que Keith prenait fidèlement divers suppléments à base de plantes ; peut-être qu'il avait trop de vitamines dans son système. Ses vitamines et électrolytes furent normalisés avant qu'il ne soit renvoyé chez moi, sa femme, maintenant son infirmière, pour des soins affectueux et une observation assidue à la maison. Notre amie, Sheila, laissa son mari Carl à Montréal, au Canada, et vint séjourner chez nous, avec l'intention de cuisiner de délicieux plats des Caraïbes pour aider à engraisser Keith. Avoir Sheila à la maison avec Keith pendant que j'étais au travail fut une grande aide et une source de soutien pour nous deux. Il était émacié, mais commençait à paraître en meilleure santé après avoir suivi le régime de trois repas par jour de Sheila. Il reprit beaucoup de poids et planifia de retourner au travail avec l'intention de prendre sa retraite en juin, comme prévu.

Un dimanche matin, la première semaine de mai 2002, Keith se réveilla avec une toux sèche. Au petit déjeuner, il dit que c'était dommage : il venait de se remettre d'une maladie inconnue et le voilà avec une toux. « Cela aussi passera, le rassurai-je. » Mais je m'inquiétai vite lorsque la toux s'aggrava et que Keith refusa de retourner à Kaiser. En colère, il me demanda de poursuivre Kaiser et John Hopkins en justice pour ne pas l'avoir diagnostiqué et soigné. Je sentais qu'il avait peur. Pendant sa maladie, deux de ses amis, qui avaient reçu un diagnostic de cancer, étaient décédés, et Keith craignait d'être le troisième. Bien qu'il essayât de rester fort pour moi, je sentais qu'il perdait confiance en la possibilité d'un rétablissement. Je prenais soin de l'empêcher de voir à quel point j'avais peur, ce qui n'était pas facile. J'étais terrifiée.

La toux continua à s'aggraver et, à mesure que Keith s'affaiblissait de jour en jour, il était clair qu'il n'allait pas mieux. En fait, il était devenu si faible en quelques jours seulement, qu'il avait maintenant besoin de mon aide pour se doucher et s'habiller. Au début, il refusa de voir d'autres médecins car personne n'avait trouvé ce qui n'allait pas chez lui, mais, lorsque la toux continua à entraver sa capacité à manger et à boire, il accepta à contrecœur de me laisser appeler son médecin chez John Hopkins.

« Mais d'abord, prends un bloc-notes jaune et un stylo, dit-il d'une voix ferme. » Voici cet homme, si faible qu'il pouvait à peine parler, me demandant de prendre un stylo et du papier - tout comme il l'avait fait lorsqu'il m'enseignait comment épeler le nom de notre fils. « Je ne veux pas que tu appelles ma famille ou qui que ce soit d'autre. Je ne veux pas que quiconque me voit comme ça. Ce que je veux, c'est que tu intentes une action contre Kaiser - pour défaut de me diagnostiquer et de me traiter. » C'était comme s'il avait fini par accepter qu'il ne survivrait pas à ce démon inconnu qui envahissait son corps mais épargnait son esprit. Il était aussi vif cognitivement qu'avant la maladie.

J'essayais d'être forte pour lui, mais j'étais constamment au bord des larmes. Il avait toujours été là pour moi et, même à cette étape de sa vie, il me préparait à ce qui allait arriver, me faisant lentement avancer vers l'acceptation de ce qu'il pensait être la fin.

« Keith, nous perdons du temps. S'il te plaît, laisse-moi appeler le médecin. » Avant qu'il ne puisse répondre, je me penchai, lui donnai un baiser et lui dis : « Je t'aime. Je vais te trouver de l'aide, car je ne peux pas t'aider moi-même. Je ne peux pas te laisser mourir, chéri. Si je n'obtiens pas d'aide, tu mourras, ici même, dans la maison. » Je courus vers mon bureau pour passer l'appel, ne voulant pas l'alarmer avec mon évaluation au médecin. Je sanglotais alors que j'essayais de parler, et le médecin dut me faire répéter à plusieurs reprises, essayant de me calmer pour qu'il puisse me comprendre : « Prenez une grande inspiration, Mme Archer. »

« Ne me l'amenez pas, dit-il finalement. Je suis trop loin. Et ne le mettez pas dans votre voiture, conseilla-t-il. Appelez le 911 et demandez aux ambulanciers de l'emmener immédiatement à l'hôpital. »

J'aidai Keith à s'habiller aussi vite que possible. Après que les ambulanciers l'eurent transféré du lit à la civière et placé dans l'ambulance, ils l'auscultèrent pendant plus d'une demi-heure. Je m'assis avec Kevin dans sa voiture, prête à les suivre à l'hôpital, mais le véhicule ne bougeait pas du bout de notre allée. Je frappai à la porte arrière de l'ambulance. « Pourquoi cela prend-t-il autant de temps ? » Les ambulanciers m'informèrent qu'ils devaient stabiliser Keith avant de pouvoir le déplacer. En tant qu'infirmière, je compris cette réponse à mon inquiétude. L'état de mon mari était périlleux. Il était beaucoup plus malade que je ne l'avais pensé.

Keith fut immédiatement admis à l'unité de soins intensifs de l'hôpital le plus proche de notre domicile. Plusieurs spécialistes l'examinèrent ; il reçut tous les tests sanguins possibles et d'innombrables IRM. Mais cette fois non plus, pas de diagnostic. Qu'est-ce qui rongeait mon très cher mari ? Après une semaine à l'hôpital, tous les tests étaient négatifs. C'était déroutant et extrêmement frustrant, surtout parce que je travaillais dans le domaine médical.

Après avoir convoqué une réunion de famille, un pneumologue demanda la permission de faire une biopsie du poumon de Keith sous anesthésie. Mon mari accepta. À ce moment-là, il était trop fatigué : tout ce qu'il voulait, c'était une réponse, un traitement et, espérons-le, un remède. Le lendemain matin, un anesthésiste expliqua le danger d'administrer une anesthésie dans l'état affaibli de Keith, mais nous étions tous impatients d'identifier la maladie mystérieuse qui avait pris possession de son corps. Cela valait le risque de découvrir ce qui le rendait si malade.

Quand la civière arriva, Keith embrassa Kevin et moi. « Je vous aime tous les deux. » À ce moment-là, nous étions un - Keith sur le lit, Kevin et moi, chacun d'un côté de son corps frêle - sentant le souffle de l'autre et le mouvement de nos poitrines alors que nous nous étreignions pour ce qui devait sembler une l'éternité au préposé attendant de l'emmener à la salle d'opération - et pourtant, pour moi, c'était comme une fraction de seconde. À ce moment-là, chaque seconde avec Keith semblait passer trop vite.

Les deux hommes purent cacher leurs larmes, mais j'étais inconsolable. Je demandai à Keith la permission d'appeler sa famille au sujet de son état. « Non, dit-il. Ils savaient que je m'étais amélioré, et c'est tout ce qu'ils doivent savoir. » Une fois qu'il s'était remis de son épisode de maladie antérieur, il avait appelé ses deux sœurs, Marita au Manitoba, Canada, qu'il n'avait pas vue depuis de nombreuses années, et Nola à la Barbade, pour leur faire savoir qu'il allait mieux.

Nous avions visité Nola l'année précédente lorsque nous étions allés évaluer la construction de notre maison de retraite sur l'île. Keith et moi avions marché sur la plage, nous tenant par la main, et nous avions parlé de la mort. « Tu verras, avait dit Keith, quand nous serons vraiment, vraiment vieux, nous ne marcherons pas sur la plage mais, au contraire, nous marcherons dans l'océan en nous tenant la main comme ça, puis nous continuerons à marcher. Sans jamais regarder en arrière. Être vieux et malade dans un hôpital n'est tout simplement pas pour moi. » J'avais été rassurée à l'époque par l'idée d'être avec Keith jusqu'à mes derniers jours. Maintenant, j'étais remplie d'incertitude et de peur à l'idée de continuer à vivre sans lui.

Lorsqu'il fut emmené loin de nous, Kevin et moi quittâmes la pièce pour méditer silencieusement dans la chapelle de l'hôpital. Je priai la Vierge Marie jusqu'à ce que nous quittions l'hôpital. À la maison, nous attendions un appel du médecin. L'appel vint, mais le médecin nous conseilla de ne pas retourner dans la chambre de Keith, car il était connecté à un respirateur et demeurait inconscient.

Incapable de me reposer, j'étais au téléphone, pleurant, partageant ma douleur avec les autres. Contrairement à mon mari qui avait gardé une relation distante avec ses proches, j'étais - et je suis toujours - très proche de mes sœurs et frères et, d'ailleurs, de mes nièces et neveux, et de toute ma famille élargie. J'avais besoin de leur réconfort dans ma solitude et mon incertitude si je voulais survivre à cette terrible période.

La nuit arriva, puis ce fut le matin, et j'étais toujours réveillée, habillée et prête, attendant que Kevin m'emmène à l'hôpital. Il m'avait interdit de conduire ; chaque jour, il m'emmenait à l'hôpital, passait du temps avec son père, puis se dirigeait vers le bureau. Plus tard dans l'après-midi, Kevin revenait me chercher pour me ramener à la maison. Ma vie professionnelle, je le savais, était en ruine - j'avais à peine été au bureau au cours des six derniers mois. Mais rien n'était aussi important pour moi que de soigner la maladie de mon mari. Je ne pouvais penser à rien d'autre qu'au bien-être de Keith. Même s'il ne pouvait pas nous le montrer, Kevin et moi pensions qu'il savait que nous étions là avec lui.

Le quatrième jour après la biopsie pulmonaire, le téléphone de la maison sonna très tôt le matin. C'était le Dr Sharma, son pneumologue à l'hôpital : « Solanges, vous savez que j'ai été très optimiste… »

Avant qu'il puisse finir, je commençai à crier : « Non, non, non ! »

Kevin sauta les marches pour être à mes côtés. J'étais toujours au téléphone et le médecin poursuivit : « Keith a passé une nuit terrible. Vous et votre fils devriez vous rendre à l'hôpital dès que possible. Nous nous sommes occupés de lui toute la nuit et je suis maintenant pessimiste quant à son rétablissement. »

Pendant que Kevin se préparait, j'appelai mon frère Jean Claude, dont la femme, Mona, était infirmière, et je leur demandai à tous deux de nous rejoindre à l'hôpital. Kevin nous conduisit et, pour une dernière fois, nous étions ensemble en famille. Dès que je vis Keith, je sus que nous avions atteint la fin de notre voyage ensemble. Il était couvert de matériel médical et de tubes. En plus du respirateur, il prenait des médicaments avec plusieurs intraveineuses ; d'autres tubes gardaient ses veines ouvertes. Je remarquai deux nouveaux cathéters, qu'il n'avait pas lors de notre dernière visite. C'était un homme si digne ; je savais qu'il ne voudrait pas que quiconque le voit dans cet état, mais je ne pouvais pas non plus le laisser seul. J'avais besoin d'être avec lui. Mon ange gardien était prêt à quitter cette terre. « Pourquoi, mais pourquoi ? » Je n'arrêtais pas de lui demander, mais je ne reçus aucune réponse.

Le médecin nous dit que Keith avait effleuré la mort deux fois pendant la nuit ; ses reins abandonnaient la lutte, ainsi que ses autres organes vitaux. Il dit que c'était uniquement grâce au respirateur que Keith était encore en vie.

Il nous conseilla de le laisser mourir naturellement et dignement ; j'appelai alors le Père Est, lui demandant de se précipiter au chevet de mon mari pour procéder aux derniers rites et lui administrer l'extrême onction - un sacrement très important pour les catholiques dévoués. Je suis catholique, je crois en Jésus-Christ et j'ai une relation fidèle avec ma Bienheureuse Sainte Vierge Marie. J'étais, à l'époque, membre du ministère de la conférence à la Nativité, l'église du Père Est, et il me connaissait bien. En moins d'une heure, il arriva dans la salle avec une carte de prière du Cœur Sacré rayonnant de Jésus. Il plaça cette carte à côté de la tête de Keith alors qu'il priait pour lui, l'oignit d'huile et le sanctifia en préparation pour son voyage vers le ciel sans nous.

Mon frère Jean Claude et sa femme Mona prièrent avec le prêtre, Kevin et moi, et, après le départ du Père Est, nous parlâmes chacun à Keith, certains en silence et d'autres à haute voix, nous tous avec des larmes aux yeux. Pleurant de façon inconsolable, je le rassurai que j'irais bien ; je savais très bien qu'il continuerait à s'occuper de moi, même si nous étions physiquement séparés jusqu'à ce que nous nous revoyions dans l'au-delà. « Tu m'avais promis que nous allions vieillir ensemble. Te rappelles-tu ? Qu'est-il arrivé à cette promesse ? » lui demandai-je, comme s'il pouvait m'entendre. « Je sais que tu ne voulais pas que quiconque te rende visite à l'hôpital, et, en bonne épouse, je t'ai écouté jusqu'au bout. » Avec un rire tremblant, je dis : « Mais je vais te planifier la plus grande fête de départ. Tu ne peux pas m'arrêter maintenant ! Je peux imaginer ce petit sourire narquois sur ton visage, cependant. Je t'aime, Keith. »

J'étais dans le domaine de la santé depuis de nombreuses années, conseillant souvent les familles sur les questions liées à la mort. J'avais ouvert le premier hospice de la ville. J'avais acquis une compréhension professionnelle des différents niveaux de deuil et je savais comment réconforter mon personnel et les familles de mes patients face à une grande perte, mais je n'étais pas préparée à ce moment - à mon tour de pleurer. Rien ne pouvait me réconforter. Mon mari n'avait que soixante-cinq ans. Pourquoi lui ? Je me retrouvais perdue, ne sachant pas ce que je ferais sans Keith dans ma vie. Je perdais mon plus grand conseiller et champion. Je regardai Kevin, qui continuait à afficher un air d'incrédulité totale. « Mon fils, es-tu prêt ? Nous devons laisser Papa partir. C'est la meilleure chose à ce stade. Nous savons tous les deux ce qu'il a toujours dit : il n'a jamais voulu être maintenu en vie par une machine. »

Kevin sortit silencieusement de la pièce vers le couloir de l'hôpital. Cela devait être accablant pour lui. Ses deux parents étaient en crise et il était impuissant à changer quoi que ce soit. J'appelai l'infirmière dans la chambre et, après qu'elle eut débranché le respirateur, Jean Claude, Mona et moi restâmes avec Keith jusqu'à ce qu'il rende son dernier souffle naturel.

Je laissai Jean Claude et sa femme à l'hôpital, et mon frère proposa d'appeler le reste de la famille pour leur annoncer le décès de Keith. Le trajet en voiture avec Kevin fut silencieux.

La maison demeura calme jusqu'à une heure de l'après-midi, lorsque je reçus l'appel du pneumologue, quelques heures seulement après notre retour à la maison. « Solanges, mes condoléances, dit-il. J'ai essayé de retourner dans l'unité avant votre départ. Malheureusement, je vous ai ratée. Avez-vous une minute ? » Je m'assis, et il continua. « Comme vous le savez, notre service de pathologie a effectué divers tests sur les tissus pulmonaires de votre mari et les résultats n'ont pas été concluants. Nous avons envoyé certains des spécimens de Keith à la clinique Mayo, dans l'espoir d'obtenir un diagnostic et un éventuel traitement pour votre mari. Nous venons d'avoir les résultats. Il n'y a rien que nous aurions pu faire. Malheureusement, il est mort d'une maladie rare, sans étiologie et sans traitement. Cette maladie est observée principalement chez les hommes des Caraïbes, et nous n'avons aucune idée de la façon dont elle a été contractée. Il s'agit de la polymyosite. Elle provoque un gonflement et affaiblit les tissus pulmonaires, donc une toux sèche et des difficultés respiratoires. Je suis tellement désolé pour votre perte. »

« Au moins, je sais ce qui l'a séparé de moi. Merci, docteur. » En raccrochant le combiné, je pensai à l'emprise de la mort et aux secondes chances.

Peu de temps après que nous ayons acheté notre nouvelle maison, j'étais tombée sur un article dans le *Washington Post* au sujet d'une famille qui était en désaccord avec Kaiser Permanente au sujet du traitement de leur fille, une adolescente, qui avait vécu la majeure partie de sa vie à DC. Sur le chemin de son internat hors de l'État, elle avait eu un accident de voiture. Elle avait survécu mais son état avait nécessité une rééducation intensive, ce qui avait conduit à un différend concernant la couverture d'assurance.

Je fus secouée par une prise de conscience intrigante : cette jeune fille avait vécu dans la maison que nous venions d'acheter, et la coïncidence était énorme : quelques mois plus tard, Kevin avait lui aussi survécu à un grave accident de voiture. Après avoir heurté un garde-corps, sa Land Rover s'était retournée plusieurs fois. Le véhicule avait été complètement détruit. Cependant, Kevin, avec ses trois amis, s'en étaient sortis sans même une égratignure. C'était comme si la Vierge Marie avait tenu les quatre jeunes hommes en toute sécurité loin de la Land Rover alors qu'elle faisait un saut périlleux, pour les remettre à nouveau à l'intérieur une fois l'accident terminé. Parce que, aussi farfelu que cela puisse paraître, seul un miracle avait sauvé ces garçons. Ayant vu le véhicule endommagé, même le chauffeur de la dépanneuse ne pouvait pas croire que les garçons se trouvaient à l'intérieur. « Pas possible ! Pas possible que ces gars-là étaient dans ce camion ! » cria-t-il à mon mari et à moi quand nous arrivâmes sur les lieux.

Y avait-il une présence mystérieuse dans la maison - une présence qui protégeait miraculeusement les jeunes vies mais ne voulait pas sauver Keith ? Sa mort était-elle en quelque sorte une dette payée pour avoir sauvé la vie des jeunes ? Y avait-il une corrélation entre sa mort et la survie de ces victimes d'accidents ? Dans mon chagrin, je trouvai un bref moment de paix : peut-être que mon mari avait fait le sacrifice ultime - mourir à la place des autres. Je me rappelai que le Père Est était venu bénir la maison avant notre emménagement. Le Père marchait de pièce en pièce avec de l'eau bénite et faisait une prière en marchant dans chaque pièce. La foi avait-elle joué un rôle dans la mort mystérieuse de Keith ? J'essayais de donner un sens à toutes ces pensées, mais en vain. Il n'y avait aucune logique pour expliquer pourquoi cela me tourmentait.

Finalement, je revins à mes sens. Je ne pouvais pas rester assise là, à rêver et à me perdre dans mes souvenirs, ou à essayer de donner un sens à l'inexplicable : j'avais des funérailles à planifier. Dans mon déni au cours des derniers mois, je n'avais fait aucun arrangement pour l'enterrement, même si j'avais un mari très malade. Je recommandais souvent aux familles de nos résidents de tout planifier à l'avance, et pourtant, je n'avais pas suivi les conseils pour moi-même. Il était si jeune, cependant - et il avait été en si bonne santé, il avait dansé toute la nuit lors de notre croisière quelques mois auparavant, et maintenant il était parti. Mon mari m'avait promis que nous vieillirions ensemble. En tant que couple, nous croyions aux vœux faits l'un à l'autre - que nous serions toujours loyaux et fidèles jusqu'à ce que la mort nous sépare. Jamais je n'aurais pu imaginer que mon Keith serait mort si jeune. Faire des arrangements funéraires ne faisait pas partie de notre plan, mais Dieu avait écrit le jour où Keith partirait de cette terre, et aucune dose d'amour n'aurait pu changer son destin.

J'appelai le directeur des services sociaux de l'une de mes maisons de retraite pour obtenir de l'aide et, le lendemain, le salon funéraire récupéra le corps de Keith à l'hôpital. Ma meilleure amie Ana se précipita à mes côtés au moment où elle apprit le décès de Keith. Nous nous assîmes l'une à côté de l'autre - en tenant compte du fait que nous étions tous les deux devenues veuves à un si jeune âge et à quelques mois d'intervalle. J'avais passé mes cinquante-cinq ans à l'hôpital, au chevet de mon mari. Il était mort quatre jours après mon anniversaire - tout comme le mari d'Ana était mort quelques jours avant son anniversaire - et devait être enterré quelques jours plus tard.

Ana resta près de moi, comme je l'avais fait pour elle pendant sa période de deuil. Avec son aide et celle de ma famille, je contactai les parents de Keith et tous nos amis, dont beaucoup ne savaient pas qu'il était malade. Ces appels furent difficiles, mais je les passai quand même. Beaucoup exprimèrent leurs regrets : ils ne pourraient pas assister aux funérailles. Aux membres de la famille qui ne pouvaient tout simplement pas payer les frais de voyage, je promis une aide financière. Carl et Sheila, les amis les plus proches de Keith, arrivèrent bientôt du Canada. Ils rédigèrent la notice nécrologique du journal. Ils choisirent les prières et les chants pour le service, les porteurs, et les vêtements que Keith porterait pour la dernière fois.

« Et sa cravate préférée ? demanda Carl.

– Il adorait porter son costume bleu marine, sa chemise blanche et sa cravate rouge, rigolai-je. Je peux l'imaginer revenir du travail en ce moment même, l'air si pimpant, heureux de te revoir ici. »

Il y eut des moments de joie, alors que je me souvenais de ses blagues préférées - et de son petit sourire narquois.

Les amis de Kevin vinrent tous à la maison, des jeunes hommes et des jeunes femmes se souvenant de leur « Oncle », comme ils l'appelaient si affectueusement. Il avait été un père de substitution pour ceux qui n'avaient pas de père dans leur vie, et un oncle amusant pour ceux qui avaient une relation père-enfant saine. Il leur manquait tous, car il avait passé du temps avec beaucoup d'entre eux. Kevin s'isola dans sa chambre, la tête dans ses mains, regardant le sol. Même sa petite amie, qui passait du temps avec lui à la maison, ne pouvait pas apaiser sa tristesse.

J'avais promis de donner à mon Keith la plus grande fête de départ que je pouvais organiser - et je le fis. Plus de 700 personnes assistèrent aux funérailles de cet homme sans prétention. En plus de ma famille, de mes amis personnels et de mes partenaires de tennis, je comptai plusieurs représentants du gouvernement, ainsi que de nombreux employés et collègues - de nombreux participants inattendus. Au repas, l'hôtel Hilton dût ouvrir une pièce attenante pour le repas assis.

Pendant l'éloge funèbre de Carl pour son meilleur ami, Keith, je tendis la main à Kevin et lui murmurai : « Je vais après Carl. »

Il murmura en retour : « S'il te plaît, non. Tu ne peux pas faire ça, maman. Tu sais que tu ne peux pas. S'il te plaît, non ! »

Mais je me levai dès que Carl descendit de la chaire, avant que Kevin ne puisse tendre la main et m'arrêter. Tout le monde dans l'église se figea alors que je me dirigeais vers le micro ; ils ne s'attendaient pas à ce que j'aie la force de parler.

Je parlai de combien mon mari comptait pour moi, de tout ce qu'il avait fait, avec moi et pour moi. « Cet homme m'a aidée à obtenir mon premier chéquier et il m'a appris à rédiger un chèque. Il a lavé mon uniforme d'infirmière et il a ciré mes chaussures. Il a choisi la robe qu'il voulait que je porte chaque fois que nous allions à une fête. Il a cuisiné pour moi. C'était un grand homme. J'ai eu la chance de l'avoir rencontré et d'avoir vécu avec lui pendant trente ans. »

Quand j'eus fini, je tournai le dos à la congrégation et je fis face à l'autel pour une conversation publique avec Dieu. « Mon Dieu, dis-je, tu as repris Keith parce que tu as besoin de lui. Je t'en supplie : ne m'oublie pas. Je suis toujours sur cette terre. Souviens-toi de moi, Seigneur. J'ai besoin que tu sois avec moi. Je ne veux plus jamais me sentir seule parce que Keith est parti. Je sais que tu seras à mes côtés. » Je commençai à sangloter alors que la congrégation pleurait. Partager mes pensées personnelles à propos de mon mari avait été très émouvant - faire ma demande à Dieu à haute voix, encore plus.

L'esprit de mon mari était avec Dieu. Je fis incinérer son corps et ses cendres furent divisées en deux belles urnes en mosaïque noire et grise. J'en gardai une dans ma chambre. Je portai l'autre urne à la Barbade, où je lui organisai une fête de départ encore plus grande. Nous enterrâmes l'urne à côté de sa mère, dans la tombe familiale.

Adolescent et jeune adulte, Keith avait été le Magic Johnson de la Barbade. Son équipe de basket-ball - nommée par hasard les Lakers - s'était rendue dans différentes îles des Caraïbes pour des compétitions féroces. Sous sa direction en tant que capitaine de l'équipe, les Lakers avaient remporté de nombreux trophées. Keith était un joueur célèbre et sa mère avait conservé toutes les coupures de journaux sur son fils. En raison de la fierté de sa mère, Kevin et moi avions pu lire sur sa jeunesse plusieurs années plus tard, lorsque nous lui avions tous rendu visite en famille. Alors que Keith était encore en vie, un journal de la Barbade avait publié un article sur lui et son frère Raoul. *Il y a cinquante ans,* lisait-on dans le journal, *les frères Archer ont marqué plus de 100 points ensemble, en un seul match.*

Quelques mois après le décès de mon mari, je retournai à la Barbade pour recevoir un trophée posthume en son nom. Je fus interviewée à la télévision en direct sur la vie de Keith aux États-Unis. Il était très difficile de parler de lui au passé. À bien des égards, j'avais toujours l'impression qu'il était vivant. « J'ai toujours été reconnaissante d'avoir eu un homme aussi merveilleux, confiant et généreux dans ma vie, dis-je. »

Il me manque encore beaucoup. Même écrire à son sujet me rend mélancolique toutes ces années plus tard. On m'encouragea à retourner au travail immédiatement après sa mort, mais je ne pouvais pas me lever pour exécuter la simple tâche de me préparer pour la journée. Je m'asseyais souvent dans son dressing, pleurant alors que je tenais ses vêtements et respirais son odeur. Les paroles de la chanson « How Do I Live ? » de Leann Rimes - une chanson qui me faisait pleurer, bien avant la maladie et le décès de mon mari - prirent un nouveau sens. Je chantai et je pleurai, cherchant une réponse. *Comment pourrai-je survivre sans mon Keith ? Quel genre de vie aurai-je sans lui ?*

Je m'interrogeai également sur notre maison de retraite, toujours en construction à la Barbade. Nous avions prévu d'y vivre ensemble. Je n'étais pas barbadienne ; je ne voulais pas y prendre ma retraite seule. J'aimais tellement Keith que j'aurais avec joie mis fin à mes jours pour être avec lui et passer l'éternité ensemble. J'étais dans un trou noir. « Oh, mon Dieu, où sont les jours ensoleillés qui ont réchauffé les trente ans de notre relation ? » L'ange du soleil illuminerait-il à nouveau mes jours ? Et Kevin ? Comment survivrait-il à la perte de son père ?

Selon la coutume caribéenne, pendant au moins un an après le décès de son conjoint, une veuve ne doit porter que du noir, signe visible de deuil. Mais je n'étais plus seulement haïtienne ; j'étais afro-américaine et je vivais à l'étranger depuis de nombreuses années. Je refusai de suivre la tradition, même si ma mère me conseillait de la respecter. Puisque porter du noir ne faisait pas partie de mes doctrines religieuses, je n'avais aucune obligation de me conformer ; la coutume n'était pas un analgésique. Robe noire ou pas, j'avais encore mal. J'étais en colère de voir ma vie interrompue à l'âge de cinquante-cinq ans. Pourquoi Keith était-il parti et m'avait laissée toute seule ? Je voulais le savoir. Pendant longtemps après sa mort, je fus incapable de parler de lui sans pleurer. Je redoutais la livraison quotidienne du courrier, car j'étais inondée de cartes de sympathie, et la lecture de chaque carte accentuait la douleur dans mon cœur. Aussi douloureux que cela ait été de lire ces cartes, et aussi morbide que cela puisse paraître, je les ai gardées pendant de nombreuses années. Elles sont restées un artefact tangible d'une vie qui n'était plus.

J'étais toujours aux prises avec des émotions tumultueuses lorsque le moment vint pour moi d'affronter la réalité du retour au travail. Je me sentis finalement assez forte pour affronter le monde - du moins c'est ce que je pensais ! Chaque fois qu'un ami ou une connaissance bien intentionnée me présentait ses condoléances pour le décès de mon mari, la douleur refaisait surface et, encore une fois, les larmes coulaient sur mes joues. Je m'étouffais en racontant ses derniers jours. Les tâches routinières - se lever le matin, s'habiller, monter dans la voiture, se rendre au bureau - étaient presque impossibles. Comme Keith ne conduisait pas, j'avais l'habitude de le déposer au siège social et de le récupérer plus tard. Je devais me rappeler de me rendre directement à l'une des maisons de retraite et de rentrer à la maison sans effectuer les arrêts supplémentaires quotidiens en cours de route. Mes trajets en voiture devinrent insupportables. Nous avions assisté à de nombreuses réunions ensemble ; je devais maintenant m'asseoir seule à ces réunions. Je ressentais de plus en plus son absence et sa compagnie me manquait énormément. Mon fils de vingt-cinq ans essaya de combler le vide du mieux qu'il put, mais, aussi gentil et attentif qu'il était, il n'était tout simplement pas mon Keith.

J'avais été absente de l'entreprise pendant environ six mois. Même lorsque j'étais retournée au bureau, j'étais absente mentalement et émotionnellement - concentrée sur la gestion de la maladie de mon mari, puis accaparée par son décès et la planification d'un enterrement inattendu. À mon retour, et à ma grande surprise, je découvris que l'école avait grandi rapidement, passant d'une moyenne de cent élèves à plusieurs centaines d'élèves. En mon absence et celle de Keith, les membres du personnel avaient voulu nous montrer à quel point ils pouvaient gérer notre entreprise familiale. Ils avaient travaillé très dur pour recruter des étudiants pour agrandir l'école et avaient loué des locaux dans un immeuble de bureaux à une certaine distance du campus principal. Malheureusement, il s'était avéré que ce tout nouveau bâtiment avait le loyer le plus cher de la ville. Alors que le coût de l'espace loué était gérable, la croissance soudaine était alarmante et nous avions du mal à faire face aux nouvelles demandes qui accompagnaient tous les étudiants supplémentaires.

Outre Kevin et moi, notre siège social comprenait un directeur financier, un directeur exécutif, un nouveau directeur du marketing et une poignée d'autres employés. Cette équipe était responsable de la gestion des employés de l'école et de l'agence de soins à domicile. Les effectifs de ces deux divisions se chiffraient par centaines. Le personnel de l'école était suffisant pour gérer en moyenne cent élèves, mais il était insuffisant pour plusieurs centaines, ce qui était au cœur de ce qui devint un problème majeur.

Le chaos qui suivit m'aida à faire face à la mort de Keith. J'étais soudain tellement occupée, à essayer de mettre de l'ordre dans l'entreprise, que je ne ressentais son absence que tard le soir, quand je rentrais à la maison, épuisée. Une fois que je m'allongeais sur le lit, je me couvrais ma tête et je m'endormais en pleurant - et cela devint un rituel nocturne. Pendant la journée, je travaillais de longues heures, en assurant une surveillance étroite, non seulement dans les deux maisons de retraite, mais aussi à l'agence de soins à domicile et à l'école. Mon mari, le président de la société, avait supervisé les aspects commerciaux des trois branches de VMT, et le vide qu'il laissa à sa mort fut difficile à combler, non seulement dans ma vie personnelle, mais aussi dans la gestion de nos affaires.

Grâce à ma diligence, je me rendis vite compte que les employés avaient été tellement occupés à faire croître le corps estudiantin que les protocoles scolaires n'avaient pas été suivis. Personne n'avait surveillé les affaires de l'école en l'absence de Keith, et les enseignants ne venaient pas régulièrement faire les cours. Parfois, il n'y avait pas eu assez d'enseignants pour accompagner les étudiants pendant leur pratique clinique, et les étudiants indisciplinés avaient soumis de fausses informations. Lorsque j'inspectai l'école, je constatai que les dossiers n'étaient pas collectés conformément à la politique et que les fichiers n'étaient pas soumis à un examen minutieux.

Avec Keith parti, Kevin, le vice-président, était en charge. Malheureusement, lui aussi avait fait face à la maladie de son père, et maintenant à sa mort. En tant que nouveau dirigeant, il était censé apprendre les règlements de notre entreprise sous la direction de son père et cela aussi avait été perturbé. Comme le reste du personnel, il était enthousiasmé par la croissance, ne réalisant pas les dangers associés à une expansion rapide.

L'école et nos étudiants n'avaient pas réussi à répondre aux critères de réussite que la Commission des soins infirmiers du District de Columbia avait mis au point. En réponse, la Commission prit certaines sanctions contre l'école et suspendit notre programme de soins infirmiers auxiliaires.

Ce chaos professionnel était presque aussi douloureux que la mort récente de Keith : parce que j'avais pris deux maisons de retraite en désarroi et les avait transformées en établissements cinq étoiles, dans cette ville, mon nom était synonyme de qualité. Je ne perdrais pas ma réputation ; je le fis comprendre au personnel.

Une fois que Kevin et moi fumes de retour au bureau à temps plein, nous travaillâmes 24 heures sur 24, 7 jours sur 7 pour remettre de l'ordre dans une situation chaotique. Nous réalisions toutefois qu'il restait encore beaucoup à faire pour regagner la confiance et la bonne réputation de la société.

Je décidai de contester la Commission des soins infirmiers devant le tribunal. Un grand pourcentage des autres programmes de soins infirmiers auxiliaires de la ville fonctionnaient en deçà du taux de réussite requis ; par conséquent, il n'y avait aucune autre école qualifiée dotée d'un programme de soins infirmiers auxiliaires qui avait la capacité d'absorber nos étudiants. En fin de compte, les nouvelles admissions au programme de soins infirmiers auxiliaires du centre d'enseignement VMT furent suspendues, mais le programme resta ouvert aux étudiants actuellement inscrits jusqu'à l'obtention du diplôme. L'ange du soleil continua à briller et, encore une fois, j'eus la chance de sauver une institution en difficulté, sauf que cette fois c'était la mienne.

Tout au long de ma vie, j'avais refusé d'accepter ou de m'associer au mot ÉCHEC. Je ne perdrais pas l'école, seulement l'un de ses programmes ; pourtant, pour moi, la situation était inacceptable. Je déclarai la guerre à la Commission des soins infirmiers du District de Columbia - d'autant plus que la présidente était une concurrente, la directrice de l'école d'infirmières publique du District de Columbia. Cette école avait également un programme de soins infirmiers auxiliaires et fonctionnait également sous condition d'approbation pour ne pas avoir répondu aux critères de la Commission.

Lorsque la présidente ne se récusa pas dans les négociations concernant la décision de fermer le programme de VMT, le conflit d'intérêts devint évident. De plus, la Commission n'avait pas présenté de justification ferme quant aux raisons pour lesquelles le programme devrait être fermé. Elle n'avait pas non plus laissé suffisamment de temps à VMT pour ramener l'école à la conformité. C'était un combat que j'étais prête à affronter. Les préoccupations de la Commission des soins infirmiers étaient valables, je peux l'admettre. Si j'avais été membre du conseil d'administration, j'aurais recommandé la suspension des admissions de nouveaux étudiants jusqu'à ce que l'ordre soit rétabli et que le taux de réussite de l'école se soit amélioré. Cependant, j'étais en désaccord avec véhémence avec sa décision de fermer complètement le programme et j'étais déterminée à gagner ce combat.

APPLIQUEZ LES RÈGLES !

Règle n ° 22 : Priorisez

Réflexion : Moi, mon ventre, et la course

Les tortues n'ont pas d'agendas très compliqués : *Prenez quelque chose à manger, avancez un peu vers le prochain arrêt, reposez-vous, répétez ; ajoutez de l'excitation occasionnelle, comme la saison des amours et la ponte, répétez.* Mais s'il y a une chose qu'une tortue sait, c'est qu'elle doit faire de son propre bien-être sa priorité absolue. *Prenez quelque chose à manger, avancez un peu vers le prochain arrêt, reposez-vous, répétez.*

- Avant de prendre soin de quelqu'un d'autre dans votre vie, assurez-vous de donner la priorité à vos propres besoins et à vos soins personnels avant ceux des autres. Vous ne pouvez être bon envers les autres que si vous prenez d'abord soin de vous. Cherchez quelque chose à manger. Avancez un peu vers le prochain arrêt. Reposez-vous et répétez. Si vous ne pouvez pas intégrer ces principes maintenant, faites d'eux votre priorité absolue dès que possible.

Lorsque vous planifiez votre journée et rédigez votre ordre du jour, hiérarchisez la liste des choses à faire par ordre d'importance. De cette façon, vous pouvez vous occuper des tâches les plus importantes en premier.

RÈGLES POUR BIEN VIVRE

Il me fallut un certain temps pour pleurer la perte de mon mari. Il me manque toujours. Mais je savais que je devais avancer du mieux que je pouvais. Mon amie Ana et moi nous occupâmes l'une de l'autre pendant cette période de notre vie et trouvâmes des moyens d'injecter de la joie dans nos vies réciproques. J'étais dans une grande bataille dans ma vie professionnelle, et j'avais besoin d'aide pour la gagner. Je constatai que, lorsqu'un problème semble insurmontable, les solutions apparaissent souvent juste à temps. Une introduction peut mener à une amitié remarquable avec la bonne personne pour vous aider à surmonter les troubles. Quand il semble que les choses sont les plus sombres, le moindre rayon de soleil fait une grande différence.

Règle 23 : Soyez toujours consciente des opportunités

Tout au long de ma carrière, j'avais eu de la chance. Des opportunités n'avaient cessé de se présenter. Parfois, elles étaient accidentelles (voir le chapitre 14, « Quand il pleut, ça se déverse »). Mais j'ai également toujours gardé un œil sur les opportunités et en ai profité quand je pouvais. Comprendre ce qui était à ma disposition m'a permis de devenir la première femme afro-américaine à posséder une entreprise de maison de retraite certifiée minoritaire à Washington, DC.

Apprenez à garder les yeux et les oreilles ouverts pour les besoins dans les domaines que vous pouvez combler. Ils sont souvent rentables et personnellement satisfaisants. Comprendre le besoin d'infirmiers auxiliaires qualifiés m'a amenée à ouvrir une école pour préparer des infirmiers auxiliaires pour l'examen de certification (voir le chapitre 10, « Une nouvelle réalité »). Cela a conduit à de meilleures opportunités pour de nombreux jeunes hommes et femmes du secteur, et, parce que les postes vacants étaient pourvus, cela a conduit à de meilleurs soins pour les résidents.

CHAPITRE 14

Quand il pleut, ça se déverse

Après la mort de nos maris, le lien entre Ana et moi se solidifia. Nous avions été secouées par notre traumatisme partagé. La relation était thérapeutique pour nous deux et une vie sociale florissante nous aida à nous rétablir de nos douloureuses pertes. Lentement, pendant des mois, nous parcourûmes ensemble le chemin de la guérison. Ayant été touchées de si près par la mort, nous réalisâmes que rien n'était promis dans la vie et nous étions donc déterminées à passer un bon moment pendant que nous le pouvions encore. En ville, Ana était souvent invitée à de grands événements. J'allais avec elle à la plupart de ces fêtes, y compris la « Fight Night After Party », mieux connue sous le nom de « Knock Out Abuse », un événement annuel organisé pour l'élite, la haute société, la crème de la crème du District de Columbia. À d'autres occasions, nous enfilions nos manteaux de fourrure pour nous rendre au FedEx Fields Stadium, avant un match de football des Redskins, avec un groupe d'amis qui organisaient leurs fêtes de fin d'année avec du caviar, du champagne, des serveurs et un feu de joie.

Ana organisait parfois de grandes réceptions elle-même, pour les membres de la direction de son hôpital et pour les politiciens de la communauté. Un an environ après la mort de Keith, Ana me demanda de l'aider à organiser un cocktail important. Même si nous ne travaillions pas pour la même organisation, j'acceptai. Le rassemblement eut lieu dans un hôtel prestigieux dans la partie nord-ouest du centre-ville de la ville, et la salle, éclairée par la lumière tamisée de grands lustres, était animée de rires et de conversations - les sons du jazz contemporain joués en arrière-plan. Il y avait des tables d'appoint avec des chaises et de grandes tables de cocktail pour ceux qui souhaitaient rester debout. Au centre de la pièce se trouvait une très large table ovale avec un assortiment de hors-d'œuvre et d'arrangements floraux extravagants de lys tigres, d'orchidées et de pivoines. Il y avait deux bars bien approvisionnés, l'un au nord et l'autre à l'extrémité sud de la pièce. Les hommes étaient en costume, et les femmes portaient de splendides tenues de cocktail. C'était une ambiance festive.

De loin, je remarquai la silhouette d'un homme qui me rappelait Keith. Il était habillé comme l'aurait été mon défunt mari : un pantalon kaki, une chemise blanche, un blazer bleu marine à double boutonnage et ce qui ressemblait à la cravate rouge préférée de Keith. À première vue, cette silhouette grande et mince ne pouvait appartenir à personne d'autre qu'à Keith. J'y réfléchis un instant : était-ce mon imagination - ou un vœu pieux ? Était-ce Keith ? Bien sûr, cela ne pouvait pas être le cas.

« Ana, dis-je, mon ton exprimant l'intérêt, la curiosité et un peu d'incrédulité. Qui est ce type ?

– C'est notre avocat général, dit-elle. Au fait, il est célibataire, ajoute-t-elle avec un sourire. Veux-tu que je te le présente ?

– Je vais m'approcher de lui, dis-je. Alors, viens faire les présentations.

– Je vais faire encore mieux, dit Ana. Je vais envoyer ma secrétaire. Ils se connaissent bien. »

J'étais vêtue d'un court tailleur-jupe noir Neiman Marcus Garrett, rehaussé d'accessoires rouges et de chaussures rouges à talons hauts. Prenant mon temps, je me promenai autour de la table du buffet, ajoutai quelques hors-d'œuvre dans une petite assiette, et sirotai un verre de vin rouge. Je me rapprochai ensuite de l'endroit où se tenait cet homme. À ce moment-là, il fut rejoint par la secrétaire d'Ana, qui me salua à mon approche. Elle me présenta alors à Clifford, l'avocat général de l'hôpital. J'étais émerveillée - tant de choses à son sujet me rappelaient Keith. Tout comme mon défunt mari, il était grand, sombre, et beau.

Mais ce n'était pas Keith et j'étais déçue. A quoi m'attendais-je ? Que Keith reviendrait ? Oui. J'aurais aimé que ce soit lui. Mon esprit me jouait des tours.

Après notre présentation à la réception, j'eus l'occasion de rencontrer Clifford à différentes occasions. Nous continuâmes de nous croiser à un événement ou à un autre dans la ville ; nous étions une fois au même dîner d'une association hospitalière et, à quelques reprises, nous assistâmes aux mêmes événements politiques. Nous étions tous les deux des professionnels de la santé depuis plus de vingt ans, mais nous ne nous étions jamais croisés auparavant. Maintenant, chaque fois que nous nous rencontrions, il me reconnaissait comme « l'amie d'Ana, non ? » Je répondais oui mais je ne lui rappelai jamais mon nom. Ce n'était pas Keith - et je ne pouvais pas le lui pardonner.

Une de nos rencontres les plus mémorables eut lieu alors que j'attendais derrière une voiture pour entrer dans le garage de mon immeuble de bureaux. À l'entrée se trouvait une vieille BMW, et le conducteur avait du mal à ouvrir le portail, ce qui m'empêchait d'accéder au bâtiment. La société de gestion venait d'envoyer de nouveaux codes à tous les locataires, et je me dis que le chauffeur devait entrer un ancien code, car le portail ne s'ouvrait pas. Impatiente d'aller à une réunion, je rapprochai ma voiture de la BMW ; j'avais l'intention d'entrer mon propre code, permettant à la voiture devant moi de passer en toute sécurité, puis de suivre immédiatement, afin que les deux voitures puissent entrer dans le garage en un seul mouvement rapide. En approchant de la voiture, je remarquai que le chauffeur était l'avocat général d'Ana, Clifford. Sans échanger de mots, j'entrai le code à la hâte. « Merci, dit-il simplement. »

Il n'y avait pas de temps pour la conversation, car j'avais déjà activé le code. Je sautai dans la voiture et me garai à la place qui m'était assignée au parking. Clifford se gara dans la zone réservée aux visiteurs. Je pris l'ascenseur du garage pour me rendre à mon bureau. La porte s'ouvrit au premier étage - et Clifford entra. Mon cœur battait plus vite. Pourquoi étais-je si excitée de le voir ? Il me remercia d'avoir ouvert la barrière du garage pour lui et s'excusa d'avoir le mauvais code. Lorsque l'ascenseur s'arrêta au deuxième étage, je dis en montrant une porte, « C'est mon bureau. Arrêtez-vous en sortant et je serai heureuse de vous raccompagner. »

J'étais dans mon bureau lorsque la secrétaire entra. « Il y a un monsieur dans la salle d'attente qui demande à vous voir. »

Je savais qui c'était.

« Êtes-vous prêt à descendre ? demandai-je en arrivant à la réception.

– Je me suis arrêté pour vous remercier. Ils m'ont donné le nouveau code, donc vous n'êtes pas obligée de m'accompagner. » Il m'embrassa comme les Français - un petit baiser sur chaque joue. « Merci encore d'avoir été si gentille. »

Quand il s'en alla, je retournai à mon bureau en toute hâte, impatiente d'appeler Ana pour lui raconter ce qui venait de se passer. Depuis la réception organisée par l'hôpital, lorsque Clifford et moi nous nous étions rencontrés pour la première fois, Ana m'avait poussée à le rencontrer en tête-à-tête, afin que nous puissions faire amplement connaissance. Elle était convaincue que si nous avions la chance de nous réunir dans un cadre plus personnel, plus privé, nous pourrions nous aimer. Ana était impatiente de jouer à l'entremetteuse. Elle me rappelait mon mari qui voulait toujours s'assurer qu'une opportunité ne me passait pas sous le nez.

C'était maintenant au tour d'Ana de s'assurer qu'elle pouvait présenter personnellement ses deux amis. Sa quête était de trouver la meilleure façon pour nous d'être seuls. Y avait-il vraiment un esprit divin au travail essayant de connecter Clifford et moi ? Ana le croyait. Elle avait hâte de me trouver un partenaire, car elle se sentait chanceuse d'avoir rencontré son propre compagnon, Rick. Elle voulait que j'éprouve la joie de la compagnie ; elle voulait que nous soyons à nouveau à quatre, partageant nos vies, comme lorsque nous étions mariées. Elle voulait tellement nous réunir, Clifford et moi, qu'elle réussit à me convaincre qu'il serait le bon avocat pour m'aider avec les tracas que donnait la Commission des soins infirmiers à mon école.

Ana imagina ce qu'elle croyait être une idée géniale : une fête à la piscine chez moi. « Seulement s'il peut y assister, dit-elle. » J'acceptai d'organiser la pool party. J'étais ravie, mon cœur battait vite, comme une adolescente amoureuse. Je souris doucement, me moquant même de moi-même. À ce moment-là, je croyais vraiment - et même sentais - qu'il y avait un esprit divin en jeu. Sinon, pourquoi rencontrais-je constamment ce monsieur ? Nous étions dans la même ville depuis de nombreuses années, tous deux professionnels de la santé, depuis à peu près le même nombre d'années. Soudain, nous nous heurtions continuellement l'un à l'autre. « Pourquoi ? » Je n'arrêtais pas de me questionner. Je me souvins de la demande que j'avais faite à Dieu, en le suppliant à haute voix, devant des centaines de personnes à l'enterrement de mon mari, de ne pas oublier que j'étais encore sur cette terre. Je lui avais demandé de veiller sur moi. Dieu mettait-il nos deux âmes ensemble ?

Le jour de la fête au bord de la piscine arriva et ma maison était remplie d'amis - certains d'Ana, certains des miens - et de la musique dansante émanait des haut-parleurs enfouis dans le feuillage au-dessus de la piscine. L'odeur de la cuisine caribéenne faite maison imprégnait l'air et le barman était occupé à servir des boissons gazeuses et des cocktails. Je gardais un œil ouvert pour Clifford, même si Ana m'avait prévenu que son « oui » ne signifiait pas qu'il se présenterait. C'était un homme occupé. Nous avions décidé d'organiser la fête de toute façon, dans l'espoir qu'il viendrait, puisqu'il avait indiqué le jour qui lui conviendrait le mieux.

J'étais dans la piscine en bikini à pois jaune et noir quand il arriva à la fête par la grille latérale. Je le remarquai immédiatement dans sa chemise grise à petites fleurs multicolores, rentrée dans un jean taupe et de simples sandales brunes aux pieds. Il avait l'air très détendu par rapport à toutes les autres fois où je l'avais vu - toujours en costume. Excité qu'il soit venu, je me séchai rapidement, mis un couvre-maillot de bain blanc transparent et me précipitai pour le saluer.

Il ne connaissait aucun de nos invités et Ana était à l'intérieur de la maison, alors il eut l'air soulagé de me voir. Il ne tarda pas à m'embrasser sur les deux joues. Alors qu'il demandait si Ana était là, elle sortit par la porte coulissante en verre. Ils bavardèrent pendant un moment et il reçut un verre de Carl, mon ami du Canada, qui était en ville avec sa femme Sheila. Je rejoignis mes autres invités dans la piscine, tandis qu'Ana continuait à divertir Clifford. Peu de temps après, il s'approcha et me glissa à l'oreille :

« Je pense que j'aimerais entrer dans la piscine. Où est-ce que je me change ?

– J'ai une salle de bain au premier étage, dis-je. Passe par cette porte vitrée, puis descends les marches. Ce sera sur ta gauche.

– J'ai mon maillot dans la voiture. Je reviens tout de suite. »

Je ne pouvais pas croire ce qui se passait. Non seulement il était venu, mais il s'apprêtait à me rejoindre dans la piscine. Mon cœur battait de plus en plus vite, en prévision de son retour. Sa volonté de me rejoindre dans l'eau indiquait clairement que lui aussi voulait me connaître. Plus tard, nous devînmes tellement captivés par notre conversation que nous ne remarquâmes même pas que nous étions seuls dans la piscine chauffée. Nous partageâmes des histoires personnelles et je lui racontai les événements qui avaient suivi le décès de mon mari - le chaos à l'école, en particulier l'action de la Commission des soins infirmiers. Il était une heure du matin lorsque Clifford et moi quittâmes la piscine. En entrant dans la maison, nous fumes choqués de constater qu'elle était complètement vide. Personne n'était venu nous dire au revoir, suivant les instructions d'Ana et de Sheila, qui avaient non seulement fait sortir tout le monde de la piscine, mais aussi nettoyé le désordre de l'après-fête dans la cuisine. Ana et mes autres invités étaient rentrés chez eux. Sheila et Carl étaient à l'étage, dans la chambre d'amis, profondément endormis.

Avant de partir, Clifford me donna ses baisers habituels sur les deux joues. Le lendemain soir, il appela - et il continua d'appeler tous les soirs, même s'il était tard. Nous discutâmes des problèmes à l'école et Clifford était convaincu qu'il pouvait m'aider. Moi aussi, j'étais convaincu qu'il était le bon avocat pour gérer la Commission et tout le drame que la situation causait. Clifford et moi remplirent rapidement toutes les formalités pour que VMT embauche son cabinet d'avocats. Le contrat fut signé et les acomptes livrés. Maintenant, je faisais face à la réalité : pour la première fois, je devais défendre la société sans que Keith - mon mari, mon partenaire, mon coach - ne puisse me guider.

En tant qu'administratrice d'une maison de retraite, j'avais été confrontée à d'innombrables poursuites judiciaires de la part de familles, certaines impliquant des allégations valables, d'autres pas tellement. Ces règlements étaient généralement couverts par la compagnie d'assurance de la maison de retraite, qui engageait ses propres avocats pour régler à l'amiable, dans la plupart des cas, pour un montant minuscule payé par l'assureur. Le montant le plus élevé que nous ayons jamais dû payer à partir des caisses de VMT pour les règlements liés aux maisons de retraite était notre ticket modérateur.

Le cas de l'école était différent, cependant, car il n'y avait pas de couverture, puisque nous intentions une action en justice. Toutes les dépenses durent être absorbées par VMT, et le coût du litige était inconnu, ce qui était troublant. Tout ce que je savais, c'était le taux horaire de l'avocat, et ce chiffre était effrayant. Une fois de plus, je me retrouvai dans une situation de combat ou de fuite. D'une part, je me concentrais sur la sauvegarde du programme de soins infirmiers auxiliaires, ainsi que sur ma réputation, ce qui était le plus important pour ma carrière et ma fierté. D'un autre côté, je combattais le corps législatif qui pouvait décider du sort du programme et qui pouvait riposter en fermant toute l'école. J'avais peur de gagner la bataille, pour ensuite perdre la guerre. Ils disent de ne jamais montrer votre faiblesse à votre ennemi. Je fis de mon mieux pour ne pas leur montrer que j'étais nerveuse. Je marchais d'un pas décidé aux réunions de négociation et, chaque fois que j'assistais aux réunions mensuelles ouvertes de la Commission des soins infirmiers, je gardais la tête haute.

Clifford me convainquit que je n'avais pas d'autre choix que d'essayer d'abord de négocier directement avec la Commission. Si cela échouait, dit-il, nous engagerions des poursuites judiciaires complètes et intenterions une action contre la Commission. Il était déterminé à gagner cette affaire et m'assura que la probabilité d'un résultat positif était grande. Telle une tortue, je sortis la tête une fois de plus lorsque la Commission des soins infirmiers décida de s'enfoncer les talons dans le sable ; j'entrai dans le bac à sable avec eux et décidai de porter plainte pour mettre fin au problème.

Nous avions besoin d'un avocat spécialisé dans le contentieux pour déposer la plainte et défendre l'affaire, et le droit de la défense n'était pas la spécialité de Clifford. Il fit appel aux deux avocats spécialisés en litige et à une foule d'associés pour effectuer des recherches et rassembler des classeurs et d'autres documents à l'appui. Les nouveaux ajouts eurent un prix élevé. Parce que nous vivions dans le District de Columbia, il était inévitable que la politique interfère, et cela devait être traité avec délicatesse.

Les opposants étaient catégoriques sur le fait que le programme devrait être fermé, mais nous reçûmes du soutien d'autre part : de nombreux étudiants écrivirent à la Commission, luttant pour que le programme de soins infirmiers auxiliaires reste ouvert, et les administrateurs des maisons de retraite rédigèrent des affidavits attestant que nos diplômés étaient nécessaires à leurs établissements. Entre temps, les factures du cabinet d'avocats montaient et le stress affectait tout le monde au bureau. Nous licenciâmes certains employés incompétents et embauchâmes de nouvelles recrues pour faire face aux demandes.

Pour compliquer les choses, nos téléphones sonnaient sans cesse, avec des appels provenant des avocats qui représentaient des étudiants inscrits, essayant de comprendre le statut académique de leurs clients. Bientôt, la Commission des soins infirmiers de Maryland s'impliqua également, puisque de nombreux diplômés du VMT avaient passé l'examen national dans le Maryland, qui partage une frontière avec le District de Columbia. Une fois agréés, ces infirmiers pourraient également travailler dans les maisons de retraite du Maryland.

Tout cela était suffisant pour me tenir au défi, mais j'avais encore une autre crise à gérer. Un jour, à l'improviste, Kevin m'invita à dîner. Dans notre famille, si quelqu'un disait : « Nous devons aller dîner », c'était une indication claire que quelque chose de grave exigeait une attention immédiate. Keith nous avait appris à avoir toute discussion difficile dans un restaurant. Cela permettait au ton de la conversation de rester civil et encourageait la résolution de problèmes plutôt que des réactions émotionnelles à des nouvelles soudaines et parfois dérangeantes. Je me demandais si Kevin s'inquiétait de l'impact du stress de notre entreprise sur ma santé et mon bien-être. Était-il préoccupé par moi ? Avait-il aussi peur de perdre sa mère ? Allait-il suggérer que je vende l'entreprise ? *Pourquoi diable demande-t-il un dîner au restaurant ?* Je commençai à imaginer le pire. Qu'est-ce que ça pourrait être ?

Le lendemain soir, après le repas et quelques verres, il commença. « Si papa était vivant, j'aurais cette conversation avec lui, dit-il. »

Qu'est-ce que ce garçon aurait préféré discuter avec son père ? Assise en face de lui à la table, je me demandai soudain : comment allait Kevin ? Avais-je été si préoccupée par l'entreprise que je n'avais pas remarqué sa douleur ? Mon esprit était en ébullition, mes mains moites, mon coeur battait à tout rompre. Les boissons arrivèrent, ce qui interrompit le début d'une conversation sur un sujet (je m'en rends compte maintenant) qui était difficile pour lui. Il paraissait en proie à des émotions mitigées, et tout ce que je voulais faire était de sauter par-dessus la table et le serrer dans mes bras.

Il prit une gorgée de son verre. « Kristin est enceinte. »

Je pris une gorgée de ma boisson alcoolisée pour aider à stabiliser mon pouls. Ensuite, je le regardai dans les yeux et je demandai : « Alors, quel est le plan ? »

Il resta silencieux pendant une minute.

« Tu sais ce qu'ils disent, maman. Quand une personne meurt, une autre naît.

– Oui, mon fils. Continue.

– Je me dis : si Papa n'était pas mort, cela ne serait jamais arrivé. Et, si c'était le cas, j'aurais su quoi faire. Mais je sens que cet enfant est comme Papa, alors je veux le garder.

– Vas-tu l'épouser ? demandai-je.

– Je n'ai que vingt-cinq ans, dit-il. Je viens de perdre mon père et je deviens père moi-même. Je ne suis pas prêt pour le mariage. Nous ne serons pas le premier couple à tomber enceinte hors mariage.

– Kev, ne t'inquiète pas, lui dis-je en lui prenant la main. Tout ira bien. Dieu et Papa sont avec nous. »

Nous gardâmes le silence pendant un long moment, luttant pour trouver nos mots, ce qui était inhabituel pour nous deux. Nous continuâmes de manger, bûmes quelques boissons fortes et, finalement, je rompis le silence. « Cet enfant arrêtera tes larmes, mon fils, et t'apportera de la joie. Je suis là pour toi tout le temps ; tu peux toujours compter sur moi. Ton papa nous a laissés tous les deux aptes à faire face à la vie. Nous pouvons gérer nos problèmes, car son esprit sera toujours là avec nous, nous guidant à travers tout. » À ce moment-là, j'étais la plus forte, et je soutenais mon fils déconcerté.

Nous quittâmes le restaurant et rentrâmes à la maison pour nous mettre au lit, pour affronter notre vie professionnelle trépidante habituelle le lendemain.

***

La tourmente dans l'entreprise se poursuivit et, si je développais une relation professionnelle forte avec Clifford, nous étions tous les deux conscients d'une affection grandissante entre nous. Nous prenions soin cependant de ne pas laisser nos sentiments personnels interférer avec l'urgence de la question en cours - jusqu'à ce que, finalement, après plusieurs mois de négociations,

Clifford appela un après-midi pour dire que l'affaire avait été réglée à l'amiable avec la Commission. Les portes de l'école resteraient ouvertes !

Il m'invita à dîner pour célébrer cette grande victoire. Étant donné que son bureau était au cœur de la ville et que le stationnement était toujours payant, je me portai volontaire pour conduire. Sur le chemin du restaurant, je passai le chercher dans ma Lexus à deux places, couleur bordeaux, avec intérieur noir et boiseries en acajou. J'arrivai avec le toit de mon cabriolet déjà descendu, car c'était une belle journée ensoleillée. J'étais vêtue d'un complet deux pièces bleu aqua accentué de mon épinglette tortue emblématique sur le revers. Il avait l'air si beau dans un costume Armani bleu marine. Alors qu'il marchait vers la voiture, je remarquai une boîte Tiffany carrée dans sa main et, en sortant de la voiture pour le saluer, il m'embrassa sur les deux joues et me tendit la boîte turquoise.

« Ceci est pour toi, ma chère, dit-il.

– Pour moi ? fis-je, choquée. Merci. »

Il se porta volontaire pour conduire ma voiture car il savait où il m'emmenait dîner.

« Puis-je ouvrir mon cadeau maintenant ? demandai-je en m'installant sur le siège passager.

– Non, dit-il. Tu pourras le faire pendant le dîner. »

Nous dînâmes chez Kinkead et partageâmes une bouteille de vin rouge. Pendant près de trois heures, nous parlâmes de l'affaire et de son règlement, puisque j'avais raté les derniers jours de négociations. Il était heureux d'avoir résolu le différend en faveur de l'école et j'exprimai ma gratitude en ouvrant le cadeau. C'était un lourd presse-papiers en cristal de plomb. La pièce octogonale était gravée du nom de l'école et de la date de la décision de règlement. Mon regard passa du cristal aux yeux de Clifford. « Oh mon Dieu ! C'est si beau et si attentionné de ta part de m'offrir un cadeau. Tu n'avais vraiment pas à faire cela. J'apprécie vraiment le geste. »

Se retournant vers moi, il répondit : « Je veux juste que nous nous souvenions de cette date. »

Nous avions fini nos desserts et, sur le chemin du retour, il suggéra que nous nous arrêtions au Mémorial de la Seconde Guerre mondiale, car j'avais mentionné que je ne l'avais pas encore visité. Il tint ma main pendant que nous nous promenions autour de la piscine resplendissante et de la fontaine ruisselante, et, encore une fois, nous parlâmes sans arrêt - sauf que cette fois, la conversation était plus personnelle.

« Alors, que fais-tu de ton temps libre ? demanda-t-il.

– Quel temps libre ? fis-je ne riant. Je travaille, puis je rentre à la maison pour dormir. J'avais l'habitude de sortir beaucoup quand mon mari était en vie, mais maintenant, pas autant. Je n'aime pas aller aux évènements toute seule. Depuis un an, mon fils est devenu mon escorte, et il se plaint chaque fois que je lui demande de mettre un smoking.

– Ça ne me dérange pas de porter un smoking, dit-il avec un sourire.

Es-tu sûr d'avoir le temps d'être mon escorte ? demandai-je. Tu sembles assez occupé.

– Je prendrai le temps, dit-il en parfait gentleman. »

Et je savais alors que j'accepterais une relation plus intime avec Clifford. Il était gentil et il me traitait comme une dame. Il était parfait - tout comme Keith l'avait été. Cette nuit me rappela mon premier rendez-vous avec Keith au club Playboy.

L'avenir nous le dira, pensai-je.

À la fin de la visite, nous remarquâmes qu'un policier avait glissé une contravention sur le pare-brise de ma voiture. La nuit avait été tellement excitante qu'aucun de nous n'avait réalisé que nous nous étions garés illégalement dans un espace pour handicapés. Clifford se sentit mal à cause de son erreur et proposa de payer le billet. Nous nous arrêtâmes à son bureau pour récupérer sa voiture, puis il m'embrassa pour dire au revoir. Cette fois, cependant, c'était différent. En plus de ses baisers habituels sur les deux joues, il m'en fit un troisième : il me serra fort et m'embrassa sur les lèvres.

Je rentrai chez moi dans les nuages, convaincue à nouveau que je devais vraiment avoir un ange gardien, celui qui me suivait depuis ma naissance. Même dans les situations les plus épineuses, je pouvais être assurée que je sortirais victorieuse.

***

Après avoir obtenu gain de cause contre la Commission des soins infirmiers, l'école se reprit en main, comme si de rien n'était. Je retrouvai ma réputation dans la ville et je réussis, dans l'intervalle, à développer une relation amoureuse avec mon ami avocat. Épictète a dit : « Ce n'est pas ce qui vous arrive qui compte, mais la façon dont vous y réagissez. » J'avais toujours mis un point d'honneur à gérer les difficultés dans un esprit de conquérante, bien consciente que, comme les montagnes, la vie est une succession de pics et de vallées. J'avais eu de nombreuses occasions de méditer sur ce dicton des Caraïbes : « Derrière chaque montagne se trouve une autre montagne. » Je ne pouvais pas être intimidée par la taille de mes montagnes, car, souvent, ce n'est pas la hauteur de la montagne qui est à craindre, mais plutôt la pente glissante.

Je savais très bien que la Commission avait le pouvoir de fermer mon école ; pourtant, j'avais décidé de gravir cette montagne et je m'étais rendue au sommet, indemne. En ville, deux autres programmes de soins infirmiers auxiliaires, qui avaient été fermés pendant la même période que VMT, n'étaient jamais parvenus de l'autre côté de leurs montagnes. Il faut du courage et de la détermination pour dépasser la peur et l'insécurité.

Parce que j'avais été absorbée par les problèmes liés au programme de soins infirmiers auxiliaires, je n'avais pas été en mesure de prêter toute l'attention à une autre problème à la maison de retraite du Bureau de la Sénescence. Le directeur de l'ingénierie de cette installation, un grand homme blanc dominateur nommé Ron, dirigeait un personnel à 90% noir. J'étais consciente d'une querelle entre le directeur et ses subordonnés, mais le directeur des ressources humaines avait déclaré tout avoir sous contrôle. À l'occasion, les RH m'avaient demandé d'assister à des réunions spécifiques impliquant Ron et sa cohorte.

Selon les employés, Ron exigeait qu'ils exécutent certaines tâches qui, selon leurs salaires, la description des postes fournie par le ministère du Travail, et les contrats de VMT, allaient au-delà de leurs responsabilités. En réponse, les RH avaient révisé la description des postes, et les documents révisés avaient été signés par chaque employé. Je pensais que le problème était résolu de manière satisfaisante. En réalité, Ron avait décidé d'ignorer les nouvelles descriptions et avait continué à assigner des tâches inacceptables. Cette fois, à l'insu de la direction, les employés avaient déposé une plainte, nous accusant de discrimination au travail. De façon inattendue, dans le paquet quotidien de courrier livré, il y avait une lettre du Ministère du travail indiquant les préoccupations des employés. La lettre mentionnait une date précise à laquelle le ministère rendrait sur place pour enquêter.

Une visite d'une agence gouvernementale n'est jamais une bonne chose. Lorsque l'enquêteuse arriva, elle mena une enquête approfondie, simple et juste, en examinant les anciennes et les nouvelles descriptions de postes. Elle rencontra les employés du département d'ingénierie, l'administrateur du site, le directeur des ressources humaines et, enfin, elle organisa une réunion finale avec le directeur des ressources humaines et moi. Elle indiqua qu'un rapport sur ses conclusions et recommandations suivrait, mais il n'y eut aucune autre communication du ministère pendant environ deux ans - jusqu'à ce qu'un jour, une autre lettre arriva.

Nous apprîmes qu'une nouvelle enquête devait être menée, car la première enquêteuse avait pris sa retraite sans fermer son dossier. Cette deuxième enquêteuse fut brutale : elle enquêta non seulement sur les préoccupations actuelles, mais elle élargit également son examen au-delà des fonctions professionnelles et de l'attribution de tâches à d'autres questions. Après son entretien final, elle aussi promit un rapport. En dépit de tout cela, l'institution réussit à fonctionner à un niveau de qualité élevé, obtenant quatre ou cinq étoiles des Centres de Medicare et Medicaid. À l'occasion, nous obtenions des résultats qui ne montraient aucune lacune. L'argent affluait, les employés recevaient des augmentations et, parfois, des primes étaient émises, créant ainsi l'environnement d'un personnel heureux et de bons soins que je recherchais.

En général, la vie était belle. J'étais enfin en paix dans ma vie professionnelle et personnelle. J'étais devenue encore plus sociale qu'avant, maintenant que j'avais rencontré mon ami avocat. Avec lui, j'assistais à de nombreux événements en tenue de soirée. J'avais mes propres invitations, et Clifford avait les siennes, et nous nous accompagnions gracieusement l'un l'autre dans toute la ville, assistant à des galas au Providence Hospital, au Sibley Hospital, au Hope Connection, au Leadership of Greater Washington, à la Choral Art Society, et au Kennedy Center, pour n'en nommer que quelques-uns. Notre photo fut publiée dans le magazine *The Washington Life* et sur les sites Web de plusieurs ambassades. Nous étions connus de la haute société de la ville.

Je devais assister à une autre réception lorsqu'une importante tempête de neige s'abattit sur la ville. Les bus et les trains du métro s'arrêtèrent. J'étais occupée à aider la direction à trouver du personnel pour couvrir les deux maisons de retraite, lorsque je reçus l'appel tant attendu de Kevin. « Kristin a des tranchées, dit-il. » Bébé Keith naquit alors que j'essayais de me frayer un chemin à travers les rues couvertes de neige jusqu'au Washington Hospital Center. Quand j'arrivai finalement à l'hôpital, je trouvai Kevin dans la grande salle d'accouchement qu'il avait réservée, pour que Kristin, sa mère, et lui puissent tous être ensemble pendant la durée de son séjour à l'hôpital.

Bébé Keith était le plus beau petit être humain que j'aie jamais vu. Je l'adorais. J'avais anticipé la naissance de mon premier petit-fils depuis si longtemps, et pourtant j'avais raté le moment crucial à cause de la tempête de neige. Bien que la joie d'être grand-mère coulait de mon âme et que j'étais presque euphorique, je ne pouvais toujours pas être complètement heureuse : je me sentais triste, et même coupable, de savoir que Keith - l'homonyme du bébé - ne saurait jamais ce que c'était d'être grand-père. A quel point aurait-il été heureux ? Je me le demandais. Oh, Seigneur ! A quel point était-ce cruel ? *Pourquoi les gens doivent-ils mourir ?* À ce stade de ma vie, j'avais appris à accepter que, aussi décevant que cela puisse être, je ne pourrais jamais réussir à profiter pleinement du bonheur - sans quelque chose pour atténuer ma joie. C'est la vie !

En prévision de la naissance de mon petit-fils, j'avais remodelé le rez-de-chaussée de ma maison pour accueillir le bébé et sa mère, Kristin. Nous avions installé une chambre à coucher, une combinaison salle à manger et salon, une cuisine, une laveuse-sécheuse - tout un appartement, pour qu'ils soient confortables. Mais cela ne fonctionna pas pour Kevin et Kristin. Ils se disputaient souvent. Elle voulait trouver son propre espace avec Kevin et le bébé, et les disputes devenaient souvent bruyantes et laides. Aucun d'eux ne semblait heureux. Mon fils n'avait jamais vu ses parents se disputer, donc ce style de vie lui était étranger.

Kevin vint me voir un jour et me dit qu'il prévoyait de trouver un appartement pour lui, Kristin, et le bébé.

Je dis non. « Pas d'appartement. Si vous déménagez, trouvez-vous une maison. » J'étais disposée à aider mon fils à s'acheter une maison, donc je lui dis : « Trouve une maison pour ta famille, car je crains qu'un appartement n'arrêtera pas les disputes. »

Ainsi donc, Kevin s'en alla acheter une maison pour sa famille. Kristin et lui choisirent les couleurs ensemble, ainsi que de beaux meubles et articles ménagers. J'avais souhaité qu'ils puissent être heureux, mais finalement ils n'emménagèrent pas ensemble. Mon fils se rendit compte que même une maison n'arrêterait pas les disputes. Cela ne fonctionnait tout simplement pas pour eux, et Kevin savait qu'il serait préférable pour eux de se séparer. Kristin retourna dans la maison de sa mère ; Kevin déménagea seul dans la nouvelle maison et ils se séparèrent. Entre eux deux, ils prirent soin du bébé. Kevin vivait seul et prenait soin du bébé tout seul pendant les séjours de Keith avec lui. En plus de son travail dans notre entreprise, Kevin devint un parent célibataire, élevant seul un bébé. Il était difficile de le voir faire face au stress supplémentaire lié à la parentalité de son fils, mais c'était un père incroyable. Mon petit-fils était un enfant heureux, bien aimé et bien équilibré.

APPLIQUEZ LES RÈGLES !

Règle n ° 23 : Soyez toujours consciente des opportunités

Réflexion : Tout est instinctif

Les petites tortues nouvellement nées offrent un beau spectacle. Fraîchement sorties des œufs, elles suivent un impératif biologique étonnant de fusionner avec l'océan. Elles ne s'arrêtent pas et ne demandent pas leur chemin. Pas le temps de s'entraîner. Elles se retrouvent hors du nid et dans le monde aussi vite que leurs petites nageoires peuvent les porter. Tout est instinctif. Suivez vos instincts. Ils vous mèneront là où vous devez aller. Parfois, nous sommes enveloppés dans le système d'alerte intrusif intégré à notre cerveau par le conditionnement passé et nous manquons des opportunités. À quand remonte la dernière fois que vous avez suivi votre instinct ? Comment ça a marché ?

- Apprenez à faire du réseautage. Si vous n'êtes pas socialement averti, ne vous inquiétez pas. Cela devient plus facile. Apprenez à accepter votre inconfort. Sortez et rencontrez des personnes dans votre domaine avec lesquelles vous pouvez échanger des idées. Rejoignez une organisation professionnelle ou connectez-vous à un réseau d'anciens. Trouvez d'autres personnes partageant les mêmes centres d'intérêt que vous. Si vous n'êtes pas en mesure de rencontrer des personnes dans votre région, trouvez-les en ligne. Un monde entier vous attend. Allez-y !
- Une partie de la recherche d'opportunités consiste simplement à garder les yeux et les oreilles ouverts et à rechercher un créneau à combler. Entraînez-vous à faire attention à la façon dont les choses devraient fonctionner idéalement. Quand vous voyez un domaine à améliorer, demandez-vous, est-ce une opportunité dans laquelle je devrais investir mon énergie ? Quels en seront les bénéfices ?

RÈGLES POUR BIEN VIVRE

À un certain moment de ma vie, j'ai atteint mon apogée. Je me suis présentée aux élections comme membre du conseil au sein d'une organisation professionnelle dominée par des hommes blancs et j'ai reçu un soutien impressionnant pour ma candidature. Mais j'ai aussi été confrontée à des attaques brutales et laides de la part d'organisateurs syndicaux, et cette campagne de dénigrement est devenue personnelle. Et au milieu de tout cela, j'ai reçu un appel téléphonique avec une opportunité que je ne pouvais pas laisser passer.

Règle n ° 24 : Pensez-y bien : court terme ou long terme ?

Il est parfois facile de se plonger dans des problèmes à court terme et de perdre de vue le succès à long terme. Il est tentant, lorsque vous êtes embourbée dans les luttes quotidiennes, d'abandonner et d'emprunter la voie facile. Il y avait des dizaines de fois où mes problèmes semblaient insurmontables, que ce soit quelque chose de simple, comme obtenir mon permis de conduire (voir chapitre 6, « Aigre-doux ») ou quelque chose de plus difficile comme apprendre à parler couramment l'anglais. En vieillissant, les défis et les problèmes se sont accrus et, avec le recul, mes premiers échecs semblaient beaucoup moins graves que le fait d'avoir ma réputation entachée par la campagne syndicale (voir chapitre 10), face à la maladie soudaine de mon mari (voir chapitre 13, « Tout a une fin »), et face à la possibilité que l'école que j'avais ouverte pour former des infirmiers auxiliaires soit fermée. Le temps donne à chacun de nous une nouvelle perspective et, si nous ne pouvons pas toujours voir la vision à long terme lorsque nous sommes jeunes, elle devient évidente à mesure que nous mûrissons. N'oubliez pas d'avoir confiance en votre cheminement et assurez-vous de garder à l'esprit vos objectifs à long terme lorsque vous faites face à des crises à court terme.

CHAPITRE 15

Hors de mon chemin

Les réparations continuèrent à représenter un défi de taille. Le projet de rénovation avait maintenant commencé à la Maison Johnson, et il fallait que je travaille en étroite collaboration avec l'entreprise de construction embauchée par le gouvernement. L'immeuble, qui abritait plus de 200 personnes âgées et jeunes adultes, n'avait pas été conçu comme une maison de retraite ; il fallait donc le moderniser pour répondre aux règlements et aux normes des maisons de retraite. Je devins une pieuvre, mes tentacules atteignant toutes les parties de VMT. De plus, je décidai de me présenter aux élections à l'American Healthcare Association, l'organisation qui représentait toutes les maisons de retraite aux États-Unis, aux îles Vierges et à Porto Rico.

La première fois que j'avais assisté à la convention de l'association, elle s'était terminée par un gala en tenue de soirée, et j'avais été impressionnée par la grandeur de l'événement. Sur la scène, où les élus devaient s'installer, l'estrade était bordée de lin blanc et d'une table d'honneur recouverte d'une nappe noire, ornée de belles porcelaines et d'un magnifique centre de table composé de roses, d'orchidées et de lys calla. En plus des verres à champagne, à vin et à eau, il y avait de nombreux autres types de verres dont je ne pouvais pas comprendre la fonction exacte.

Au début de l'événement, juste avant l'invocation, les élus s'étaient alignés pour se présenter et s'asseoir. Une voix qui résonnait dans toute la salle de bal appelait le nom de chaque membre du conseil, suivi de son nouveau titre officiel. J'avais été frappée par le fait qu'à chaque fois qu'un nom était appelé, c'était invariablement un homme blanc qui montait sur scène, accompagné d'une belle femme blonde. Les hommes portaient des smokings noirs et les femmes des tenues de marque extravagantes rehaussées de bijoux en diamants.

Chaque année, ce même scénario se répétait. Je m'étais promis qu'un jour, je ferais partie de ceux qui graviraient ces marches - une petite haïtienne noire au bras de son mari, grand, sombre et beau. Je savais que ce serait une bataille difficile, mais j'étais prête à relever le défi.

Mon élection serait historique, mais j'avais besoin de suffisamment de voix de tous les États pour gagner au niveau national. À l'approche du jour des élections, je me présentais toujours sans opposition ; mes chances étaient bonnes. Lors de la convention, cependant, un challenger fut nommé dans la salle pour se présenter contre moi. C'était un effort ultime pour maintenir un statu quo inacceptable.

J'étais la première candidate noire avec l'audace de défier le club des bons vieux garçons. De nombreuses femmes blanches avant moi avaient essayé d'atteindre le niveau de président. En vain. Alors que certains étaient déterminés à arrêter mon élan, les bons vieux garçons de ma région décidèrent de se battre en mon nom. Le directeur exécutif de l'État d'Hawaï me chuchota à l'oreille : « Ne t'inquiète pas, Solanges. Nous voterons pour vous. » Tout comme le Tennessee, le Texas et bien d'autres. La Coalition des femmes pour les soins de longue durée, dont j'étais membre du conseil d'administration, travailla d'arrache-pied à ma campagne électorale. Un délégué de l'État de New York se porta volontaire pour être dans la salle pour assister au dépouillement des bulletins de vote. Soudainement, cela devint une élection mordante - une élection passionnante. David, le directeur exécutif de la District of Columbia Healthcare Association, se rendit à Staples, où il imprima des dépliants VOTEZ POUR SOLANGES, qu'il distribua dans toute la salle. C'était une convention que je n'oublierai jamais.

Le jour du scrutin, lors de la 65e convention de l'American Healthcare Association, je battis mon adversaire par 300 voix et devint la première femme afro-américaine d'origine caribéenne à remporter l'élection à un poste de vice-présidente de cette association nationale. À l'époque, l'AHCA représentait environ 17.000 maisons de retraite. Lors du gala, je prêtai serment avec les autres élus et réclamai ma place à la table d'honneur. Parce que cette victoire se produisit après la mort de Keith, je fus fièrement escorté par mon fils Kevin, qui avait appris de moi le pouvoir du travail acharné, la concentration, la ténacité et, surtout, l'audace de croire en soi. Malheureusement, plus de dix ans plus tard, il n'y eut pas d'autre Afro-Américain à suivre mes traces au sein de cette grande association nationale.

En dépit de toutes mes réalisations positives, ma bonne chance n'était pas encore épuisée. J'étais à la maison un soir de pluie lorsque mon téléphone sonna. Ana était à l'aéroport, attendant son vol. « Solanges, dit-elle, je viens de terminer une conférence téléphonique avec les propriétaires de l'hôpital pour lequel je travaillais. Ils m'ont proposé de me vendre 2% des actions de l'hôpital pour un million de dollars. »

Avant qu'Ana ne puisse prononcer un autre mot, je m'écriai :

« Quoi ? Oh, mon Dieu, Ana ! C'est super ! Tu les achètes ?

– Eh bien, c'est pourquoi je t'appelle, dit-elle. De toutes les personnes que je connais, tu es la seule avec qui je souhaite discuter de cette offre.

– Ana, c'est une grosse affaire. Je suis flattée.

– Écoute, répondit Ana. Je ne peux pas trouver un million de dollars toute seule. Peux-tu te procurer un demi-million ? J'achèterai 1 pour cent et tu achèteras 1 pour cent. »

Dire que j'étais sous le choc serait un euphémisme. « Ma chère, commençai-je. » Mais ensuite, je me rappelai : « L'hôpital n'est-il pas en faillite ? » Je connaissais les problèmes de cet hôpital, non seulement parce qu'Ana me les avait confiés, mais aussi grâce aux nouvelles du soir et à la couverture du *Washington Post*. Étais-je prête à sortir la tête de ma carapace, pour saisir une occasion unique de devenir copropriétaire d'un hôpital ? Ou est-ce que je laisserais la peur me paralyser ? Cet appel téléphonique inattendu, et l'opportunité qu'il offrait, étaient énormes !

« Je sais, Solanges ! Je sais ! Ils ont besoin d'argent pour sortir l'hôpital de la faillite. C'est un pari que je suis prête à tenir. Une fois les finances de l'hôpital en règle, il sera plus facile et plus lucratif de le vendre. »

J'étais consciente qu'un focus sur le court terme était l'ennemi du succès à long terme. Je savais qu'une tortue n'arrivait pas seule au sommet d'un totem, et Ana et moi étions le système de soutien l'une de l'autre. Tous deux d'origine caribéenne - elle, une femme blanche du Vénézuéla, et moi, une femme noire d'Haïti - nous avions eu des vies parallèles : nous avions toutes les deux immigré aux États-Unis pour une vie meilleure. Nous étions toutes les deux des infirmières diplômées de l'Université de Georgetown. Nous avions toutes les deux étés directrices des soins infirmiers dans le District de Columbia à la même époque, et nous avions toutes les deux obtenu nos licences en tant qu'administratrices de maisons de retraite et géré des établissements dans la même ville. Nous étions toutes les deux très actives au sein de divers conseils d'administration et d'associations, non seulement dans la ville mais également au niveau national. Nous avions chacune donné naissance à un enfant de sexe masculin, et nous étions toutes les deux devenues veuves à huit mois d'intervalle. Après la mort de nos maris, nous avions chacune rencontré un partenaire (et, après environ dix ans dans nos relations, nous nous retrouvions toutes les deux seules à moins de deux mois l'une de l'autre). En tant que catholiques ayant une foi solide en Jésus-Christ, nous croyions qu'il y avait un lien spirituel dans nos vies qui nous unissait. Ana et moi étions aussi proches que deux sœurs et je lui faisais confiance.

Sans hésitation, je répondis :

« Ana, si tu te lances, je me lance aussi. Je peux travailler pour arriver à mon demi-million, mais j'aurai besoin de temps.

– Il n'y a pas beaucoup de temps, déclara Ana avec emphase. Tu dois avoir l'argent maintenant. Maintenant, Solanges ! Écoute-moi, cependant. J'espère que tu comprends le risque que tu cours : l'hôpital pourrait ne pas se remettre de la faillite. Il n'y a aucune garantie que tu récupéreras ton argent. Tu pourrais en perdre une partie - et même la totalité.

– Oh, mon Dieu ! Ana, je ne sais pas quoi dire. »

J'étais seule à la maison. Je commençai à arpenter le sol. Je ne pouvais pas croire la nature de l'appel.

Le ton d'Ana était ferme.

« J'ai besoin de savoir. Veux-tu le faire ?

– Je suis partante, dis-je. Merci d'avoir pensé à moi. Laisse-moi voir où trouver l'argent.

– Je dois monter dans mon avion. Parlons-en quand je rentre à la maison, déclara Ana.

– Génial ! Bon voyage. »

Déconcertée, j'appelai mes bouées de sauvetage - les deux personnes les plus importantes au monde : Kevin et Clifford. Les deux hommes me conseillèrent de trouver l'argent de toutes les manières possibles et de conclure l'affaire. Et, une fois que je le fis, je devins actionnaire. Je fus nommée présidente et Ana vice-présidente du conseil d'administration de l'hôpital. Nous reçûmes chacune une généreuse allocation de pension et, après deux ans, nous pûmes doubler notre investissement en encaissant nos parts de l'hôpital. Il s'avéra que ce n'était pas une si mauvaise affaire après tout.

J'étais en ébullition et je me retrouvais dans une bonne phase dans ma vie personnelle, mais, comme cela semblait toujours être le cas, il y avait des défis qui menaçaient mon bonheur. L'enquête du Ministère du travail qui avait été ouverte des années auparavant, alléguant des pratiques de travail déloyales, aboutit finalement à une décision : le ministère se rangea du côté des employés et exigea que VMT paie rétroactivement les employés concernés pour les dommages. Une fois de plus, j'étais confrontée à une situation que je ne pouvais pas gérer seule. J'étais stupéfaite et j'essayais de comprendre comment ils étaient arrivés à une décision aussi étrange. On conseilla à VMT de travailler avec les départements du travail au niveau fédéral et au niveau du district pour trouver une solution. Nous avions besoin d'avocats spécialisés en droit du travail pour nous aider à gérer cette crise complexe. À ce jour, Clifford était devenu le conseiller juridique officiel de VMT et, avec les partenaires de son cabinet, il nous recommanda les services de Dan, un conseiller juridique qualifié pour représenter VMT dans l'affaire. Dieu m'avait donné un nouvel ange gardien et, comme Keith, Clifford était à mes côtés pendant toutes mes épreuves et restait très optimiste.

C'était une autre période très sombre de l'histoire de VMT. J'adorais travailler avec les personnes âgées. J'aimais travailler aux côtés du personnel. J'étais fière d'enseigner aux étudiants. Cependant, je détestais profondément ces moments dans l'entreprise où je me sentais vulnérable face à des situations totalement hors de mon contrôle et de mon domaine d'expertise.

Depuis le tout début de ma carrière, en remontant à mes jours en tant qu'infirmière auxiliaire à la crèche de l'hôpital Misericordia, j'avais fait de mon mieux pour suivre les lois, politiques et procédures liées à ma pratique des soins infirmiers. Ce fut un coup dur d'avoir cette situation comme un nuage suspendu au-dessus de ma réputation, pour laquelle j'avais lutté si dur. L'affaire juridique traîna pendant plus d'un an. Finalement, VMT put tout régler par le biais de la Commission de recours des contrats avec le Ministère du travail. Nous versâmes le règlement aux employés concernés et assumâmes le coût élevé des litiges. Mais ma fierté était blessée. Je détestais perdre, même de petites batailles.

Pendant que je m'occupais de l'affaire du Département du travail, un syndicat avait tenté sans succès de syndiquer notre agence de soins à domicile. Une fois de plus, je fus confrontée à l'invasion du monde extérieur dans mon entreprise et, encore une fois, cela eut un coût pour l'entreprise. À diverses reprises, plusieurs bus remplis de manifestants syndicaux non employés défilèrent devant notre bureau de Connecticut Avenue en uniformes de t-shirts syndicaux, criant des slogans et perturbant notre journée de travail avec du bruit.

Ce groupe échoua également dans sa tentative de syndicaliser l'agence de soins à domicile, mais c'était une distraction et un gaspillage d'argent que VMT aurait pu utiliser ailleurs. Nous apprîmes que ça coûtait beaucoup d'argent d'aller à l'encontre de l'un des syndicats les plus puissants des États-Unis. Le conseil le plus judicieux que je reçus de mon avocat en droit du travail était de ne jamais permettre à l'activité syndicale de devenir personnelle et de considérer simplement cette expérience comme faisant partie du fait d'être propriétaire d'une entreprise.

Mon ego était meurtri, et mon impulsion me poussait à répondre à leurs attaques, mais je réussis à ne permettre à aucune des protestations d'affecter ma psyché. Je savais que, pour réussir, il ne fallait pas être paralysé par la peur. J'avais fini par comprendre que l'adversité offrait souvent des opportunités déguisées. Mais, juste au moment où je pensais en avoir terminé avec les tentatives des syndicalistes de pénétrer mon entreprise, un autre groupe de manifestants apparut sur le seuil de la maison de retraite du Bureau de la Sénescence.

Le gouvernement avait décidé de louer les deux maisons de retraite qui étaient sous la direction de VMT. Le maire nouvellement élu avait décidé que le gouvernement ne devrait pas pourvoir directement aux besoins des retraités. En règle générale, les syndicats tirent parti de la faiblesse de la direction et infiltrent les entreprises sous prétexte que les employés sont traités injustement. Ce syndicat estimait que nos employés auraient besoin de leur représentation pendant cette transition au bail pour protéger leurs intérêts.

Au cours de mes années de service, je n'avais jamais travaillé personnellement en tant qu'employé syndical. Cependant, j'avais travaillé dans un environnement syndiqué lorsque j'étais infirmière-chef adjointe à l'hôpital du Mont Sinaï. À ce poste, j'avais appris comment fonctionner dans un environnement syndical. Cette connaissance fut essentielle pour réussir à faire face aux tentatives de syndicalisation de mon entreprise. C'était une connaissance importante pour moi, car ces organisateurs syndicaux pouvaient être brutaux dans leurs tactiques.

La maison de retraite du Bureau de la Sénescence fut la première à se retrouver sur le marché, prête à être mise en bail. Le syndicat commença ses efforts de campagne là-bas. Cela signifiait qu'alors que nous gérions une maison de retraite surveillée de près par les bailleurs, nous devions simultanément faire face à un mouvement syndical.

Je contactai Littler Mendelson, le cabinet qui avait été si bon avec moi dans mes relations avec les syndicats lorsque j'avais commencé ma carrière dans le District de Columbia en tant que directrice des soins infirmiers. J'eus le cœur brisé en apprenant que mon ancien avocat, dont le travail avait été excellent, était décédé. Il me parut vite cependant que toute l'entreprise était excellente. J'avais un nouveau sauveur sur lequel compter. Tom n'était pas un homme rond et chauve, un pitbull comme mon premier avocat Mendelson, mais il était parfait pour le travail. À la voix douce, au ton bien calculé, consciencieux et grand avec une chevelure touffue, Tom était, par-dessus tout, efficace ; VMT n'eut jamais à signer de contrat syndical pour cet établissement. Une autre crise fut évitée.

Un leader ne devrait jamais être satisfait, mais devrait se concentrer sur le fait d'être en avance sur la courbe ; alors je continuai à poursuivre mes objectifs. Mon rêve ultime en tant que professionnelle des soins de longue durée n'était pas seulement de gérer des maisons de retraite en tant qu'entrepreneuse, mais aussi d'être un jour propriétaire d'un établissement pour personnes âgées que je pourrais gérer indépendamment des restrictions contractuelles. Quelle déception! VMT ne fut pas le soumissionnaire retenu pour ce bail à long terme. Cela signifiait que nous devions quitter l'établissement et nous perdîmes le contrat de gestion que nous détenions depuis plus de vingt ans.

Le climat politique était défavorable à l'entreprise pour de nombreuses raisons : VMT était en justice pour le litige salarial avec le gouvernement, qui nous avait également fourni le contrat de gestion. L'activité syndicale ne nous aida en rien, car les syndicats et les politiciens se côtoient ; ils ont besoin les uns des autres pour fonctionner. Pour aggraver les choses, un ancien employé de VMT, qui avait appris le métier des maisons de retraite avec moi, travaillait pour un concurrent et utilisait ses connaissances internes pour soumissionner contre VMT. Par conséquent, nous ne fumes pas surpris lorsque VMT n'obtint pas le bail. Nous quittâmes la maison de retraite dans un bien meilleur état que lorsque nous avions repris le contrat de gestion. La dernière évaluation n'avait relevé aucune lacune. Mais cette perte affecta VMT et moi, personnellement.

Une fois que l'offre de bail fut décidée pour la maison de retraite du Bureau de la Senescence, il était temps de lancer des offres pour la Maison Johnson. Quelle période douloureuse ! Pour une fois, je dois l'avouer, j'avais peur de voir disparaître tout ce pour quoi j'avais travaillé. Les deux maisons de retraite constituaient l'essentiel de notre activité. À ce moment-là, l'école n'était plus rentable, car elle avait été réduite à seulement deux programmes. L'agence de soins à domicile n'était que marginalement rentable. La perte de la Maison Johnson pourrait signifier la fin de VMT. Je n'arrêtais pas de me rappeler que je m'étais déjà retrouvée face à des situations bien difficiles et que j'avais toujours réussi à m'en sortir. Comme d'habitude, j'invoquai le soutien de la Vierge Marie. Je croyais que la prière avait plus de pouvoir que tout le mal qui m'entourait. Alors, je m'agenouillai et je priai avec ferveur.

Étant une entrepreneuse du gouvernement de longue date, depuis plus de vingt ans, j'étais toujours à bout de souffle, sachant que le contrat de VMT pouvait être annulé au gré d'un maire ou d'un membre du conseil municipal sous la pression d'un concurrent. Les contrats étaient arrachés, que le contractant soit en règle ou non, puis attribués à des entreprises ayant des liens politiques plus solides. Lors d'une audience publique, j'entendis une fois un membre du conseil de la Division des services de santé recommander qu'un fournisseur perde son contrat et, en quelques mois, le fournisseur dut effectivement cesser ses activités. Les propriétaires d'entreprises de la ville durent devenir presque insensibles à l'idée de perdre des affaires. J'avais fait de mon mieux pour ne pas me laisser embourber dans la politique. Keith m'avait toujours conseillé de garder la tête froide. Je m'étais concentrée sur une prestation de soins de qualité, j'étais restée sous le radar des médias et j'avais géré les problèmes syndicaux avec prudence.

VMT prépara et soumit une proposition de bail pour la Maison Johnson - le seul établissement encore géré par VMT. Le syndicat, irrité par l'incapacité de l'entreprise à signer un contrat avec la maison de retraite du Bureau de la Sénescence, avait juré de nous détruire à tout prix. Comme dans le cas de la maison de retraite du Bureau de la Sénescence, nous fîmes de nouveau l'objet d'une tentative d'infiltration syndicale alors que notre contrat était remis en question. Ayant vécu le désastre du premier bail, nous savions que notre entreprise était également sur une pente glissante avec ce bail.

Cette fois, le syndicat fut vicieux. Ils entrèrent dans l'immeuble pour tenter de lancer le contrat syndical. Ils m'attaquèrent personnellement avec une série d'histoires cruellement fabriquées et ils remirent en question les politiques, les salaires et les avantages sociaux de l'entreprise. À diverses reprises, le syndicat organisa un rassemblement devant ma maison en début de soirée, juste au moment où mes voisins rentraient du travail. La police fut immédiatement appelée par l'un des voisins, horrifié par cette invasion et la violation de leur vie privée.

Encore une fois, je dus faire face à plusieurs bus remplis de personnes défilant en uniforme syndical, mais, au lieu de limiter leurs marches à mon adresse professionnelle, ils organisèrent leurs manifestations devant ma maison privée. La première fois que cela se produisit, j'étais à l'intérieur de la maison, en plein milieu d'une séance de massage. Je m'excusai auprès de ma masseuse et je m'habillai rapidement pour enquêter sur l'agitation devant ma maison. Lorsque j'appelai mon avocat, il me conseilla de rester à l'intérieur, hors de vue et de ne pas discuter avec les manifestants. Debout à la fenêtre du salon, je ne reconnaissais aucune des personnes qui marchaient dans la rue. Mon avocat me dit qu'ils avaient le droit de piqueter, tant qu'ils restaient à l'extérieur de ma propriété.

J'étais furieuse. Et mon droit à la paix et à la tranquillité ? Tom insista sur le fait que le meilleur plan d'action était d'ignorer les manifestants. C'était plus facile à dire qu'à faire. Je voulais me défendre et protéger mon entreprise. Rétrospectivement, cependant, c'était le meilleur conseil que je reçus sur la question syndicale. Puisqu'il faut deux pour danser le tango, nous les privâmes d'un partenaire de danse et les vainquîmes en ne réagissant pas. Le silence était vraiment d'or.

Mon fils et son gros chien effrayant se postèrent sur le porche de ma maison pour surveiller les marcheurs. Ils criaient à travers leur mégaphone que je pouvais me permettre de vivre dans une maison d'un million de dollars en volant l'argent des employés. Je mourais d'envie de demander : où étaient-ils quand je ne parlais pas un mot d'anglais et que je devais travailler dans des usines ? Où étaient-ils quand je devais travailler comme nounou ? Où étaient-ils quand je devais travailler pendant la journée et aller à l'école le soir pour obtenir mes diplômes, afin que je puisse honnêtement gagner un salaire décent pour payer mon style de vie ? Où étaient-ils alors ? Leur audace et leur ignorance étaient exaspérantes.

Comme si les manifestations devant mon domicile n'étaient pas suffisantes, le syndicat plaqua une image de moi des deux côtés d'un camion qu'ils défilèrent dans les rues de la ville. La photo avait été extraite d'un magazine de société et prise lors d'une fête à laquelle j'avais assisté. J'étais vêtue d'une longue robe Valentino bordeaux à épaules dénudées et tenais une coupe de champagne à la main. La légende disait : « La fête est terminée », ce qui insinuait que VMT était sur le point de perdre le contrat. Le syndicat était déterminé à faire tout ce qu'il pouvait pour que mon entreprise ne remporte pas le bail de la Maison Johnson. Une autre légende sur la même image disait : « Cette entrepreneuse a détourné l'argent des contribuables », ce qui, bien sûr, était faux. Je commençai à recevoir des appels de personnes se demandant si je me présentais à un poste politique, car j'étais attaquée d'une manière normalement réservée aux politiciens dans des batailles électorales houleuses.

Mais, autant il y avait des forces négatives qui travaillaient contre mon entreprise, autant il y avait des forces positives qui agissaient pour faire en sorte que VMT sorte victorieuse dans notre quête pour gagner le bail. La prière nous aida, mais également le soutien du Bureau de la Sénescence. J'avais collaboré très étroitement avec cette équipe pour le bon fonctionnement de la maison de retraite du Bureau de la Sénescence, lorsque l'établissement avait été menacé de fermeture par le gouvernement fédéral et, grâce à mon travail acharné, l'établissement avait été réhabilité et la fermeture avait été évitée.

J'avais également aidé le Bureau de l'administration des soins de longue durée qui avait fait appel à moi lorsque la Maison Johnson était en danger. Grâce à mes efforts, cet établissement était devenu une maison de retraite de qualité.

Heureusement, nous eûmes également le soutien du Bureau des marchés du District de Columbia qui gérait la négociation du bail. Ils connaissaient mon caractère, mon dévouement au métier, mon amour pour les personnes âgées et, surtout, ils appréciaient ce que j'avais fait pour le District de Columbia. Ensemble, ils décidèrent qu'il serait juste d'attribuer le bail à long terme de la Maison Johnson à VMT Long-Term Care Management pour vingt ans.

J'avais appris en lisant la Bible que nous devons nous réjouir de nos souffrances, sachant que la souffrance produit l'endurance, l'endurance produit le caractère, le caractère produit l'espoir et, avec l'espoir, tout est possible. L'espoir de VMT à travers toutes ces tribulations était que nous ne finirions pas dans la honte. J'étais convaincue que, par la prière, nous ne perdrions pas la Maison Johnson.

Selon le règlement du district, tout bail à long terme, de trente ans ou plus, devait être envoyé au conseil pour examen et approbation avant d'être attribué. Le bail de la maison de retraite du Bureau de la Sénescence était de trente ans. Il fut envoyé au conseil, puis attribué à une entreprise qui avait de solides liens politiques avec plusieurs des membres décisionnaires du conseil. Je compris dès le départ que nous négocions dans une position de faiblesse, car nous n'avions pas le soutien du conseil. Il n'y avait vraiment rien que nous pouvions faire pour contrer le copinage.

Croyant fermement en la Vierge Marie, je décidai de mener cette dernière bataille pour le bail de la Maison Johnson à genoux. Je sais très bien qu'à des moments où les problèmes sont trop grands pour être traités seuls, nous devons prier pour l'intercession. Je commençai une neuvaine, un rituel de neuf jours de prière à n'importe quel saint avec une demande spécifique. J'invoquai la Vierge Marie dans mes prières, lui demandant de dénouer les nœuds et d'effacer les défis auxquels nous étions confrontés dans l'offre de location. J'étais convaincue que ma prière serait exaucée.

J'assistai également à plusieurs réunions avec le personnel du bureau de passation des marchés, et au cours des négociations, j'appris que VMT obtiendrait le bail mais pour seulement vingt ans. Fidèle à mon habitude, je soutins que c'était injuste : le fournisseur qui avait repris la gestion de la maison de retraite du Bureau de la Sénescence s'était vu offrir un bail de trente ans. De plus, les conditions de notre bail exigeaient que tout entretien ou amélioration provienne des coffres de VMT. Je combattis cela aussi : alors que VMT n'avait pas reçu un sou pour réparer l'établissement, l'autre fournisseur avait reçu deux millions de dollars pour réparer la maison de retraite du Bureau de la Sénescence. L'injustice était claire. Cependant, lorsque l'équipe de négociation du gouvernement me dit : « Solanges, acceptez le contrat et rentrez chez vous », c'est exactement ce que nous fîmes. Ce que notre équipe ne savait pas, c'est que le membre le plus puissant du conseil était fermement opposé à l'attribution du bail à VMT. Il le voulait pour un ami fournisseur.

L'équipe chargée de décider du bail était convaincue qu'il aurait été injuste de priver VMT des deux maisons de retraite après plus de vingt ans de service au gouvernement, en particulier compte tenu du redressement clinique et financier que les deux établissements avaient connu sous notre mandat. Le copain de l'un des conseillers municipaux était en concurrence pour le bail, mais il était difficile pour eux de trouver un moyen de contourner légalement les règles et règlements du contrat et de configurer le bail de manière à ce qu'il ne puisse être attribué à VMT. Nous n'avons appris l'existence des machinations politiques que bien plus tard, mais tout cela avait du sens avec le recul.

Bien que je fusse reconnaissante que nous ayons remporté le bail de vingt ans, j'étais également fâchée qu'un représentant élu du gouvernement puisse être si méchant et avide. Même après la finalisation de l'accord, le membre du conseil appela le Bureau de passation des marchés, puis le Bureau de la Sénescence pour demander que VMT soit dépouillé du bail. Malheureusement pour lui, nous avions un contrat à toute épreuve, et il ne pouvait rien faire pour le changer.

La campagne syndicale à la Maison Johnson se poursuivit pendant que tout cela se passait. Le jour du scrutin, seule une poignée d'employés se présentèrent pour voter, mais le décompte final fut en faveur du syndicat, car le résultat était déterminé par le nombre d'employés qui avaient effectivement voté, et non par le nombre total d'employés qualifiés pour le vote. Donc, même si seulement un tiers des employés avait voté, tant que la majorité des bulletins comptés étaient en faveur de la syndicalisation, l'élection leur revenait. Cependant, la plupart des employés jurèrent de ne pas reconnaître le syndicat. Ils s'engagèrent à ne pas payer de cotisations et à ne pas assister aux réunions syndicales. C'était une situation difficile pour moi en tant que leader.

En fait, malgré les vaillants efforts du syndicat, la syndicalisation de notre établissement était un exercice futile. Le syndicat ne reçut pas un sou des employés en termes de cotisation. Au cours des années suivant la conquête de notre établissement, je crois que le syndicat dut dépenser des centaines de milliers de dollars en provenance de ses propres caisses pour représenter les employés de VMT. D'une certaine manière, il lui était avantageux que VMT figure sur la liste des établissements qu'il représentait. Cela dut lui donner meilleure position dans la communauté, et peut-être des droits de vantardise, mais, en fin de compte, cela dut être un fardeau financier, car la représentation s'est faite sans cotisations des employés de VMT.

VMT était fier de bien traiter ses employés. J'avais travaillé sans relâche pour gagner leur confiance. Je me souciais de mes employés et ils le savaient. Par exemple, je m'étais assurée que les maisons de retraite avaient une cafétéria pour les employés qui ouvrait assez tôt pour le petit-déjeuner pour permettre au personnel de nuit de prendre le petit-déjeuner avant de rentrer à la maison, et au personnel du jour de prendre un repas tôt le matin avant de commencer à travailler. VMT avait subventionné le coût des repas pour tous les employés et notre personnel de cuisine mangeait gratuitement. À chaque fois qu'une évaluation concluait de façon réussie (ce qui arrivait souvent), nos employés étaient récompensés financièrement pour leurs efforts et leur travail acharné ; en outre, ils recevaient une prime de Noël annuelle à laquelle ils s'attendaient. Le syndicat ne pouvait pas égaler mon style de gestion et les avantages dont mes employés bénéficiaient dans l'établissement de VMT. Les employés ne pouvaient pas imaginer les avantages découlant de la syndicalisation, puisqu'ils recevaient déjà tout ce qu'un syndicat pouvait négocier en leur nom.

Étant donné que le bail à long terme de VMT n'incluait pas les fonds de rénovation, l'entreprise utilisa ses propres fonds pour ajouter de la classe à notre maison de retraite. Nous changeâmes le nom de la Maison Johnson en Unique Residential Care Centre et remplaçâmes la vieille porte en fer par une belle porte d'entrée pour donner à l'immeuble une atmosphère plus familiale. Nous jetâmes le vieux tapis taché d'urine du hall et le remplaçâmes par du beau marbre. Avec l'aide d'un architecte, nous conçûmes un bureau circulaire pour les agents de sécurité et embauchâmes une réceptionniste pour accueillir les visiteurs, ce qui donna à la maison l'apparence d'un hôtel cinq étoiles. Nous rénovâmes également les suites administratives et embellîmes l'ancien bâtiment.

Tous ceux qui entraient dans l'immeuble – représentants du gouvernement, membres du conseil, familles, résidents – exprimaient leur joie de voir les changements que nous avions apportés. Le personnel invita ses homologues d'autres maisons de soins infirmiers à visiter l'établissement. Pendant six années consécutives après avoir repris le bail, nous bénéficiâmes d'une note de cinq étoiles des Centres de Medicare et Medicaid, et figurâmes sur la liste *News and World Report* des meilleures maisons de retraite aux États-Unis.

APPLIQUEZ LES RÈGLES !

Règle n ° 24 : Pensez-y bien : court terme ou long terme ?

Réflexion : Soyez intrépide

Malgré leur petite taille, les tortues de mer qui viennent de naître sont intrépides. Elles éclosent de leurs coquilles et partent dans de grandes étendues océaniques sans le moindre doute ni la moindre hésitation. Elles n'ont aucune inquiétude quant à la façon dont elles se défendent contre les prédateurs qu'elles rencontreront sûrement, et elles ne se demandent pas non plus d'où viendra leur prochain repas. Elles se lancent ! Comment pourriez-vous tirer parti de votre anxiété face à l'avenir ? Parfois, il vous suffit de suivre l'exemple de la petite tortue : nager avec toute votre force et ne pas vous soucier du reste.

- Entraînez-vous à être spontané. Permettez-vous de sortir de votre routine et de faire quelque chose d'amusant. Accordez-vous un peu de liberté de temps en temps. Si vous devez faire la vaisselle et vous avez envie d'aller vous promener de préférence, allez vous promener ! La vaisselle sera toujours là quand vous rentrerez chez vous, mais vous aurez fait une promenade revigorante, et qui sait ce que vous verrez ? Vous vous sentirez bien et, parfois, c'est plus important.
- La prochaine fois que vous rencontrez un obstacle qui semble insurmontable, demandez-vous ce qui vous retient. Y a-t-il des choses dans votre emploi du temps que vous pourriez supprimer pour vous donner plus de temps pour atteindre vos objectifs ou maîtriser une nouvelle compétence ? Déposez votre téléphone, quittez les réseaux sociaux, et foncez !

RÈGLES POUR BIEN VIVRE

Quand il fut temps pour moi de prendre ma retraite, il sembla que tout s'accéléra de manière miraculeuse et satisfaisante. Je découvris un lien avec une femme qui avait vécu en France il y a des centaines d'années et je fis un pèlerinage qui me permit de mieux comprendre cette force surnaturelle qui avait guidé mon chemin toutes ces années. Je commençai aussi à prendre le temps de découvrir le monde. Je ne ralentis pas de sitôt. Bonne chance dans la poursuite de vos objectifs !

Règle n ° 25 : Trouvez le temps de donner un sens à votre vie

Une chose qui m'a permis de garder les pieds sur terre et m'a donné la capacité de continuer quand les chances étaient contre moi était ma connexion à quelque chose de beaucoup plus grand que moi. Ma dévotion à la Vierge Marie m'a permis de traverser de nombreuses tribulations. Ma connexion avec Dieu m'a donné une boussole morale pour guider mes décisions. La découverte de ma connexion à Sainte Solange au cours des dernières années de ma vie m'a aidée à comprendre qu'il y a une intelligence miraculeuse à l'œuvre dans les coulisses, que nous ne comprenons pas toujours alors que nous progressons vers le crépuscule de nos vies (voir chapitre 16, « Le bien et le mal »). J'ai toujours ressenti un lien spirituel avec ce quelque chose qui est plus grand et plus sage que n'importe lequel d'entre nous. Prenez le temps de remarquer les miracles juste au-dessus de nos têtes, comme la beauté d'un arc-en-ciel, ou si possible voyagez pour voir les merveilles du monde, comme les pyramides d'Égypte. Essayez à tout prix de vous relier à l'éternel.

Lorsque vous le pouvez, faites quelque chose pour laisser de l'énergie positive dans le monde. Consacrez-vous à une cause en laquelle vous croyez. Construisez une école pour les enfants qui ont besoin d'apprendre comme moi (voir le chapitre 16, « Le bien et le mal »). Quoi qu'il en soit, trouvez un moyen de donner du sens à votre vie afin que ce soit un cadeau aussi riche et beau que votre entrée dans ce monde glorieux. Nous devons tous puiser dans la mystérieuse merveille de la vie miraculeuse et de la chance que nous avons tous d'avoir même un peu de temps pour faire partie de la beauté de la vie.

CHAPITRE 16

Le bien et le mal

Après la mort de mon mari, j'ai voyagé à l'étranger avec des amis. Un voyage mémorable a été celui en Afrique du Sud, où j'ai visité la prison de Nelson Mandela à Robben Island, puis je me suis rendue dans les cantons de Soweto et Johannesburg. Je suis également retournée dans mon Haïti natale, dans une province appelée Jacmel où j'ai construit une école de formation pour les enfants en âge de fréquenter l'école secondaire, principalement des paysans qui ne pouvaient pas payer les frais de scolarité dans d'autres écoles de la région. J'ai formé une société à but non lucratif aux États-Unis pour aider à la construction de l'école et pour soutenir certains des enfants une fois la construction terminée. J'ai également continué à assister à des réunions professionnelles à travers l'Amérique et à me présenter au bureau national de l'American Health Care Association (AHCA).

Je suis sortie avec mon ami Clifford pendant trois ans. Nous étions restés platoniques jusqu'à ce qu'un jour il m'invite à un voyage d'investissement dans les îles Vierges où nous avons été envahis par la tentation et le désir. Nous avons fait l'amour passionnément et sommes devenus un couple. Nous avons voyagé partout, à la fois localement et internationalement. Je vivais la vie d'une adolescente amoureuse. Nous sommes sortis deux fois avec mon fils et sa femme Felicia à Sainte-Lucie, où je suis allée faire de la plongée sous-marine et de la tyrolienne. Nous avons passé un réveillon du Nouvel An dans la région viticole de Californie. Clifford avait embauché un chauffeur pour nous emmener d'une cave à l'autre où nous avons mangé des fromages et des fruits et dégusté des vins pendant des jours entiers avec de célèbres sommeliers. Nous avons passé le réveillon du Nouvel An à danser toute la nuit dans des pays comme le Chili, l'Australie, Dubaï et Abu Dhabi. Avec mon fils et sa femme, nous avons assisté au Super Bowl 50 et avons fait la fête en Californie. La vie était belle et j'étais dans les nuages la plupart du temps.

***

La plupart des membres de ma famille avaient quitté Haïti pour les États-Unis et, parce que je m'étais si bien débrouillée financièrement, j'ai continué à être une source majeure de soutien pour eux. Notre père est mort et j'ai déménagé définitivement notre mère aux États-Unis pour être avec ses enfants et, environ trente petits-enfants. J'étais très fière de faire en sorte que ma mère connaisse une vie très différente de celle qu'elle avait connue en tant qu'enfant et jeune mère en Haïti. Je lui ai acheté une belle maison de cinq chambres sur un lac dans une communauté fermée en Floride. J'ai veillé à ce qu'elle reçoive les meilleurs soins, jusqu'à ce qu'elle quitte cette terre à l'âge de quatre-vingt-douze ans.

Après son décès, j'ai rénové sa maison et elle est devenue mon sanctuaire lorsque j'avais besoin d'échapper au stress de la gestion d'une entreprise. J'étais une personne âgée à la fin de la soixantaine et très peu me ralentissait, mais c'était bien d'avoir un endroit tranquille pour me détendre et pour contempler ma retraite bien méritée, qui approchait.

Quand il avait quatre ans, Keith, le fils de Kevin, est venu me voir et m'a annoncé : « Nana, j'ai une petite amie. »

Je n'ai pas compris toute suite. Une petite amie ? A quatre ans ? Je lui ai demandé : « Que veux-tu dire par tu as une petite amie ? »

Il s'est avéré que son père, mon fils, avait trouvé quelqu'un de spécial, et Keith était également amoureux d'elle. Je n'avais pas encore rencontré cette femme spéciale, jusqu'à ce que Kevin l'amène enfin à un événement. J'allais recevoir un prix d'entrepreneuriat de l'Institut d'études caribéennes. Kevin me dit : « J'amène une amie. »

J'ai su tout de suite que quelque chose se passait. Même adolescent, il avait rarement amené une fille chez moi. Quand je lui avais demandé pourquoi, il m'avait dit : « Maman, quand tu amènes une femme chez tes parents, elle pense que tu vas te marier. Je ne veux emmener personne tant que je ne suis pas prêt. »

Je ne connaissais pas la plupart des copines de Kevin quand il était jeune, même adolescent, à part Kristin, la mère de Keith. Il n'avait jamais ramené de filles à la maison.

Felicia, l'amie qu'il a amenée à l'événement, a fini par devenir sa femme. Elle est parfaite pour lui. Elle me ressemble. Tout le monde le taquine et dit qu'il a épousé sa mère. Nous portons des vêtements, des chaussures, des bagues de même taille. Elle aime les bijoux comme moi. Elle aime s'habiller comme moi. Elle s'intègre parfaitement au reste de notre famille.

En regardant Kevin et Felicia, je ne peux m'empêcher de remarquer les similitudes entre leur couple et celui que Keith et moi formions quand nous étions jeunes. Et, bien que Felicia me ressemble beaucoup, elle me rappelle aussi mon mari Keith à certains égards. Elle pousse beaucoup Kevin à faire des choses que mon fils ne ferait pas tout seul.

Mon fils est très heureux et je suis très heureuse pour eux. Ils ont deux garçons ensemble, Kingston et Kevin Jr. Mais Felicia dit à tout le monde qu'elle a trois fils, parce que, quand elle a rencontré Kevin, Keith n'avait que quatre ans et ils s'aiment comme une mère et un fils.

Plus important encore, mon fils, Kevin, est super heureux, et je suis heureuse pour lui. Il a grandi pour devenir un homme fort, tout comme son père, ce dont je suis fière.

J'ai été déçue et frustrée par les changements survenus dans le domaine de l'enseignement infirmier. De nos jours, les infirmiers sont formés par voie informatique et, dans de nombreux cas, doivent trouver leurs propres précepteurs et leurs propres affiliations pour la pratique clinique. Plusieurs infirmiers qui avaient commencé à travailler dans notre établissement étaient mal préparés à fournir des soins de qualité à mes résidents. En réponse, j'ai développé mon propre stage pour aider les nouveaux diplômés à acquérir une certaine expérience avant de leur faire confiance pour pratiquer sans supervision constante. Malheureusement, dès qu'ils étaient prêts à gérer une unité de soins infirmiers, ils démissionnaient souvent pour occuper un poste dans les mêmes hôpitaux de soins actifs qui ne les embaucheraient pas en tant que diplômés inexpérimentés.

Le principe fondamental de l'art des soins infirmiers est de fournir des soins pratiques de qualité aux êtres humains malades. Ces jours-ci, au XXIe siècle, les soins infirmiers sont populaires surtout à cause des salaires alléchants, et non pour l'administration de soins de qualité ou l'amour de la pratique. Il y a déjà quelques années, j'avais l'impression que la profession était devenue sans cœur. J'avais commencé à exprimer mes préoccupations concernant le niveau de préparation à la pratique des soins infirmiers en tant que science et art de ces nouveaux « infirmiers électroniques », comme je les appelais. Comme je l'avais confié à mes collègues, beaucoup d'entre eux manquaient de chaleur. Ils faisaient preuve d'un manque de compassion et ne se comportaient pas bien envers les malades - deux compétences essentielles que l'ordinateur est incapable de démontrer.

Le rythme rapide de l'entreprise était une autre frustration, car les dossiers médicaux électroniques ont remplacé les dossiers des patients et les classeurs. Quand je dus demander à un employé plus jeune de l'aide pour utiliser l'ordinateur, j'exprimai ma frustration à haute voix. Pourtant, en tant que personne âgée ayant été initiée aux ordinateurs à un âge avancé, je continue de faire des progrès dans l'apprentissage de base afin de survivre dans ce monde électronique.

Mon fils, qui travaillait dans l'entreprise de sa mère depuis le lycée, sacrifia sa propre passion pour devenir le directeur général de l'entreprise alors que je m'éloignais des opérations quotidiennes des trois divisions de VMT.

Tout au long de ma vie, j'ai eu la chance d'avoir ce qui ressemblait souvent à quelque chose de céleste guidant mon chemin : l'intervention divine qui a amené Ambroise à sauver Lucienne alors qu'elle était bloquée sur une route isolée avec un pneu crevé. Cette force m'a accompagnée à travers toutes mes épreuves et tribulations, de l'apprentissage de la langue anglaise à mes problèmes d'immigration, à ma scolarité et à mes entreprises. Cela se voit même dans les forces que j'ai déployées en élevant mon fils, en devenant une professionnelle et en faisant face à la mort de mon mari. À chaque fois que j'invoquais la Vierge Marie, elle me répondait, et je reste reconnaissante d'avoir été une enfant spéciale parmi les treize enfants de mon père.

Mais il y avait encore une autre révélation surnaturelle sur cette femme haïtienne que j'étais qu'il me restait encore à découvrir.

***

En raison de la polyarthrite rhumatoïde dont je souffrais depuis mon enfance, et de la fibromyalgie en tant que jeune adulte, les hivers dans la région nord-est du pays devenaient plus difficiles à supporter. Nous étions en mars, et à cause du temps froid, j'avais émigré chez moi en Floride pour rejoindre les autres oiseaux d'hiver. Une nuit sans sommeil se transforma en une matinée agitée alors que je me retournais et me retournais. Ma chambre est du côté d'un lac et, à travers les portes vitrées, mes yeux se dirigèrent vers l'eau. C'était une nuit claire et la lune créait des ombres ; les arbres se reflétaient dans le lac, lui donnant une qualité étrange.

Sur une impulsion que je ne comprends toujours pas, j'attrapai mon téléphone portable et je cherchai sur Google « ange du soleil » à la recherche d'un titre pour un livre que j'écrivais. Je savais que c'était la signification du nom « Solange » puisque *Sol* vient de soleil. En lisant, je devins encore plus intriguée par ce que je découvris : la statue d'une sainte décapitée nommée Sainte Solange. Quel choc ! Je ne savais pas que je portais le nom d'une sainte ! Je continuai à lire et, en approfondissant mes recherches, je découvris que ma vie ressemblait un peu à celle de cette sainte.

J'étais certaine que mes parents n'avaient aucune idée qu'il y avait une sainte nommée Solange, et ils ne pouvaient pas non plus connaître un endroit nommé Bourges en France. Je passai le reste de la nuit à rechercher son histoire via mon téléphone. Bientôt, le soleil se levait et mon téléphone ne me permettait plus de continuer mes recherches. Je préparai une tasse de thé et m'assis devant mon ordinateur portable pour apprendre tout ce que je pouvais sur cette sainte et sa vie incroyable.

Mes recherches mirent en exergue des similitudes incroyables entre la vie de cette sainte et la mienne. J'en eus la chair de poule. « Est-ce réel ? m'écriai-je. » Je ne pouvais pas arrêter de lire. J'étais submergée par la curiosité ; j'en voulais plus.

J'appris que, comme moi, Sainte Solange avait été élevée par des parents catholiques pauvres, peu instruits mais dévoués qui avaient inculqué les doctrines de Dieu dans sa vie depuis sa naissance. Son père était ouvrier et sa mère couturière, tout comme mes parents. À l'âge de sept ans, cette sainte avait donné sa vie au Christ pour devenir une servante du Seigneur. À dix ans, j'avais également donné ma vie au Christ lorsque j'avais reçu ma première communion et que je m'étais engagée à son service.

Sainte Solange avait consacré sa vie à aider les malades et on lui doit plusieurs guérisons miraculeuses ; je suis devenue infirmière et j'ai consacré ma vie professionnelle aux soins des personnes malades, âgées et handicapées. Cette sainte était une bergère qui aimait prendre soin de ses brebis. En tant qu'enfant grandissant en Haïti, j'avais des chiens, des chèvres, des pigeons et des canards et, en tant qu'adulte aux États-Unis, je suis toujours en compagnie de mon chien. En continuant à lire, j'ai appris que la passion de cette sainte était de travailler la terre ; sa mort est survenue alors qu'elle s'occupait de ses récoltes dans un pré. Elle avait travaillé la terre pour subvenir aux besoins de sa famille. Curieusement, moi aussi je suis passionnée par la nature et le travail de la terre. Enfant en Haïti, j'avais aussi mon propre jardin. Devenue adulte, j'ai adoré le jardinage, à tel point que mon mari avait l'habitude de dire que j'attendais la fin des longs hivers pour pouvoir sortir et jouer dans la terre. Sur ma propriété en Floride, mon passe-temps d'hiver est de labourer le sol et de m'occuper de mes bananes, papayes, citrons, poivrons, haricots et herbes aromatiques.

Comme moi, Sainte Solange a travaillé dès son plus jeune âge pour aider à nourrir sa famille. J'ai commencé à soutenir ma famille déjà quand j'étais enfant. Chaque fois que je rendais visite à ma marraine, ma présence encourageait sa générosité. Je savais que mes visites se termineraient par la remise d'argent ou d'autres cadeaux qui rendraient les choses plus confortables pour toute ma famille. Une fois que j'ai déménagé aux États-Unis et ai commencé à travailler, j'ai envoyé de l'argent chez moi, même si mon chèque de paie n'était qu'un maigre salaire d'ouvrière d'usine. J'ai acheté des maisons dans une communauté pour personnes âgées pour mes frères et sœurs âgés, parce que je pouvais me permettre de les aider car j'avais mieux réussi financièrement que le reste de ma famille.

À un certain moment, j'ai commencé à avoir peur des similitudes entre ma vie et celle de Sainte Solange. La chair de poule se répandit de mes bras à ma nuque, et un frisson me parcourut le dos. Pendant un moment, j'eus l'impression que je n'étais pas seule dans la maison. Il m'arrivait quelque chose de divin et de merveilleux que je ne pouvais pas expliquer. Qui était cette sainte ? Pourquoi faisais-je ces découvertes maintenant ? Pourquoi nos vies étaient-elles si similaires ? Qu'est-ce qu'elle voulait que j'apprenne de son histoire ? Je réfléchissais.

Je passais d'un site Web à un autre, recueillant autant d'informations que possible. J'avais faim - pas de nourriture mais de connaissances supplémentaires. Je voulais en apprendre plus, et la meilleure découverte de mes recherches était encore à venir.

À mon grand étonnement, j'ai découvert qu'il y avait une fête de la Sainte Solange. La fête commémore l'anniversaire de son martyre, survenu alors qu'elle avait seize ans. L'histoire raconte que Sainte Solange était la plus belle fille de son village. Un jeune prince, fasciné par sa beauté et ses dons spirituels, la demanda en mariage. Lorsqu'il lui fit des avances, elle refusa, donnant pour motif qu'elle était mariée au Christ, et sa résistance exaspéra le prince.

Un soir, il saisit l'occasion de la kidnapper et de la prendre pour épouse par la force alors qu'elle était seule à s'occuper de ses moutons. Il la traîna de son pâturage sur son cheval et l'emmena rapidement. À sa grande surprise, Solange livra un combat si ardu que, alors qu'ils traversaient une rivière, ils tombèrent tous les deux dedans. Le prince, un cavalier expérimenté, devint si furieux d'avoir été renversé de son coursier, et de la résistance de Solange contre lui, qu'il la poursuivit à pied. Il s'élança après elle, brandit son épée et, dans un mouvement rapide, il la décapita. On dit qu'après cette décapitation, la jeune vierge ramassa sa tête dans ses mains, récita le saint nom de Jésus trois fois, puis marcha plusieurs kilomètres, portant sa tête coupée tout le long du chemin, jusqu'à l'église de Saint Martin, où elle décéda plus tard et fut enterrée.

La mort de Sainte Solange a eu lieu au IXe siècle à Bourges, en France. Je suis née en Haïti onze siècles plus tard, le jour de l'anniversaire de sa mort. Cette nouvelle était époustouflante. J'avais l'impression que son esprit s'était transféré dans mon corps des siècles plus tard.

Dans ce qui semblait être une transe, j'éteignis mon ordinateur et fermai mon portable pour me remettre. Je pensais que je perdais la tête. Les coïncidences étaient étranges. Je commençai à me demander à haute voix : « Cette fille pourrait-elle vivre en moi ? Dieu nous avait-il connectées l'une à l'autre ? Son ancien esprit pourrait-il être encore vivant et vivre à nouveau en moi ? » Ces pensées me traversaient l'esprit alors que je parcourais les étages de ma maison. Je marchai jusqu'à l'arrière de ma maison et fixai mon attention sur le lac comme si je m'attendais à ce que la nature réponde à mes questions.

J'attendis de me remettre de mon choc pour étendre mes recherches au-delà de l'Internet. Je contactai ma cousine Josiane, à qui j'avais rendu visite avec Keith chez elle en France. Elle m'informa qu'il y avait un village portant le nom de la sainte et qu'elle y avait sa propre chapelle, ainsi qu'une église. Sa fête, me dit-elle, était célébrée chaque année, du IXe siècle à nos jours, à la date de sa mort, celle de mon anniversaire. En outre, Josiane partagea également qu'il y a une grande procession en l'honneur de Sainte Solange chaque année le lundi de Pentecôte. Les prochaines célébrations en son honneur devaient avoir lieu en mai, exactement deux mois après la date de ma découverte.

Plus je parlais à Josiane, plus je devenais convaincue que je devais voyager à Bourges, en France, où Sainte Solange avait vécu il y a des siècles. Sainte Solange avait élu domicile dans toutes mes pensées. J'étais convaincue que mes pas étaient guidés par Dieu. L'obligation de continuer mes recherches s'est rapidement transformée en un désir d'action. Sans hésitation, je décidai de partir en pèlerinage pour me rapprocher le plus possible de cette sainte.

***

Passeport en main, je me suis rendue à Bourges, en France, et j'ai assisté à la messe à la chapelle Sainte Solange et j'ai visité l'église nommée en son honneur. Je suis restée chez ma cousine pendant deux semaines jusqu'au lundi de la Pentecôte, quand j'ai pris ma place dans la procession pour l'honorer. Ce voyage a ajouté un sens plus profond à ma vie. Je crois vraiment qu'il y a un lien entre Sainte Solange et moi. À mon retour aux États-Unis, je me suis engagée à présenter cette sainte en Amérique, car peu de gens en dehors de sa France natale connaissent son histoire. J'ai auto-publié un livre intitulé *A Revelation: Walking Backwards into the Footsteps of Saint Solange*. J'ai largement distribué le livre à mes connaissances. Les dons reçus après la parution du livre (en plus de mes fonds personnels) ont servi à la rénovation de la chapelle Sainte Solange. Je continue à visiter son village, son église et sa chapelle lors de la fête de Sainte Solange ou pour la procession pentecôtiste.

J'ai de nombreuses questions auxquelles je n'aurai probablement jamais de réponses, mais peut-être n'en ai-je pas besoin. Y a-t-il une corrélation mystérieuse entre ma vie et celle de la Sainte dont je porte le nom ? Beaucoup de gens ont mis en doute ma bonne fortune. Il me semblait non seulement à moi mais souvent aux autres que j'étais guidée sur un chemin tout au long de ma vie. Je n'oublierai jamais quand mon amie Estell a demandé : « Comment diable t'es-tu retrouvée avec deux bons hommes alors que certaines d'entre nous ne peuvent pas en avoir un ? » Des treize enfants de mon père et de ma mère, on a dit que j'étais l'élue. Sainte Solange était-elle le véritable ange gardien qui est entré dans ma vie alors que j'étais encore *in utero* ? La foi apporte des réponses lorsque la connaissance factuelle ne le fait pas. Je sais ce que je crois ...

***

Le jour de mon soixante-dixième anniversaire, j'ai foulé le tapis rouge du National Press Club au bras de Clifford. Je portais une robe de soirée Escada vert émeraude moulante, un collier en or massif et strass et des boucles d'oreilles en or assorties. Mes cheveux étaient coupés courts dans un style afro et je marchais comme si j'étais au sommet du monde. La lumière des lustres ornés étincelait, et à travers les grandes fenêtres, à l'horizon, les quartiers de Washington, DC scintillaient comme des bijoux. Des serveurs et des serveuses en uniformes noir et blanc passaient des hors-d'œuvre et des flûtes à champagne reposant sur des plateaux.

Les tables étaient drapées de lin blanc et émeraude avec des centres de table boisés parfaits pour la conversation, mais elles étaient également ornées de hautes branches et de petites fleurs de cerisier qui donnaient un air d'intimité à la pièce et permettaient à mes invités de se mêler en groupes. La musique était amusante et vivante, car j'avais embauché un groupe classique des années soixante-dix appelé « The Right on Band » pour commémorer cette étape importante. J'avais du mal à croire que j'avais soixante-dix ans. Mon corps était impeccable ; ma peau était ferme ; mes seins étaient encore pleins et je ressemblais et me sentais comme une femme de cinquante ans. Avec le thème de ma fête célébrant «70, c'est comme 50 », la vie avait été bonne pour moi. Bien qu'elle eut été parfois difficile, elle avait été bonne dans l'ensemble, néanmoins.

Alors que Clifford et moi nous approchions du tapis rouge, je fus inondée de lumières clignotantes par les paparazzi qui, à mon insu, avaient été embauchés par mon fils. J'étais au centre de l'attention, avec près de deux-cents familles et amis présents pour cette grande occasion ; tous se disputaient mon attention.

J'étais submergée, reconnaissante, heureuse, et en paix intérieurement. J'étais fière de toutes mes réalisations et de la célébration de ma vie, mais pas une seule fois je n'oubliai le rôle que mon mari, Keith, eut à jouer dans ma croissance et mon développement en tant que professionnel. Malheureusement, Keith n'était pas présent pour profiter des fruits de notre travail. J'aurais aimé qu'il puisse me voir atteindre mon plein potentiel. Un exemplaire de mon livre, *A Revelation: Walking Backwards into the Footsteps of Saint Solange,* fut offert à tous les participants et je régalai mes invités avec l'histoire de ma découverte de la sainte et de mon voyage à Bourges, en France.

A soixante-dix ans, j'avais enfin atteint mon point de saturation avec l'entreprise. Kevin ayant quarante ans et ne souhaitant pas rester l'unique propriétaire de VMT, nous avions décidé de vendre l'entreprise. Je continuais d'être, comme je l'ai toujours été, une personne du genre tout ou rien.

J'avais atteint mes objectifs, quel que soit le degré de difficulté ou le temps qu'il fallait pour les atteindre avec succès. J'avais toujours été décisive et capable d'agir, alors je savais qu'il était temps de changer. Une fois arrivée à ce point final, je travaillai dur pour effectuer mon plan de sortie. J'expliquai clairement à mon fils que nous devions quitter ensemble le secteur de la santé, ce qu'il accepta. Je savais qu'il avait sacrifié son propre cheminement de carrière pour soutenir ma passion. Après la mort de son père, Kevin s'était engagé dans l'entreprise pour me seconder. Il avait même fréquenté la faculté de droit pour se préparer à devenir le cadre le plus compétent et le plus dévoué qu'il puisse être. Pendant quinze ans, il s'était occupé de tous les aspects de l'entreprise. Il avait servi de tampon, me protégeant parfois de la douleur et de l'angoisse mentale associées à l'exploitation d'une entreprise.

La plupart de ces moments douloureux s'étaient produits lors de réunions de négociation syndicale, où des mensonges déplaisants et flagrants avaient été racontés. Malheureusement, Kevin n'avait pas été autorisé, sur les conseils de nos avocats du travail, à réfuter ces allégations. Comme on dit, « le silence est d'or » ou « un homme silencieux est un homme sage ». Kevin revenait souvent au bureau après ces réunions de négociation syndicale, l'air abattu, stressé et en colère. Il ne me permettait pas d'assister aux réunions syndicales, même lorsque j'insistais. Il me regardait dans les yeux et demandait : « Pourquoi ? Pourquoi voudrais-tu te soumettre à cela ? »

Rosalind, vice-présidente de la qualité, qui avait également assisté aux réunions de négociations syndicales, m'avait découragée d'y assister en disant : « Je ne souhaite à aucun de mes fils de s'asseoir à une réunion pour entendre les gens parler de moi comme ils parlent de vous, Dr V. Vous ne comprenez pas ; ces gens sont vicieux. Je me sens mal pour Kevin. Ils diront tout ce qu'ils peuvent de méchant, juste pour avoir une réaction, en utilisant un langage que vous n'avez pas besoin d'entendre. » Malheureusement, Kevin avait dû supporter ces moments désagréables en mon nom. Une chose sûre était que nous quitterions l'entreprise ensemble, dès que nous pourrions trouver un acheteur pour les trois divisions de l'entreprise. Il a fallu deux ans pour cela, à partir du moment où nous avons pris la décision de conclure. Je savais que j'étais propriétaire d'une petite entreprise à succès. Ce que je ne savais pas, cependant, c'était à quel point elle était commercialisable et combien de fournisseurs seraient intéressés non seulement à acquérir les actifs de VMT, mais à faire une offre supérieure à notre prix demandé.

On sait que je ne suis jamais satisfaite. Je crois que je suis encore jeune et que soixante-dix ans est mon nouveau 50. Clifford et moi nous sommes séparés, parce que nous avions chacun une idée différente de notre relation. En l'absence d'une rencontre de nos esprits, la romance s'est terminée. Il est resté l'un des avocats qui ont fourni un soutien juridique à VMT jusqu'à la fermeture. J'ai quitté ma grande maison et j'ai emménagé dans un luxueux condominium dans le Maryland. J'aime jardiner dans ma maison en Floride, passer du temps de qualité avec ma famille et voyager dans le monde entier.

Cette petite fille haïtienne que j'étais est passée des haillons aux richesses. J'ai grandi dans ma foi et dans ma relation avec Dieu. Je reste proche et solidaire dans mes relations avec une famille qui est passée de mes parents et treize enfants à plus de trente nièces et neveux et plus de vingt petites-nièces et petits-neveux. Je suis fière d'avoir donné le meilleur de moi-même à mon personnel et d'avoir répondu à ma vocation de soigner les malades et les handicapés. Je suis passée du statut de travailleuse acharnée à celui de travailleuse moindre, de PDG à chercheuse de plaisir. Je reste indépendante, et je continue de prendre mes propres décisions.

Je suis fière de ne permettre à personne - ni à rien - de gâcher ma joie de vivre. J'ai été partout dans le monde. J'ai fait un tour d'hélicoptère privé en Nouvelle-Zélande et j'ai atterri sur un glacier. J'ai sauté dans un hélicoptère en Inde et j'ai atterri sur l'une des plus hautes montagnes du monde, me retrouvant face à face avec le mont Everest. J'ai pris un autre hélicoptère à Katmandou, au Népal, où je suis montée à dos d'éléphant pour visiter le safari pour voir des rhinocéros dans leur habitat. L'argent est un outil utilisé pour réaliser des rêves et des désirs. Souvenez-vous que le bonheur est gratuit ; avoir de l'argent ne crée pas le bonheur. L'argent vous donne uniquement accès à des choses incroyables. Être riche en esprit est le plus grand accomplissement de la vie, et je peux dire que je suis riche en esprit. Ma révélation de Sainte Solange sera toujours le joyau de ma richesse spirituelle, et je la porterai avec moi le reste de mes jours.

Ma fierté et ma plus grande joie, cependant, ce sera toujours Kevin, mon rocher, ma bouée de sauvetage, qui a grandi pour devenir un être super humain - tout comme son père, Keith, mon mari éternel. Tout ce que je vous demande, c'est de vous souvenir toujours de mon amour pour vous.

APPLIQUEZ LES RÈGLES !

Règle n ° 25 : Trouvez le temps de donner un sens à votre vie

Réflexion : Vivez une longue vie pleine de splendides aventures

Les tortues sont le symbole de nombreuses choses pour différentes cultures du monde entier. En Orient, leurs coquilles rondes symbolisent le Ciel, et leurs dessous rectangulaires sont représentatifs de la Terre ; elles sont donc considérées comme une fusion à la fois du Ciel et de la Terre - le spirituel et le terrestre. Dans la culture hawaïenne, elles représentent la chance et la sagesse et sont vues dans les représentations des esprits protecteurs gardiens. Dans les cultures amérindiennes, elles symbolisent une longue vie et une bonne santé. Elles sont représentatives de la Terre Mère et leur coquille dure représente le triomphe sur l'adversité. Partout dans le monde, des personnes d'horizons différents trouvent un symbole de force chez un animal dont la durée de vie est longue et remplie de splendides aventures. Vivez longtemps et faites votre bonheur là où vous le pouvez, comme la tortue.

- Communiquez avec une force plus grande que vous. Trouvez du réconfort dans la nature, allez à la plage ou allez vous détendre dans les bois. Prenez le temps de regarder l'abondance des étoiles par une nuit claire et de réfléchir à votre petitesse. Prélassez-vous dans la lueur d'une pleine lune. Rappelez-vous, de temps en temps, que vous faites partie intégrante d'un univers mystérieux.

- Construisez une pratique spirituelle pour vous-même, que ce soit pour assister à des offices religieux ou apprendre des techniques de yoga ou de méditation. Trouvez un moyen de calmer votre esprit régulièrement, ainsi, lorsque vous faites face au monde, vous êtes centrée et paisible.

Il était une fois une belle reine nommée Solanges qui vivait dans un château sur une colline à Washington, DC. Elle était originaire d'Haïti et avait un certain « je ne sais quoi ». Sensuelle, intelligente, stylée et vive... C'est une vraie fashionista.

Sa vie a été bonne car elle a une personnalité facile à vivre et sans drame. La reine a un merveilleux sens de l'humour et ses rires et plaisanteries avec sa famille et ses amis peuvent souvent être entendus au château. Elle aime les enfants et apprécie le temps passé en famille, elle est donc toujours présente à tous les événements et rassemblements familiaux, dansant toute la nuit au rythme de la belle musique.

La musique joue un rôle important dans sa vie, car elle aime tous les genres. La musique envahit le château en tout temps, avec des artistes haïtiens tels que Sweet Micky et Fa Wauch, des artistes du Great Gospel dont Kirk Franklin, et en particulier l'artiste reggae Sean Paul avec qui elle danse lors de ses entraînements... La reine Solanges croit en la santé et la forme, et aime partager sa sagesse pour vivre pleinement sa vie.

Elle est une mine de connaissances, car elle a travaillé très dur toute sa vie en étant fiable, minutieuse et très, très patiente. Femme gentille et douce, elle passe de nombreuses heures à s'occuper des autres. Excessivement généreuse, on la voit souvent donner son temps, son amitié et même ses repas. C'est une personne si gentille. Elle a beaucoup d'amis, et ils ont des soirées de jeux au château, des barbecues, des soirées dansantes, ou viennent simplement passer du temps et l'entendre lire l'un des nombreux passages délicieux de ses romans. En raison de sa polyvalence, des amis la voient parfois à un concert de jazz en plein air ou à un match de football ou en train de dîner dans son restaurant préféré, l'Océanaire.

Pendant son temps libre, elle se prélasse au bord de la piscine en train d'écrire un roman ou de voyager dans un endroit exotique à travers le monde. Tellement touchée par les mains de la bonté, elle est dotée de nombreuses capacités créatives. Ses talents culinaires sont souvent vénérés par des amis qui ont été invités à dîner.

Elle et Dieu sont les meilleurs amis, et elle l'invoque pour tout. Sa vie est très paisible. Dieu lui a révélé, un jour, qu'elle était une sainte qui partageait un esprit apparenté avec une autre sainte des temps anciens et que ses bénédictions abondent à jamais. La reine Solanges est en effet une grande bénédiction pour tous ceux que Dieu met sur son chemin, et elle est vraiment aimée de tous.

Ce n'est pas la fin, car chaque jour est un nouveau départ…

www.ingramcontent.com/pod-product-compliance
Ingram Content Group UK Ltd.
Pitfield, Milton Keynes, MK11 3LW, UK
UKHW021831270726
14058UKWH00001B/95